LES FOURNIRET

JEAN-PIERRE VERGÈS

LES FOURNIRET

MEURTRES À QUATRE MAINS

l'Archipel

www.editionsarchipel.com

Si vous souhaitez recevoir notre catalogue et être tenu au courant de nos publications, envoyez vos nom et adresse, en citant ce livre, aux Éditions de l'Archipel,
34, rue des Bourdonnais 75001 Paris.
Et, pour le Canada, à
Édipresse Inc., 945, avenue Beaumont,
Montréal, Québec, H3N 1W3.

ISBN 978-2-84187-967-0

Avertissement

En vertu du principe issu de la loi du 15 juin 2000, relative à la présomption d'innocence, « toute personne suspectée ou poursuivie est présumée innocente tant que sa culpabilité n'a pas été établie ». À l'heure où nous mettons sous presse, le procès de Michel Fourniret et son épouse, Monique Olivier, n'a pas encore débuté. Ils sont donc présumés innocents des faits qui leur sont reprochés.

Par ailleurs, par respect pour les victimes, et en vertu des usages en la matière, nous avons pris soin de ne pas citer leurs noms et d'éviter de mentionner des informations permettant de les identifier.

Introduction

L'horreur ! Tel est le premier sentiment éprouvé à la simple évocation du nom de Fourniret. L'horreur, le dégoût, le rejet. Fourniret ! Le tueur de jeunes filles ? Cet homme de l'est de la France qui piégeait ses victimes avec l'aide de Monique, sa femme ? Combien ont succombé ? Sept, huit ou plus ? Qui n'a frémi à l'évocation angoissante de « l'Ogre des Ardennes », du « Dutroux français » et des « diaboliques » ? Au début de l'été 2004, son visage surgit sur tous les écrans de télévision et à la une des journaux. Les médias cherchent ce qui peut se rapprocher de cette sauvagerie indicible, incompréhensible, et ressuscitent de vieilles peurs ancestrales. L'ogre, le diable et le tueur en série belge sont appelés à la rescousse pour qualifier ces nouveaux « monstres ».

Un « monstre » ? Lui, ce petit bonhomme étriqué aux cheveux poivre et sel photographié dans son gilet pare-balles avec sur le nez une paire de lunettes de ski ? Un minimonstre ridicule et sans regard. Ceux qui l'ont approché disent pourtant que ses yeux bleu clair font froid dans le dos. Tous parlent de la dureté de ses mains larges et puissantes d'ouvrier qui donnent la mort. Son épouse n'est guère plus impressionnante. Une grande chose brune, molle, un peu gauche, à l'air apeuré, qui tremble quand on élève la voix.

Michel et Monique Fourniret. Deux nouveaux portraits accrochés dans cette effroyable galerie des tueurs en série français. Personne n'a oublié la moue de papy Émile Louis, le regard vide de Francis Heaulme, et les sourires carnassiers de Guy Georges, de Thierry Paulin, de Mamadou Traoré et de Patrice Alègre. À la fin du vingtième siècle, les Français ont découvert, ébahis, l'itinéraire sanglant de ces solitaires qui frappaient au gré de leurs pulsions.

Mais, cette fois-ci, ils sont deux. Un homme et une femme. Un mari et son épouse. Un père et une mère de famille ! En Amérique du Nord ou en Australie, les couples de *serial killers* font partie depuis longtemps du paysage criminel. À la fin des années 80, Karla, une ravissante Canadienne blonde de vingt ans, ne promettait-elle pas déjà à Paul, son époux, de lui amener des vierges ? Trois jeunes filles succomberont. Plus près de nous, en Belgique, au milieu des années 90, la servile Michelle Martin donnait à manger aux jeunes filles séquestrées et tuées par Marc Dutroux, son mari. Mais la France n'a jamais vraiment connu de duos criminels depuis l'épisode sanglant de l'Auberge rouge, la gargotte ardéchoise des époux Martin accusés d'avoir détroussé et occis une cinquantaine de voyageurs en 1830. Le meurtre en série n'a jamais été une spécialité féminine...

L'horreur et le choc tiennent donc à cela. À ces crimes commis à quatre mains. À ces meurtres qui jalonnent l'existence d'une famille banale, un peu isolée certes, mais intégrée dans un petit village belge. À l'implication de cette auxiliaire de vie, inconnue des services de police, qui servait à rassurer les futures proies, de cette mère qui a parfois laissé son bébé dans le siège auto pour les mettre en confiance, de cette épouse excitant son mari défaillant au moment du viol final. Complice soumise ou active ? Peur ou plaisir ? Trente ans de prison ou réclusion criminelle à perpétuité ? Pour Monique Fourniret, l'enjeu du procès tient dans cette balance judiciaire assez simple. Elle l'a compris. Elle se présente comme une pauvre femme dominée par son mari. Les magistrats, les policiers, les avocats des parties civiles disent pourtant qu'elle joue à la victime. Qu'elle est la plus intelligente. Qu'elle a manipulé son mari, utilisé au départ pour l'aider à récupérer ses enfants. Que, maintenant, elle minimise son rôle. Pour beaucoup, elle serait « la muse du meurtrier ». Cette explication, aux relents machistes, n'est-elle pas un peu caricaturale ? Car tous ceux qui l'ont croisée évoquent une femme transparente, sans relief, traînant sa grande carcasse. Sa première union est un échec, elle perd ses enfants. Elle fait un mariage blanc avec un Américain qui la quitte au bout de quelques mois. La personne handicapée dont elle s'occupe la répudie aussi. C'est encore elle qui va céder en Belgique sous la pression policière et avouer les crimes de son mari qui risquait une fois encore d'échapper à la justice. Encore elle qui va changer trois fois d'avocat, confesser une nouvelle série de crimes au printemps 2005, avant de se rétracter. Intelligente et manipulatrice, disent-ils… Faible et influençable, oublient-ils un peu vite. Avant elle, Michel Fourniret ne tuait pas. C'est vrai. Mais il a pourtant tenté d'enlever d'autres jeunes filles et assassiné ses deux dernières victimes seul, tout seul…

Il faut donc se tourner vers lui. Vers cet enfant qui décrit une mère volage et un père malheureux et alcoolique. Vers ce grand garçon qui ne supporte pas la contradiction et se venge dès qu'on lui dit non. Vers cet ouvrier gonflé de suffisance et bourré de complexes devenu un chef d'entreprise médiocre. Vers ce délinquant qui va caresser des petites filles, puis agresser sexuellement des jeunes femmes avant de les tuer pour éviter de retourner en prison. Les psychiatres et psychologues expliqueront peut-être pourquoi cet homme d'un cynisme sans bornes a fait de la « virginité » (celle fantasmée de sa mère ?) une obsession destructrice. Mais cette « chasse » sexuelle sans fin n'est sans doute pas le moteur de sa frénésie criminelle. Car, au moment de passer à l'acte, le chasseur est désarmé. Son plaisir est ailleurs. Dans la recherche de ses proies, dans leur approche. Matois, Michel Fourniret n'aime rien autant que jouer avec ses futures victimes, les amadouer, les faire monter dans sa voiture avant de les relâcher. Sa plus grande jouissance n'est-elle pas de les tenir entre ses mains, de les humilier et de leur imposer un rituel de domination avant de les achever ?

Pour parvenir à ses fins, l'homme avait besoin d'une assistante zélée. Roy Hazelwood, le seul enquêteur du FBI à avoir étudié la dynamique des couples de *serial killers* (*cf.* p. 271 et suivantes), explique comment l'homme utilise généralement différents ressorts physiques et psychologiques pour objectiver sa compagne et en faire une complice dévouée. Comme les épouses précédentes de Michel Fourniret, Monique n'était pas vierge. Il a sans doute fait de cette culpabilité le levier d'une domination totale. Elle ne peut plus lui donner cette virginité, elle doit donc l'aider à capturer des adolescentes. Comme le dit Nicole, sa deuxième épouse, « elle ne fait qu'obéir à ses ordres, donc il la méprise. Comme c'est un être faible, elle ne compte pas [...]. Ce que j'ai vécu avec Michel Fourniret m'a montré que l'on doit constamment le contrer, lui résister[1] ». Monique

1. Procès-verbal du 8 juillet 2003.

Fourniret, elle, aura tout fait : conduire le véhicule qui sert à l'enlèvement de « leur première collégienne », pratiquer une fellation pour aider son mari au moment du viol, vérifier la virginité d'une jeune fille, tenir en respect une étudiante avec une arme, proposer des relations sexuelles avec son époux à l'une des baby-sitters, ou regarder les photos de l'avant-dernière victime rapportées par son mari. Celui-ci a cherché ses limites et ne les a visiblement jamais trouvées. Pourquoi n'a-t-elle pas dit non, pourquoi ne s'est-elle pas enfuie ? La peur de finir en prison, de se retrouver seule une fois encore après avoir été prise dans l'engrenage ? N'était-elle pas finalement satisfaite de voir disparaître ces « rivales » comme elle le dira elle-même, et de récupérer son mari, une fois apaisé ? Inconsciemment, Monique Fourniret aurait pris un plaisir, sadique ou masochiste selon les hypothèses des psychiatres, dans cette fuite en avant criminelle. « Son désir enfoui » aurait été satisfait par cet homme qui présente toutes les caractéristiques du tueur en série psychopathe, froid, manipulateur, dont les États-Unis regorgent.

Après le « pourquoi » des crimes, vient le « comment ». Comment le couple criminel a-t-il pu échapper aussi longtemps à la police, à la gendarmerie et à la justice ? La première réponse est horriblement banale : les futures victimes ne sont jamais enlevées ! Rassurées par la présence d'une femme, elles montent de leur plein gré dans ces véhicules prisons. Et, quand son épouse ne peut plus l'aider avec un bébé devenu un adolescent encombrant, Michel Fourniret se montre assez fourbe pour les amener à s'installer d'elles-mêmes à la place du mort. Ce mode opératoire, d'une facilité affligeante, glace le sang et fait appel à une peur ancrée chez nombre de parents. Une simple imprudence peut conduire leurs enfants à l'irréparable.

Pas de violences, pas de témoins. On ne remarque pas une adolescente qui accepte de monter dans un véhicule. S'il a bricolé un système de fermeture des portières, Michel Fourniret n'a jamais pris de précautions pour passer à l'acte. Apparemment, il n'utilisait pas de fausses plaques d'immatriculation comme l'a confirmé l'épisode de son arrestation en 2003. L'Ardennais n'a pas même déployé de trésors d'intelligence pour capturer et tuer ses proies. De la roublardise, du culot et un peu de chance ont suffi. Présenté un peu vite comme un *serial killer « copycat »* sur le modèle américain, Michel Fourniret n'a jamais cherché à imiter d'autres tueurs en série, comme Émile Louis – connu à l'époque pour de simples agressions sexuelles – ou l'adjudant Chanal, qui n'était pas encore arrêté. Tant pis pour le fantasme…

Certes, les autorités françaises n'étaient guère armées pour détecter les tueurs « systémiques », surtout connus outre-Atlantique. Les affaires criminelles non résolues n'étaient pas centralisées, les dossiers étaient traités séparément, dans les régions concernées, souvent par des services d'enquête différents et sans aucun recoupement. Les fichiers d'empreintes génétiques ou de délinquants sexuels n'existaient pas.

Mais la longue impunité de Michel Fourniret et de sa compagne est aussi à mettre au passif d'un système judiciaire aveugle et défaillant. Pourquoi une information judiciaire n'a-t-elle pas été ouverte et pourquoi un juge d'instruction n'a-t-il pas été nommé après la disparition de la première victime, Isabelle, une mineure de dix-sept ans ? Pourquoi les juges de Verdun n'ont-ils pas révoqué le sursis avec mise à l'épreuve de cet homme qui comparaissait devant eux pour des violences avec arme commises sur des femmes en 1989 alors qu'il avait déjà été condamné deux ans plus tôt pour des attentats à la pudeur et des violences sur des jeunes filles ? Pourquoi la justice nantaise n'a-t-elle jamais cherché à retrouver l'Ardennais faiblement condamné en 1991 pour avoir mis le feu aux tableaux de l'ancien compagnon de sa femme ? Pourquoi n'a-t-on pas poussé plus loin l'enquête en 1996, lorsqu'il a été attrapé en Belgique avec un pistolet dérobé dans un poste de police ?

Des disparitions traitées à la légère, des dossiers pénaux survolés, des peines jamais mises en application, voilà la triste réalité d'une justice hexagonale négligeant cet homme qui tuera à huit reprises au moins sans être soupçonné. « On n'a pas été féroce avec lui, concède Yves Charpenel, l'ancien procureur général de Reims. La justice n'a pas su déchiffrer la montée en puissance de ce criminel[1]. » Évidemment, il est toujours facile de refaire l'enquête vingt ans après. Mais force est de constater que l'Ardennais a su exploiter au mieux les failles du système et passer entre les mailles du filet déjà abîmé.

Comme si cela n'avait pas suffi, le périple criminel du couple aura entraîné des dommages collatéraux terrifiants et irréparables. Déstabilisé par une garde à vue musclée, un innocent subira trois mois de détention provisoire. Un autre suspect, mis en cause dans l'une des disparitions liées à Fourniret, se suicidera, miné par des problèmes personnels et incapable de supporter son incarcération.

Espéré après tant d'années de souffrance et d'interrogations par les familles des victimes, le procès de mars 2008 se doit de répondre à toutes ces questions et de donner un sens à cette équipée barbare faite de vols, d'enlèvements, de viols, et de meurtres. Une dérive criminelle qui, entre 1987 et 2003, s'est soldée

1. Entretien avec l'auteur.

par la mort de huit[1] jeunes femmes et l'agression de trois autres qui, marquées à vie, savent aujourd'hui qu'elles ont peut-être échappé de peu à la mort.

Pour les policiers et les magistrats, la difficulté aura été de déceler la vérité malgré des déclarations parfois contradictoires ou mensongères sur des crimes où il n'y avait pas de témoins. Par l'assassinat d'innocents, mari et femme règlent aussi leurs comptes. De surcroît, l'ancienneté des meurtres et la disparition des indices auront constitué un obstacle supplémentaire dans cette quête de vérité.

Fondé sur l'instruction judiciaire, ignorant les commérages *a posteriori*, ce livre met en perspective les faits, les témoignages, les indices patiemment accumulés par les enquêteurs, les magistrats instructeurs et un procureur déterminés. Loin de toute fascination malsaine et de toute diabolisation inutile, l'ouvrage retrace étape par étape la vie d'un couple médiocre qui, l'espace de quelques heures, devenait une redoutable machine à tuer. Au lecteur maintenant de se faire sa propre opinion.

1. Un problème de prescription empêche d'instruire un meurtre avoué par les Fourniret.

1

« Je suis pire que Dutroux »

Elle ne devait s'absenter que quelques minutes, juste le temps d'aller acheter une carte d'anniversaire pour une amie dans une boutique de son quartier. Le jeudi 26 juin 2003, Marie-Ascension, une ravissante adolescente de treize ans, quitte son domicile situé à Ciney, en Belgique. Elle mène depuis cinq ans une vie paisible avec ses parents et ses quatre frères et sœurs dans cette bourgade de 14 000 habitants située au cœur du Condroz, une région verdoyante surnommée la « Suisse belge », proche de la frontière française. Élève brillante, l'adolescente rêve déjà de devenir avocate.

À 15 h 30, elle remonte la rue pour rejoindre son domicile. Elle doit y prendre ses affaires de sport car son cours de gym, qu'elle ne rate jamais, débute une heure plus tard. Alors qu'elle marche tranquillement sur le trottoir de gauche, un fourgon blanc s'arrête à sa hauteur, sur le côté droit. Un homme d'une soixantaine d'années aux cheveux courts grisonnants, d'une taille moyenne et vêtu d'un tee-shirt blanc, descend. « Sais-tu où se trouve le Mont-de-la-Salle, je dois y faire une livraison[1] ? », l'interroge-t-il en lisant l'adresse sur un morceau de papier. Croyante, Marie-Ascension, qui porte une croix autour du cou, connaît bien cette vaste bâtisse de brique rouge située à la sortie de Ciney, sur la route de Dinant. Des groupes de jeunes ou d'adultes ont l'habitude d'y séjourner quelques jours. Elle lui explique rapidement comment se rendre à cet endroit où elle joue souvent avec ses frères. Mais l'inconnu, qui porte de fines lunettes métalliques, ne semble pas comprendre ses indications. « Conduis-moi », lui demande-t-il. Méfiante, l'adolescente refuse. « Ce n'est pas bien de ne pas faire confiance aux gens, comme ça ! Parce que je suis prof de dessin et père de famille[2]. » La voyant s'obstiner, il monte d'un ton et menace ses proches : « Tu vas quand même venir sinon je saurai où tu habites. »

Gênée, la jeune fille accepte de monter dans le fourgon blanc immatriculé en Belgique. « Il l'avait l'air sérieux et ce n'était que pour quelques dizaines de mètres[3] », dira-t-elle plus tard aux policiers. « Comme il l'avait l'air vraiment furieux, je l'ai suivi plus ou moins de mon plein gré, racontera-t-elle une semaine après aux journalistes. Je me disais : "Qu'on en finisse !" Et puis, il me paraissait un peu vieux. Je croyais qu'il ne pouvait pas me faire grand-chose. Je me suis bien trompée[4]. »

En effet, au bout de quelques minutes, Marie-Ascension s'aperçoit que le conducteur ne se dirige pas vers le Mont-de-la-Salle et file sur la route dans une direction inconnue. L'adolescente s'inquiète. « Je t'emmène à Dinant parce que tu ne m'as pas fait confiance et après

1. Procès-verbal du 27 juin 2003.
2. *Ibid.*
3. *Ibid.*
4. *France Soir* du 3 juillet 2003.

je te ramènerai chez toi[1]. » La jeune fille ne semble pas avoir conscience du danger couru. Elle ne pense qu'à son cours de gym qui débute quelques minutes plus tard. « Non, tu ne pourras pas y aller[2] ! » assène son ravisseur qui lui demande son prénom. Spontanément, elle en donne un faux : « Sarah. »

Réalisant qu'il l'emmène à Dinant, Marie-Ascension commence à paniquer : « J'ai envie de retourner à la maison maintenant[3] ! » Menaçant, l'inconnu hausse le ton : « Tais-toi, sinon je frappe[4] ! » Il lui ordonne désormais de s'asseoir sur le plancher. L'espace est trop petit. L'adolescente refuse. « Assieds-toi par terre, sinon je frappe[5] », répète-t-il. Après avoir parcouru deux kilomètres, le véhicule s'arrête sur une petite aire de stationnement à la sortie de Ciney. Le kidnappeur attrape un lacet de chaussure en cuir dissimulé dans le vide-poche de la portière côté conducteur et demande à sa proie de tendre les mains. Il lui crie de s'asseoir sur le plancher du véhicule pour qu'elle ne puisse pas regarder la route. Elle s'exécute, le dos contre la portière passager, les jambes repliées. Le véhicule redémarre.

Comme un animal pris au piège, la petite Burundaise tente de deviner la direction suivie. « Baisse la tête », lui crie l'homme qui emprunte à vive allure une petite route tranquille menant à Mesnil-Saint-Blaise. Comprenant qu'elle n'est pas sur le bon chemin, la prisonnière proteste. « Puis, je me suis mise à dire des prières[6] », précise-t-elle. Excédé, le kidnappeur immobilise son fourgon un peu plus loin sur un parking situé

---

1. Procès-verbal du 27 juin 2003.
2. *Ibid.*
3. *Ibid.*
4. *Ibid.*
5. *Ibid.*
6. *France Soir* du 3 juillet 2003.

au bord d'un bois. Il fait passer son otage à l'arrière du véhicule, la ligote avec une grosse corde noire et l'attache ensuite à la paroi du fourgon. Le véhicule a été aménagé comme un véritable camping-car avec une couchette et un évier séparé de l'habitacle par un rideau. Machinalement, la jeune fille regarde l'heure : 15 h 44. « Si tu ne me donnes pas du plaisir, tu ne pourras pas retourner chez toi[1] », dit l'homme collé à elle. Marie-Ascension crie. « Tu veux vivre ou mourir ? demande-t-il. Si tu ne te tais pas maintenant, tu vas mourir[2]. » Le sexagénaire met alors ses mains autour de son cou et commence à serrer, puis il relâche sa pression. Il glisse alors une main sous le tee-shirt de son otage et lui caresse les seins. Il lui dit ensuite qu'il veut faire l'amour avec elle et l'interroge : A-t-elle déjà eu une relation sexuelle ? Est-elle vierge ? L'adolescente est terrorisée.

S'apercevant qu'il est stationné dans un endroit exposé, l'homme décide de repartir. Marie-Ascension distingue une carte de France posée près d'une grande bâche sale. Sa peur redouble. Elle ne veut pas être conduite de l'autre côté de la frontière. Elle se met à gigoter et mord les liens de ses poignets. Miracle, ceux-ci se détendent ! Ses mains, puis ses jambes se libèrent. Elle tente d'actionner la poignée de la porte arrière de l'utilitaire. Elle s'ouvre ! Mais la prisonnière a peur de sauter en marche. Le fourgon s'arrête à un carrefour à la sortie de Mesnil-Saint-Blaise. D'un bond, l'adolescente saute sur le bitume et parvient à s'échapper ! Le kidnappeur n'a rien entendu et redémarre. « Ciney 23 kilomètres », indique un panneau de signalisation. La Burundaise se demande si elle ne doit pas se cacher dans un champ de maïs. Mais son

1. Procès-verbal du 27 juin 2003.
2. *Ibid.*

agresseur peut découvrir son absence et rebrousser chemin. Elle aperçoit un véhicule qui arrive dans sa direction. Elle lui fait de grands signes avec ses bras. Stéphanie, une Dinantaise de vingt-cinq ans, freine et se gare au niveau de Marie-Ascension. En pleurs, l'adolescente lui raconte sa mésaventure. Mais elle est obsédée par ce cours de gym qu'elle est en train de rater et veut absolument rentrer chez elle... Voyant la trace de liens sur ses poignets endoloris, la conductrice décide d'emmener la jeune fille au commissariat de police de Beauraing. À l'entrée de Baronville, Marie-Ascension n'en croit pas ses yeux : le fourgon dans lequel elle a été enlevée arrive en sens inverse et fonce vers Mesnil-Saint-Blaise ! Stéphanie regarde avec attention le numéro inscrit sur la plaque d'immatriculation (BMP 967) et le note soigneusement avant de filer chez les policiers.

Au commissariat, l'identification du véhicule est un jeu d'enfant. Sur le fichier des immatriculations, les policiers apprennent que le Citroën C25 blanc est la propriété d'une Française, Monique Fourniret, domiciliée 18, rue de Vencimont à Sart-Custinne. Son mari, français également, se prénomme Michel. Il apparaît comme ouvrier forestier. Les policiers se rendent au domicile des suspects et se cachent en attendant l'arrivée du fourgon blanc. À 16 h 55, le véhicule s'approche de la maison en pierres grises dont un pignon est bordé de plusieurs rangées de bûches de bois. L'homme en tee-shirt blanc descend du véhicule. Aussitôt, les policiers l'interceptent et lui notifient son placement en garde à vue. L'homme ne bronche pas, ne tente pas le moindre geste, ne pose pas la moindre question. Il sait qu'il vient de tomber. Il n'y a plus rien à faire.

Conduit au commissariat, le nommé Michel Fourniret est sommé de s'expliquer sur les accusations de

Marie-Ascension. D'une voix monocorde, le Français indique à un officier de police judiciaire qu'il a quitté son domicile aux alentours de 13 heures. Direction le magasin Brocan-Troc de Ciney. Il aurait décidé sur un coup de tête de vendre le bureau de son fils Selim, âgé de quatorze ans. Un peu plus tôt, l'adolescent serait rentré à la maison avec un mauvais bulletin scolaire. « J'ai alors pu constater qu'il avait encore raté une année scolaire et qu'il devait s'orienter vers une classe professionnelle, explique-t-il. C'est un constat immédiat d'un échec de gestion de la vie[1]. » Les policiers belges sont surpris par le vocabulaire emphatique et le ton sentencieux du kidnappeur. « Il parlait calmement et de manière très réfléchie, dira ensuite l'un des enquêteurs. Il était très diplomate. S'il voulait devenir Premier ministre de Belgique, il le deviendrait[2]. »

L'homme explique minutieusement comment il a repéré cette adolescente et comment il l'a enlevée. « Avez-vous eu des attouchements sur la jeune fille ? » demande alors le policier. « Au moment où elle a été liée, j'ai frôlé sa poitrine de la main et je lui ai dit qu'elle devenait grande, répond Michel Fourniret. J'ai glissé ma main gauche sur son sein droit, sur le vêtement. J'ai repris mon poste de conducteur, sans aucun autre geste, ni attouchement[3]. » Une question vient immédiatement à l'esprit des fonctionnaires belges : qu'aurait-il fait de la jeune fille si elle ne s'était pas sauvée ? « Lorsque j'ai fait demi-tour à l'entrée de Beauraing et après avoir stationné ma camionnette sur le parking, j'avais inconsciemment déjà pris la résolution de retourner à Ciney[4] », assure-t-il.

1. Procès-verbal du 26 juin 2003.
2. *Le Parisien* du 1er juillet 2004.
3. Procès-verbal du 26 juin 2003.
4. *Ibid.*

Le gardé à vue semble avoir quelques notions de droit. Il sait que la préméditation pourrait aggraver son cas devant un tribunal. Michel Fourniret tente donc de convaincre ses interlocuteurs qu'il a simplement agi sur un coup de tête et livre quelques détails peu convaincants… « Ces événements n'étaient pas prémédités, pour preuve : à mon retour à la maison je devais charger quatre planches de quatre mètres et deux tôles pour préparer la manutention de demain matin d'une cuisinière au charbon de cent quatre-vingt-dix kilos[1]. » La démonstration semble un peu mince. « Mes véritables intentions étaient que je pouvais être digne de confiance. Mais, dans la réalité, cela débouche sur une évolution irrationnelle[2]. » Cette étrange tirade laisse les policiers un peu perplexes. Toutefois, l'essentiel est consigné sur procès-verbal : l'homme reconnaît le kidnapping et quelques attouchements. Il est aussitôt mis en examen pour « enlèvement d'un mineur de plus de douze ans par violence, ruse, menace et attentat à la pudeur » et écroué.

Son fourgon est passé au crible. Avec ses banquettes, son évier, ses WC, ses étagères, le Citroën C25 est à la fois un camping-car et un utilitaire. Les enquêteurs font minutieusement l'inventaire de ce bric-à-brac mi-familial mi-professionnel : agenda, bloc-notes, tournevis, bâches, burette, balle de ping-pong, ballon. Ils sont intrigués par la présence de deux préservatifs, d'un masque inhalateur pour enfants, de débris d'une ampoule d'éther, de cordes et de liens en plastique. Dans le coffre, sous le siège conducteur, ils dénichent un grand couteau au manche en plastique noir et une mystérieuse jupe d'enfant en velours gris, transformée en chiffon. À qui appartient-elle ? Mystère. Le couple Fourniret n'a qu'un adolescent.

1. *Ibid.*
2. *Ibid.*

Des vêtements d'enfants, et notamment de filles, se trouvent aussi dans l'atelier où le Français adore bricoler. Ils saisissent également deux revolvers 357 Magnum Manurhin, semblables à ceux qui équipent la police française, un revolver 9 mm Corso Magnum, des cartouches de différents calibres et un étui-ceinture. Une drôle de cagoule en laine avec des trous pour les yeux et la bouche est découverte dans le panier à linge situé dans la chambre des époux Forniret, au premier étage. Les policiers placent également sous scellés une enveloppe en plastique contenant une mèche de cheveux étiquetée « Natouchka », le diminutif de Monique Fourniret, et datée du 19 novembre 1987. Ils trouvent aussi quatre téléphones mobiles.

Au fil des heures, la perquisition ne fait que renforcer les soupçons. La cave est équipée de trois chaînes fixées au mur. Le suspect dira plus tard qu'elles servaient à maintenir une pompe de vidange. Au sol, des coquilles de noix ouvertes, et non rongées, laissent penser que les fruits auraient été consommés par un être humain, et non par un animal. Quelqu'un aurait-il été séquestré ? Monique Fourniret indiquera que son fils les aura sans doute mangées…

Une surprise les attend au grenier. Derrière une armoire, un fusil d'assaut de marque Riot Gun, soigneusement rangé dans sa housse, est accroché au mur. Ce genre d'arme est utilisé par les unités de police anti-émeutes américaines. Une plaque d'immatriculation (RNF 789) est également saisie. Intrigués, les enquêteurs découvrent aussi une petite ouverture triangulaire dans le sol qui comporte un miroir inclinable. Ce dernier permet d'épier tout ce qui se passe dans la salle de bains de l'étage inférieur.

En faisant le tour de la maison, les policiers découvrent que le Français a même raccordé de façon illégale sa maison au réseau d'électricité et d'eau comme l'avait fait dans les années 20, à Villeneuve-sur-Yonne (Yonne), le docteur Marcel Petiot condamné à mort pour dix-neuf meurtres ! Montrée du doigt lors de l'affaire Marc Dutroux – ce *serial killer* qui a séquestré six adolescentes dans sa maison et tué quatre d'entre elles dans les années 90 –, la police belge ne laisse plus aucun détail au hasard dans ce genre d'affaire criminelle ! Un chien « pisteur de cadavres », un géoradar et un endoscope sont amenés sur le site pour explorer la petite propriété des Fourniret. Un architecte expert réalise un plan du bâtiment pour déterminer si une cache a pu être aménagée. Toutes ces vérifications ne révèlent rien.

Quatre jours plus tard, la presse française et belge est informée de l'arrestation de l'homme domicilié à Sart-Custinne. Depuis trois ans, la région ardennaise est traumatisée par les meurtres de trois jeunes filles : Céline, dix-huit ans, a été enlevée le 16 mai 2000 à Charleville-Mézières et retrouvée morte le 22 juillet 2000 dans un bois de Sugny, en Belgique, à quelques kilomètres de la frontière. Plusieurs mois plus tard, Aline, une étudiante française de dix-huit ans, est poignardée à mort après avoir passé une partie de la nuit dans une discothèque de Florenville, une petite ville belge proche de Sedan (Ardennes). Âgée de treize ans, Mananya, elle, a disparu dans cette ville le 5 mai 2001, et des restes de son cadavre ont été découverts le 1er mars 2002 dans la forêt belge de Nollevaux, proche de la frontière française. Trois crimes qui s'ajoutent à l'enlèvement, le 18 décembre 2000, à Réthel, d'une collégienne de onze ans, retrouvée heureusement vivante, ligotée dans une forêt des alentours. « Le ravisseur de Ciney est-il le tueur des Ardennes ? », s'interroge *France Soir*[1]. Flegmatique, Arnould d'Aspremont-Lynden, le procureur du Roi de Dinant, répond : « Nous

1. *France Soir* du 2 juillet 2003.

attendons d'éventuels contacts avec les autorités françaises. Nous sommes à l'aube d'une affaire et je ne peux pas vous donner de pronostic d'évolution[1]. »

Pourtant, policiers et magistrats belges pressentent que l'homme arrêté n'est pas un kidnappeur de circonstance pris d'un coup de folie. Le lendemain de son enlèvement, Marie-Ascension, filmée par les policiers, s'est souvenue d'une petite phrase prononcée par son agresseur : « Je lui ai demandé si c'était Dutroux, s'il travaillait pour Dutroux, a précisé l'adolescente. Il a dit : "Je suis pire que Dutroux." Je n'ai pas entendu le reste[2]. » L'homme a-t-il évoqué d'autres crimes alors qu'il emmenait peut-être la petite Burundaise vers la mort ? Début juillet 2003, personne ne le sait. Les policiers et les magistrats belges ne se doutent pas qu'ils ont entre les mains l'un des pires tueurs en série qu'ait connu la France. Ils ne savent pas qu'avec l'aide de son épouse, il a enlevé et tué principalement dans l'Hexagone plusieurs jeunes femmes depuis près de vingt ans. Il faudra attendre un an pour découvrir l'ampleur du parcours criminel de ce couple anonyme en apparence si tranquille.

---

1. *Ibid.*
2. Procès-verbal du 27 juin 2003.

2

La chasse aux vierges

Issu d'une famille ardennaise d'origine belge, son père était un modeste ouvrier métallo ajusteur. Abandonnée à sa naissance et élevée par sa tante paysanne, sa mère, une ancienne ouvrière textile, en est déjà à son deuxième mariage. Lorsque Michel Paul naît au cœur de la Seconde Guerre mondiale, le 4 avril 1942, Gilles Louis Gaston Fourniret, quarante-deux ans, et sa femme Julia Lucienne, trente-cinq ans, occupent un modeste logement au 8, avenue du Général-Margueritte à Sedan (Ardennes), avec leurs deux premiers enfants, André, onze ans, et Huguette, deux ans. Le couple, marié depuis treize ans, ne s'entend plus. « La raison en est vraisemblablement la différence d'éducation ou d'inspiration, expliquera plus tard Michel Fourniret. Ma mère est une femme très indépendante. Pour être concret, dans son jeune âge, elle a toujours été volage et c'est ce qui a heurté la mentalité de mon père qui s'est adonné un moment à la boisson[1]. » Tels seront les

1. Enquête de personnalité du 15 septembre 1984.

stéréotypes de l'homme et de la femme qui marqueront définitivement ce garçon perturbé par la mauvaise entente familiale. « Son enfance a été parfaitement heureuse, notamment sur le plan matériel, sauf que les parents se sont séparés alors que Michel avait six ou sept ans, nuance pourtant son frère aîné. Le divorce intervenant beaucoup plus tard. Cette situation a influencé son adolescence et l'a peut-être conduit à faire des bêtises alors qu'il fréquentait le lycée Bazin[1]. » Des premiers chapardages pour cet élève médiocre qui échoue à son brevet d'enseignement industriel, mais décroche un certificat d'aptitude professionnelle (CAP) d'ajusteur. Le 4 avril 1954, le divorce de Gaston et Lucienne est prononcé. « Mon père était parti, moi étant en Afrique, Michel vivait avec sa mère et sa sœur, poursuit André. Il s'est senti le père de famille à la maison[2]. »

À dix-sept ans, Michel Fourniret entre comme apprenti chez Robert Renault, à La Grandville (Ardennes), et devient ouvrier « fraiseur sur matrice ». Il est ensuite embauché à Presses Hody, à Vrignes-aux-Bois (Ardennes). Puis, il répond à une offre d'emploi publiée dans un journal et se présente à Sartrouville (Yvelines), aux établissements Catoire qui fabriquent des pièces de véhicules. Le jeune Ardennais loge alors dans une chambre de l'hôtel des Cigognes à Montigny-les-Cormeilles (Val-d'Oise).

En 1961, il se rend à l'hôpital Manchester de Charleville-Mézières au chevet de sa mère, et sympathise avec Annette, une infirmière, de sept ans son aînée. Une idylle se noue, mais l'appel sous les drapeaux sépare le jeune couple. Michel Fourniret doit faire ses classes à Bremgarten, en Allemagne, avant de partir pour l'Algérie jusqu'à l'indépendance de ce pays, en 1962. Retour

---

1. Procès-verbal du 9 juillet 2003.
2. *Ibid.*

ensuite sur la base allemande où il intègre les commandos de l'air. « Ce qui m'avait séduit chez lui, c'était le contenu de ses lettres qu'il m'envoyait, surtout d'Algérie, se souvient Annette, encore émue. Elles avaient un contenu poétique et lyrique fort. Michel écrivait très bien. Il a ce trait qu'il écrit bien et parle aussi très bien[1]. » Et l'homme ment aussi « très bien » pour apitoyer sa nouvelle conquête. « Il m'avait dit que sitôt la fin de la guerre, il avait été placé dans un institut ou quelque chose comme ça », assure l'ancienne infirmière, persuadée « qu'il a manqué d'affection[2] ».

À son retour en 1963, il épouse cette fille d'une bonne famille de la région. Le mariage civil est expédié dans l'intimité. Le jeune Ardennais découvre l'amour avec une épouse plus expérimentée que lui, et qui va lui donner le 9 janvier 1964 un garçon, Jean-Christophe. « J'ai été surpris et malheureux d'apprendre après notre union que ma femme avait eu une expérience antérieure, ce qui a entraîné chez moi dès cet instant une jalousie rétrospective et m'a conduit à chercher à comprendre ce dont j'avais été spolié, ce que j'ai fait en essayant de voir comment se comportait une vraie jeune fille », admettra Michel Fourniret[3]. C'est le début d'une quête de la virginité féminine qui va devenir au fil des années une obsession, la trame de sa vie et l'alibi de ses déviances.

Le jeune homme commence à regarder les femmes d'un autre œil. Un jour, sur la rampe des Capucins, à Sedan, il accoste une employée de l'hôpital où travaille son épouse et se montre très pressant. La femme s'enfuit et prévient son mari, un ancien camarade d'école de l'Ardennais. « Ce couple m'a proposé de venir chez

1. *Ibid.*
2. *Ibid.*
3. Enquête de personnalité du 15 septembre 1984.

eux pour m'expliquer et a obtenu le versement d'une somme d'argent en dédommagement de mon acte, de mon geste, pardon, dira-t-il. Il s'agissait d'une somme correspondant tout au plus à un mois de salaire[1]. » L'affaire est étouffée *in extremis*, même si à l'hôpital les rumeurs vont bon train. Michel Fourniret peut continuer à jouer les bons maris. De nouveau employé chez Hody, l'homme à la 2CV verte prend des cours par correspondance et obtient un CAP de dessinateur industriel. L'argent de sa femme lui permet d'acheter un terrain de 6 000 mètres carrés à Floing (Ardennes), dans la banlieue de Sedan, où le couple est déjà installé. Il dessine les plans de leur future maison et envisage la création d'une usine. « Notre mariage se passait bien, assure Annette. J'étais heureuse avec Michel et mon fils Jean-Christophe. [...] Il était intelligent, gentil, très introverti cela dit, taiseux. Il était plein d'initiatives, avait de bonnes idées [...] il aimait la musique, faisait de belles photos[2]. » Le couple a une sexualité tout à fait normale. Annette déplore seulement la sévérité de son époux, parfois autoritaire avec leur enfant. Un souvenir lui revient : « Une sottise faite par Jean-Christophe, âgé de moins de deux ans, que Michel avait obligé alors à garder les mains sur la tête. Cela m'avait marquée[3]. »

Il suffira d'un simple courrier pour faire voler en éclats ce bonheur factice. Au début de l'année 1966, l'infirmière trouve dans la boîte aux lettres une convocation chez les policiers adressée à son mari. « Lui demandant de quoi il s'agissait, il m'avait répondu qu'il ne comprenait pas, se souvient Annette. Nous nous sommes rendus tous les deux au commissariat de

1. Procès-verbal du 30 juillet 2003.
2. Procès-verbal du 9 juillet 2003.
3. *Ibid.*

Sedan. Et là, je suis tombée de haut, j'étais effondrée. C'est là seulement que j'ai appris que Michel, un matin, en sortant du terrain de Floing, avait eu des gestes déplacés sur deux gamines de six ou sept ans, sinon à peine plus. J'ai décidé aussitôt de divorcer[1]. » Elle comprend mieux les absences répétées de son mari : « C'est vrai qu'il sortait souvent, je pensais qu'il se rendait chaque fois sur un terrain de Floing pour travailler, mais je pense maintenant qu'il se promenait, qu'il cherchait à "embêter" les fillettes. Il rentrait très tardivement. Mais il rentrait tous les jours. Jamais il n'a découché[2]. »

Chassé du domicile conjugal, Michel Fourniret, vingt-quatre ans, se réfugie chez son père et se fait soigner pour une dépression. Le 8 novembre 1966, le tribunal de Charleville-Mézières le condamne à huit mois de prison avec sursis pour attouchements sexuels. Un expert psychiatre affirme alors qu'il est curable et réadaptable, et qu'il ne présente aucune dangerosité... Le condamné décide de se faire oublier quelque temps. Vingt jours plus tard, Georges Catoire le reprend sur son site de Sartrouville. « J'entendais souvent mon père prononcer son nom car il avait des problèmes relationnels avec lui, lâche Dominique, la fille du chef d'entreprise. À cause de lui, mon père disait que les Ardennais étaient des personnes difficiles à vivre[3]. » Mais le jeune homme est motivé et travailleur. Il va s'investir dans la création d'un second atelier, à Martizay (Indre-et-Loire), et s'installe dans une maison à Chambon. Louisette, l'ancienne épicière, se souvient d'un « garçon poli, instruit et serviable que l'on sentait très seul. J'étais amoureuse de lui. Un jour, il m'a dit : "Je n'aime que les

1. *Ibid.*
2. *Ibid.*
3. Procès-verbal du 5 août 2003.

vierges[1]". » Flanqué de son bouledogue, l'Ardennais sillonne les routes de la région dans sa DS marron. « La nuit, il partait et parcourait des dizaines de kilomètres, ajoute-t-elle. Lorsqu'on lui demandait ce qu'il avait fait, il disait : "J'ai roulé, j'ai fait du chemin[2]." » Des rumeurs courent sur des vols commis dans des maisons alentour. « Il avait tué son chien d'un coup de fusil alors qu'il disait toujours beaucoup l'aimer, se souvient encore Dominique. Je crois qu'il l'a tué car il ne l'avait [sic] pas obéi. Monsieur Fourniret est quelqu'un qui aime dominer et qui est très intelligent et emphatique[3]. » Il commence à préparer un diplôme de BTS par correspondance, puis abandonne.

En avril 1969, les gendarmes l'interrogent au sujet d'une jeune cycliste de la région qu'il aurait suivie et poussée dans le fossé avec son automobile. L'affaire n'aura pas de suites, mais Michel Fourniret préfère tirer sa révérence. Il envisage alors de partir au Canada et dira plus tard à l'enquêteur de personnalité qu'il cherchait une place de gardien de phare ! Finalement, il obtient un poste de dessinateur industriel chez LSI, à Clichy (Hauts-de-Seine).

Il avait fait la connaissance de sa première femme dans un hôpital. Il rencontrera sa deuxième épouse sur un quai de gare. Michel Fourniret a toujours aimé les endroits de passage, anonymes… Le 11 novembre 1968, Nicole, et Michelle, une collègue de bureau, s'apprêtent à monter dans un train pour partir en vacances dans les Vosges. Un homme les aborde. L'Ardennais, qui rentre les week-ends à Floing où il a conservé son atelier-maison, leur fait remarquer qu'il travaille avec elles dans le même immeuble de l'avenue

1. *Le Parisien* du 10 juillet 2004.
2. *Ibid.*
3. Procès-verbal du 5 août 2003.

Victor-Hugo. La conversation s'engage. Âgée de vingt-huit ans, Nicole est également dessinatrice industrielle dans une société d'épuration des eaux. « J'avoue que je n'étais pas plus attirée que ça, que son physique ne correspondait pas à mes critères, dit-elle. Il avait l'air malheureux, il paraissait physiquement déjà très vieux. J'ai en fait été plus séduite par ses lettres[1]. »

Après cette rencontre, l'homme lui transmet des courriers par l'intermédiaire de son amie. « Les lettres de mon futur mari étaient très correctes, dénotant une certaine culture, mais il a fallu tout de même une année pour que je me décide à contracter mariage et cela sans passion, mais cependant avec beaucoup d'espoir, raconte-t-elle. La correspondance est une forme d'expression qu'il affectionne[2]. »

Michel et Nicole commencent à se « fréquenter ». « Il s'était rapproché de moi en louant une chambre d'hôtel dans un lieu sordide, ce qui m'a notamment fait craquer, confie Nicole. Il m'avait dit qu'il venait des Ardennes, qu'il était allé dans une maison de repos après une dépression[3]. » Fourniret fait du Zola et joue les chiens battus, un rôle qu'il va perfectionner tout au long de son parcours. « Sa sœur et lui étaient tous les deux les petits pauvres de la famille, poursuit Nicole. Il s'était juré d'être un grand Fourniret pour prendre sa revanche. Il voulait montrer qu'il était capable de faire quelque chose, de construire quelque chose[4]. »

Une nouvelle famille d'abord. Le 26 septembre 1970, Michel prend pour épouse Nicole. Mariage civil à Vanves (Hauts-de-Seine), mariage religieux à Clairefontaine (Yvelines) où vit la mère de la jeune femme. Peu

1. Procès-verbal du 8 juillet 2003.
2. Enquête de personnalité du 15 septembre 1984.
3. Procès-verbal du 8 juillet 2003.
4. *Ibid.*

de temps après, Nicole tombe enceinte. Le 22 août 1971, le couple prend un crédit de 130 000 francs sur quinze ans pour acheter une maison. Le lendemain, Nicolas, leur premier enfant, naît. Emménagement au mois d'octobre. Le 17 novembre 1972, naissance des jumelles Anne et Marie-Hélène. Michel Fourniret est alors employé chez GEG, à Paris. L'édifice familial est monté à marche forcée. Mais il est bâti sur du sable. Fourniret ment comme il respire. Le comédien rejoue le scénario de sa première vie. « Il m'avait dit qu'il avait divorcé parce que sa femme le trompait avec le ou les médecins de l'hôpital et qu'il avait même acheté une carabine, un fusil, pour tuer le coupable[1] », croit Nicole. Plus tard, en 1973, l'Ardennais ne dira rien non plus de ses ennuis survenus dans l'Eure où il travaille à partir du mois de janvier chez Longe Lambert, à Maintenon. Les 13 et 17 mars, il est soupçonné d'avoir commis un outrage public et des violences légères sur deux femmes à Nogent-le-Roi (Eure-et-Loir). Au mois de mai de la même année, il choisit la prudence et reprend un poste sur Paris, chez GEG. « Il était chef de fabrication et a été licencié parce qu'il y a eu une enquête de police au sein de l'entreprise qui se trouvait à Maintenon, se souvient Nicole. Je ne sais pas en quoi consistait l'enquête[2]. » Autre mystère, ces vacances en Savoie qui s'achèvent au bout de seulement quatre jours lorsque Michel Fourniret, affolé, demande à rentrer dans les Yvelines...

Après deux ans chez Emnoplastiques à Rambouillet et deux ans chez Polymont à Coignières (Yvelines) d'où il fut licencié en avril 1978, l'Ardennais décide de voler de ses propres ailes et de se mettre à son compte en lançant « les ateliers de la Joncquière », reprenant le

1. Procès-verbal du 8 juillet 2003.
2. *Ibid.*

nom du terrain qu'il possède à Floing. Objet social : usinage, mécanique de précision, études, dessins, schémas, prototypes, mise au point, fluides. « C'est un travailleur acharné qui avait la volonté, provenant d'un milieu modeste et même pauvre, de réussir dans son entreprise pour que l'on reconnaisse enfin son art et pour prendre ainsi une revanche sur ceux qui le méprisaient dans sa jeunesse[1] », avance Nicole. Le Rotary-Club lui prête sans intérêts 40 000 francs pour la conception d'une nouvelle machine destinée aux cordonniers. « Il s'est montré à propos de la construction du "banc de finissage" comme un perfectionniste, plaçant toute chose à un niveau d'idéal que j'ai rarement rencontré[2] », souffle, admiratif, un cordonnier d'Épernon (Eure-et-Loir). « C'est un homme de génie, un créateur-né. Il a réussi des travaux là où des ingénieurs ont échoué[3] », complète un directeur de société de fournitures pour chaussures.

Masochiste, le tourneur sur bois et sur métal sue sang et eau sur ses projets et pour ceux qui l'emploient en sous-traitance. « Il ne trouvait satisfaction pleine et entière que dans le surmenage auquel il s'astreignait, travaillant parfois vingt-quatre heures et parfois plus sans se reposer aussi bien dans les maisons où il a travaillé que dans sa propre entreprise, témoigne Nicole. Je suppose qu'il s'agissait là d'un châtiment qu'il s'imposait pour apaiser sa conscience au sujet des actions qu'il commettait[4]. »

Le bon ouvrier n'a pourtant pas l'étoffe d'un chef d'entreprise. « Il n'y a eu aucun débouché pour les travaux, notamment pour les prototypes, admet sa

1. Enquête de personnalité du 15 septembre 1984.
2. *Ibid.*
3. *Ibid.*
4. *Ibid.*

seconde épouse. D'ailleurs, mon mari n'a mené à bien qu'un prototype de machine pour cordonnier qu'il aurait fallu construire industriellement pour que ce modèle soit rentable, ce qui n'a pas été le cas[1]. » Les machines à damer le béton ne trouveront pas preneur. Aux ateliers de la Joncquière, les employés restent peu de temps, supportant difficilement le caractère du patron. Celui-ci ne peut se verser qu'un maigre salaire mensuel de 5 000 francs. « Il ne gardait pas d'argent de poche, glisse Nicole. Le jour de mon anniversaire, il me demandait de l'argent pour m'acheter une rose[2]. » Michel Fourniret n'est pas un flambeur et le couple n'a pas besoin de carte bancaire. Avec 4 000 francs de crédits mensuels, il ne reste pas grand-chose. La famille vit chichement, quasiment en « autarcie » selon l'expression de Nicole qui élève les trois enfants alors que son mari sillonne les routes de la région, soi-disant à la recherche de nouveaux clients... Elle confectionne les vêtements, entretient le potager, rempaille des chaises... L'alcool, qui a détruit la vie du père Fourniret, a été proscrit de la maison. Pour se délasser, Michel prend parfois son fusil à lunettes et tire des lapins alentour. À l'exception de rares séjours de vacances en Bretagne ou dans les Pyrénées, les Fourniret vivent repliés sur eux-mêmes et n'ont pas d'amis.

« Il régentait la vie familiale comme bon lui semblait, précise Nicole. Pour des futilités, Michel pouvait très rapidement se mettre en furie[3] », ajoute-t-elle. Anne, sa fille, confirme que son père, autoritaire, a toujours cherché à leur inculquer une éducation stricte : « À table, il fallait lever le doigt pour parler, poser les mains et pas les coudes sur la table, il ne fallait jamais

1. *Ibid.*
2. Procès-verbal du 8 juillet 2003.
3. Enquête de personnalité du 15 septembre 1984.

parler pour ne rien dire[1]. » À l'occasion, le bon papa Fourniret met une serviette sur la tête de ses enfants pour les obliger à garder le nez dans leur assiette… Un père qui, par petites touches perverses, prend du plaisir à asseoir sa domination sur son fils et ses deux filles qui finissent parfois « au coin ». Anne, « coupable » d'avoir un jour pris des bonbons oubliés par son père sur la banquette de la 504 break, a été attachée trois heures durant à la niche du chien ! « Mon père avait des espèces de pulsions, confirme Marie-Hélène. Il avait besoin d'une mise en scène aussi bien pour nous punir en cas de sottise ou même pour nous récompenser. Je me souviens d'une fois où il nous avait alignés tous les trois devant le passe-plat de la cuisine pour nous offrir une bande dessinée à chacun alors que nous pensions être punis[2]. »

Les filles évoquent un père plus sadique que Fouettard. Marie-Hélène se rappelle ne l'avoir vu hors de lui qu'à une seule reprise : « Je me souviens l'avoir vu furieux après un monsieur qui nous avait accostées sur le trottoir après avoir arrêté sa voiture. Nous devions avoir dix ans et, vu son comportement, il est indéniable que cette situation devait lui avoir rappelé quelque chose. » Michel Fourniret, à qui il est déjà arrivé d'aborder des jeunes filles, ne supporte pas que l'on approche ses jumelles ! « Il était affectueux avec ses deux filles, complète leur mère, mais son comportement n'était pas le même avec Nicolas qu'il considérait comme un "rival"[3]. » Selon elle, leur fils admirait son père mais souffrait de se faire sans cesse rabrouer. « Michel avait tout pour être heureux, mais il se créait lui-même des problèmes, poursuit-elle. Il est toujours imprévisible, il

1. Procès-verbal du 8 juillet 2003.
2. *Ibid.*
3. *Ibid.*

voulait constamment dominer et donc ne voulait pas que son fils Nicolas le domine. Il voulait reproduire ce qu'il avait dû vivre lui dans son enfance[1]. »

Souvent absent, Michel Fourniret s'intéresse peu à l'éducation de ses enfants. « Mon père a toujours été très sûr de lui et fier de son travail, témoigne Anne. J'ai toujours pensé qu'il ne voulait pas trop qu'on fasse d'études, vraisemblablement pour ne pas le dépasser[2]. » Interrogées plus tard par les policiers rémois, les deux filles ne mentionneront aucun geste déplacé de la part d'un père qualifié de « pudique ». Sa deuxième femme, Nicole, parle d'un amant médiocre à la sexualité ordinaire. Michel Fourniret lui interdisait seulement de prendre la pilule... Lors de leurs disputes, cet homme, qui n'a pas reçu d'éducation stricte, reproche à son épouse son côté « petit-bourgeois ». Pourtant, il tient à exhiber devant quelques rares relations les signes extérieurs de sa réussite : sa belle maison, l'atelier qu'il a érigé, sa voiture neuve, etc. « Michel voulait montrer qu'il avait confiance en lui, mais je pense que cela n'était qu'une apparence[3] », note Nicole. À l'occasion, il joue aussi les provocateurs et aime rabaisser les gens de son entourage. « Il voulait paraître supérieur aux autres, ça, c'est un trait majeur de son caractère[4]. »

Pourtant, au début de l'année 1984, faute de commandes, les « ateliers de la Joncquière » sont en faillite. Michel Fourniret est tout le temps sur les routes. « J'étais constamment sur le qui-vive ; quand tout allait bien, on se demandait ce qu'il allait bien pouvoir faire pour que ça n'aille pas[5] », résume Nicole.

1. *Ibid.*
2. *Ibid.*
3. *Ibid.*
4. *Ibid.*
5. *Ibid.*

Dix-huit ans plus tôt, une lettre de la police avait détruit la vie d'Annette et de Jean-Christophe. Ce 23 mars 1984, c'est un appel téléphonique des gendarmes qui précipite celle de Nicole, Nicolas, Anne et Marie-Hélène. Madame Fourniret est avisée que son mari se trouve en garde à vue à la brigade territoriale de Mennecy, dans l'Essonne. Inquiète, elle monte à bord de sa Honda Civic pour rallier la gendarmerie de cette petite ville du sud-est de la région parisienne, à une cinquantaine de kilomètres de chez elle. Son mari, l'air penaud, l'implore comme un enfant. « Il était griffé de partout, raconte-t-elle. Il m'a dit : "Je te demande pardon, je t'en supplie, pardonne-moi." Je lui ai demandé : "De quoi ?" Il m'a répondu : "Des faits…[1]" » Les faits ? Effondrée, Nicole apprend de la bouche de l'officier de police judiciaire que son époux vient d'avouer une quinzaine d'agressions sexuelles commises sur des jeunes filles depuis 1977 !

La toute dernière victime se prénomme Catherine. Quelques heures plus tôt, cette femme d'à peine vingt ans se dirige vers sa R5 blanche garée sur le parking de l'Intermarché d'Ormoy (Essonne). Un quadragénaire, l'air affolé, l'accoste et lui demande de le conduire jusqu'à l'autoroute Paris-Lyon. D'abord réticente, Catherine finit par accepter. Au niveau de la bretelle d'accès, l'inconnu brandit un pistolet 6.35 mm et ordonne à la jeune femme de poursuivre sa route et de les conduire dans un endroit isolé. La Renault s'engage sur l'autoroute et prend la première sortie en direction d'Auvernaux (Essonne). L'agresseur demande à la jeune femme d'emprunter un chemin de terre, puis de s'arrêter près d'un bosquet. Après avoir pris les clés du véhicule, l'homme sort une fiole en plastique, affirmant qu'elle

1. *Ibid.*

contient du vitriol. Il exige que la jeune fille se déshabille et veut absolument savoir si elle est vierge. Rusée et pleine de sang-froid, Catherine tente de gagner du temps. Elle obtient de son agresseur qu'il pose son arme sur la boîte à gants. Aussitôt, elle sort de la R5 et tente de s'enfuir. L'inconnu rattrape la jeune femme qui se défend. Pourtant, au bout de quelques minutes, l'homme, abattu, semble se calmer. Il lui assure qu'il ne veut pas lui faire de mal et lui demande de le ramener. Alors qu'il contourne le véhicule, Catherine cache le pistolet et la fiole sous le siège et lui fait croire qu'elle les a jetés. La R5 redémarre. Après quelques centaines de mètres, la jeune femme prie l'inconnu de descendre. Ce qu'il fait. Catherine se rend alors chez elle et alerte Christian, son petit ami, gardien de la paix. Ils décident aussitôt de retrouver l'agresseur. Quelques instants après, ils l'aperçoivent en train de marcher le long de la route à Coudray-Montceau, un petit village situé dans un bras de la Seine. Christian interpelle *manu militari* l'agresseur de sa compagne et l'emmène à la brigade de gendarmerie la plus proche, à Mennecy.

Placé en garde à vue, l'homme décline son identité et sa qualité : « Michel Fourniret, quarante-deux ans, artisan, demeurant 9, route de Paincourt à Clairefontaine. » Effondré, il reconnaît les faits. Mais les militaires vont sursauter quand l'homme avouera sans trop de réticences quatorze autres agressions commises entre 1977 et 1984 dans les Yvelines, l'Essonne et l'Eure-et-Loir. Michel Fourniret n'est pas en mesure de fournir des indications précises, mais livre quand même des endroits, des signalements de victimes et un mode opératoire commun. Hanté par la virginité des jeunes filles, il avoue en avoir agressé quelques-unes sous la menace de sa fausse fiole à vitriol ou d'un vieux 6.35 mm, une relique appartenant à son beau-père… Il reconnaît aussi les laisser partir lorsque celles-ci se défendent ou lui assurent qu'elles sont mariées ou enceintes. Autant d'éléments qui conduisent la juge Annichiarico d'Évry (Essonne) à inculper Michel Fourniret et à le faire placer en détention provisoire, le 25 mars 1984, à la maison d'arrêt de Fleury-Mérogis.

3

La justice manipulée

Au bout de quelques jours d'incarcération, Michel Fourniret comprend qu'il doit vite prendre des initiatives pour minimiser les faits qui lui sont reprochés. Il décide de se tailler un personnage sur mesure à travers la rédaction d'une autobiographie autorisée. Fourbe, il va encore une fois jouer son meilleur rôle : l'homme en perdition sur le chemin de la rédemption. Manipulateur, il va fournir au magistrat des preuves de sa bonne volonté et de son désir de coopérer avec la justice. Le 5 avril 1984, le modeste ouvrier prend sa plus belle plume pour lui adresser un étonnant courrier. Des réflexions à prendre avec la plus extrême précaution vu la propension de Michel Fourniret au mensonge.

« N'étant pas un professionnel de l'expression orale, seule la voie épistolaire me permet d'être moi-même », écrit-il en préambule d'une sorte de rapport policier organisé en sept chapitres et livré avec deux tableaux détaillant les quinze agressions. « J'ai proposé à ce courrier le schéma suivant : I. L'homme et son origine ; IIa et IIb. Synoptique des délits ou synthèse ; III. Motivations délictuelles ; IV. Détermination du seuil d'action-“oser” ; V. La justice devant ce cas ; VI. Prise de conscience ; VII. Les retombées de l'inconscience. »

Sans doute psychologue à ses heures perdues, Michel Fourniret commence par dresser le portrait de ses géniteurs. « Père ouvrier métallurgiste moyen ; très laborieux ; épris pour ma mère d'un affectif primaire. Homme intègre ayant démissionné par la boisson de la mission d'époux et de père de famille qu'il ne peut assumer. » Le portrait de la mère n'est pas plus réjouissant. « Enfant naturelle, sa maman décédée lors de la naissance. Tabous en société paysanne. Élevée cachée par sa tante. Intelligence vive, n'eut [sic] pu s'accorder avec un compagnon brillant qu'à la condition de stabiliser sa personnalité indépendante. »

Vient ensuite un autoportrait ébauché à l'aide de quelques phrases boursouflées dont le sens peut parfois échapper au lecteur : « Moi, quarante-deux ans aujourd'hui, d'origine ouvrière ardennaise, marqué par les heurts familiaux (séparation de mes parents le jour de mon douzième anniversaire). Trouvant refuge dans les livres. Redoutant le lyrisme de la poésie. »

Michel Fourniret ambitionne de devenir contremaître d'usine ; il rêve également de « pouvoir connaître l'immaculée Beauté d'un sentiment ». Le voilà « pensant foncièrement à une voie ecclésiastique » ou « rêvant de l'échange infiniment pur de deux âmes tendues vers un même Idéal d'harmonie et d'Amour, un sentiment délicatement muet ». L'Ardennais a peut-être compris le sens de la vie lors d'une rencontre, à l'âge de onze ans, avec un séminariste : « Il m'avait défini la vie “jeu de valeur de la nature humaine… la révolte et la guerre, ou l'acceptation et la paix”. C'est seulement sur la quarantaine que le second terme de ce postulat m'apparaît être la sagesse, dès qu'il ne requiert pas la résignation. »

L'Ardennais donne ensuite quelques dates clés de sa jeunesse, dont son mariage avec cette infirmière qui n'est plus vierge : « Écroulement des illusions. Il est trop tard. Cours par correspondance : enfouir les pensées. » Il explique ainsi l'agression d'une mineure : « Ignorant ce qui caractérise la virginité, j'avais tenté de voir la réponse auprès d'une enfant. » Le chef d'atelier en usine s'affirme « autonome-solitaire + 1 chien ». Ah oui, ce brave bouledogue abattu froidement d'un coup de fusil, en Indre-et-Loire... « Motivé par la recherche d'un sens philanthropique à cette vie », Michel Fourniret assure qu'il a songé à émigrer en Amérique latine. « Ne recevant d'offres que de caractère économique industriel, je fais en France une demande de poste de gardien de phare mais ce sont des emplois réservés. » En conclusion, ce solitaire incompris et martyrisé pense avoir trouvé l'habit à sa mesure : « En résumé, un Juif errant de vingt-trois à vingt-sept ans... »

Heureusement, vient le mariage avec Nicole ! « Stabilisation affective grâce à la rencontre d'une jeune fille exceptionnelle de vocation artistique (Beaux-Arts). Nos affinités se teintent d'un regret inexprimé et mutuel : “pourquoi si tard ?” Mais l'avenir est devant nous. » Plus loin, l'Ardennais confirme, avec son sens de la phrase à énigmes, que « l'interrogation demeure ». Veut-il parler de cette obsession de la virginité qui pourrait lui valoir plusieurs années de prison ?

En conclusion, le *self-made man* égrène les principales étapes de sa petite ascension sociale : trois enfants, construction d'un atelier, lancement d'une entreprise, etc. « Tout est-il fini depuis le 23 mars 1984 ? », demande-t-il avec un gros point d'interrogation destiné à faire culpabiliser le juge d'instruction...

Viennent ensuite les « faits » ; IIa et IIb. Tel un élève appliqué, le dessinateur industriel a tracé deux tableaux comportant treize colonnes avec autant d'items

– « date », « lieu », « personne », « domicile », « âge », « piéton », « véhicule », « pistolet », « fiole », « liens », « particulier », « circonstances », « observations » – retraçant son parcours délinquant entamé en 1977, à Rambouillet, avec la rencontre d'une lycéenne de dix-sept ans qui fait de l'auto-stop. « Exhibition en cours de trajet. Déposée sur demande », écrit-il dans la case « observations ». En 1981, il « demande un renseignement » à une écolière de treize ans, à Étampes (Essonne) : « Émotion de cette enfant lorsque j'eus embrassé son visage. La pris aux épaules. Me dit : "Ne faites pas ça." Je la reconduis à son domicile. » À l'arrêt de bus de Trappes, il embarque une jeune femme maghrébine de seize ans : « Arrivés vers Dampierre, me dit vouloir revenir. Je la ramène devant son groupe d'immeubles. Elle se sauve en courant. J'ai l'air bête. » En 1982, Michel Fourniret écrit en lettres capitales : « CAS LE PLUS GRAVE ». Dahina, quinze ans [il ignore qu'elle en a dix-sept], fait l'objet d'une « interpellation-prise d'otage » à Épernon (Eure-et-Loire) : « M'apprend sa non-virginité. Mon intention de possession ne peut s'accomplir. » Kidnappeur, Michel Fourniret s'avoue aussi harceleur. Le « hasard téléphonique » a fait qu'il a passé seulement « quelques appels » à une jeune femme de dix-neuf ans demeurant à Plaisir : « jamais rencontrée ».

Ces tableaux permettent de saisir le mode opératoire de cet homme qui rôde autour des abribus, des parkings de supermarché et embarque des auto-stoppeuses. Pourtant, on a du mal à croire qu'il ait rarement utilisé « la contrainte » ou eu des « gestes » déplacés, comme il le mentionne à plusieurs reprises. Difficile aussi d'imaginer qu'une de ses victimes, prénommée Fathia [comme l'écrit Fourniret], employée dans une maison de retraite, lui ait adressé un « au revoir sympathique » après qu'il lui eut demandé si elle était vierge. Nul besoin d'être grand clerc pour comprendre que l'inculpé a pris quelques libertés avec la vérité. « Entretien dans son véhicule, lui ayant fait part de mon intention de la pénétrer », écrit-il à propos d'une « jeune dame » de vingt-deux ans accostée sur le parking de l'Euromarché de Saint-Quentin en 1983. « Son enfant l'attend à la maison. Je pars. Elle me remercie. » Une Antillaise de vingt-cinq ans abordée à un arrêt de bus de Trappes a « décliné en souriant »...

Dans son petit monde, Michel Fourniret est donc un gentleman... Et l'on se demande s'il ne prend pas le magistrat pour un imbécile quand il écrit au sujet de cette lycéenne de dix-sept ans qui faisait de l'auto-stop à Rambouillet : « M'apprend sa virginité. Dénudée par elle-même. Délit visuel. Lui pose questions morphologie virginité. La dépose au point de départ. Est courroucée. »

Mais ces écœurants morceaux d'anthologie criminelle, centrés sur la virginité de ses victimes, permettent aussi de comprendre cette quête fantasmagorique. « Dès ce moment, je sens que quelque chose s'est passé et que je peux vivre comme tout être normal et paisible », lâche-t-il au sujet de Sandrine, une auto-stoppeuse de dix-sept ans rencontrée à Noisy-le-Roi ou Versailles, qui a dû se déshabiller sous la contrainte.

Pourtant, on ne comprend plus très bien où le manipulateur veut en venir lorsqu'il avoue avoir menti aux gendarmes : « J'ai parlé de Christine, vingt-six ans, en appartement. Ce personnage n'existe que par une affabulation de ma part. Je tenais ainsi à prouver, et après avoir réfléchi, que je n'étais pas capable d'agir avec brutalité. » Enfin, énigmatique, il note au sujet d'un « fait » qui se serait produit, à Paris, au *Baron* : « Montre que mes intentions, dès qu'elles se matérialisent, engendraient un repli sur conscience me rappelant à la réalité avant que de commettre l'irréparable. » Le juge peut en savoir plus s'il le désire...

Quelles sont les « motivations délictuelles » de Michel Fourniret ? Réponse chapitre III. « Type humain : NERVEUX, CÉRÉBRAL, PENSEUR », écrit-il en capitales. « Spoliation enfant de l'affectif maternel. Idéal d'existence placé dans la fiancée et l'épouse, sa blancheur. » Dans du mauvais Freud, l'Ardennais juge que « la réalisation de cet idéal sublimant étant imparfaite a pu engendrer la fixation et la cristallisation du mental sur le sujet de la virginité ». Incapable de se raisonner, il estime qu'une liaison avec une jeune fille lui permettrait de « savoir ». « Mais ce type d'événement implique une disponibilité que je n'ai pas, vu que mon temps est utilisé pour la maison et l'atelier. D'autre part, je ne pourrais me détacher de ma femme, ni de mes enfants à qui je suis complètement voué. » Le père de famille et chef d'entreprise n'a d'autre solution que le pistolet ou la fiole à vitriol pour parvenir rapidement à ses fins… Mais il jure qu'il n'a jamais violé qui que ce soit : « Je pense que si l'un des délits avait été mené au terme final : l'acte n'aurait pas été suivi par d'autres tentatives. »

Avec le chapitre IV, « Détermination du seuil d'action », le juge, muni d'un dictionnaire, peut comprendre pourquoi Michel Fourniret a franchi la ligne jaune : « Le confinement cénobitique : on devient dangereux à vivre en ermite, sensibilité sociale exacerbée (j'investis alors que les autres consomment), démesure et excès de l'autosuggestion devenant conviction, passion professionnelle engloutissant dans l'entreprise et pour la construction du havre familial la totalité de mon énergie-épuisement. »

Après s'être analysé et octroyé des circonstances atténuantes, l'inculpé se met à la place du tribunal et fait son propre procès. Dans le chapitre V, « La justice devant ce cas », il reconnaît que les fautes doivent être sanctionnées. « Mais sommes-nous bien sûrs de ne pas pénaliser bien plus et peut-être sans commune mesure les proches de cet individu ? » Plus loin, il évoque « l'éclatement du foyer » et joue encore sur la corde sensible de la culpabilité. « Pensez-vous déjà que cela soit mérité ? »

Dans le chapitre suivant, « Prise de conscience », l'Ardennais est pris d'un élan mystique : « Vocation de non-violence et impossibilité d'être insensible au désarroi, ces traits de pacifiste sont présents dans deux visages de ma personnalité », écrit-il noir sur blanc. « L'homme éprouvant le besoin de s'élever, 99 % de l'être ; l'homme dominé par le 1 % restant, glissant dans les ténèbres. » Michel Fourniret a une révélation et fait acte de contrition : « Je me suis trompé par manque de culture et par manque de connaissance spirituelle, j'ai la joie de sentir que je me suis trompé en comprenant que ce que je voulais ne méritait pas d'engager ma vie entière, que la Lumière existait dans la recherche intellectuelle de la Vérité, en harmonie avec mes frères. »

Après l'aveu et l'absolution vient l'heure du retour sur terre avec les préoccupations bassement matérielles... Chapitre VII, « Les retombées de l'inconscience » : sa femme est au chômage, les dettes s'accumulent faute de commandes, la voiture et les machines-outils sont à vendre, le meilleur client s'est envolé et les enfants risquent de ne pas faire d'études secondaires. Le juge ne comprend-il pas que Michel Fourniret a « un rendez-vous de première importance le 10 avril, fixé depuis le mois de septembre 1983[1] » ? À la lecture de ce courrier hallucinant, on se demande si l'homme réalise qu'il est bien inculpé d'une quinzaine d'agressions sexuelles, ou si son désir enfantin de reprendre la situation en main l'aveugle. « La communion de Nicolas a lieu le 15 avril, conclut-il. Je n'y serai pas ? » (Gros point d'interrogation.) Non, Michel Fourniret ne sera pas libéré pour assister à la cérémonie religieuse... Le juge d'instruc-

1. Souligné en noir dans le document.

tion n'a pas foncé dans ces quelques feuillets agités sous son nez et destinés à l'apitoyer.

Sentant que son incarcération va faire voler en éclats sa famille, l'Ardennais s'empresse d'envoyer des courriers à sa femme. « Dans les lettres qu'il m'écrivait, il me disait que, puisqu'il se dénonçait, il était absous de tous ces faits[1] », explique Nicole à qui Huguette, la sœur de Michel, va se confier. « Elle m'avait dit que son premier mariage avait cassé pour les mêmes causes, c'est-à-dire pour des faits délictueux commis avant. Elle m'avait aussi dit que, durant l'enfance, elle avait dû se défendre de Michel qui voulait la violer. » Un aveu que cette femme, prisonnière de la boisson à la fin de sa vie, fera de nouveau à André, l'aîné de la famille, au milieu des années 90. « Michel aurait tenté de faire sur elle des attouchements alors qu'elle avait quatorze ans, confirme-t-il. Je dois dire qu'à l'époque de cette confidence, Huguette n'avait plus toute sa raison. Pour moi, je pense que ces faits ont pu exister[2]. »

Accompagnée de ses enfants, Nicole rend quelques visites à son mari incarcéré. Mais, dès le mois d'août, sa décision est prise : elle demande le divorce et envoie sa requête au tribunal de Versailles. « J'ai déjà pardonné après une première affaire judiciaire du même ordre, mais maintenant, devant cette récidive, cela n'est plus possible, confie-t-elle. Je ne veux plus croire à ses affirmations de cesser définitivement ses agissements[3]. »

Qui a été véritablement victime de ses « agissements » ? Que s'est-il réellement passé ? Voilà ce que cherche à savoir Daniel Tardif, le nouveau juge en charge de l'affaire, qui demande au Service régional de police judiciaire (SRPJ) de Versailles (Yvelines) d'identifier un

1. Procès-verbal du 8 juillet 2003.
2. Procès-verbal du 9 juillet 2003.
3. Enquête de personnalité du 15 septembre 1984.

maximum de victimes. Le dossier est confié à un inspecteur âgé de trente ans, Patrick Rousselot, membre de l'un des groupes criminels du service qui, alors, travaillent essentiellement sur des affaires d'homicides, les viols et agressions sexuelles étant attribués aux commissariats de la sécurité publique. « Ces aveux étaient très étranges, ce n'était pas courant, s'étonne encore ce policier, aujourd'hui capitaine à la sûreté départementale de Bordeaux (Gironde). Voulait-il se soulager de quelque chose[1] ? »

Problème de taille pour l'enquêteur : une trop vague description des faits. « Il n'avait donné aucune précision sur les dates, les lieux de ses agressions survenues en Essonne, dans les Yvelines et en Eure-et-Loir, indique le policier. Retrouver des plaignants n'était pas facile. Nous ne disposions pas de fichiers comme aujourd'hui. Il a fallu faire des recoupements en appelant des services locaux dans tous ces départements. » Heureusement, le profil de l'agresseur – il agit à visage découvert, selon un même mode opératoire (le scénario du délinquant poursuivi par la police), utilise une fiole de « vitriol » ou un pistolet 6.35 mm, est obsédé par les jeunes filles vierges – permet de faire un rapprochement entre plusieurs dossiers. Au volant de sa 504, puis de son 405 break (7114 LH 78), le père de famille rôde à la recherche d'adolescentes. Il les fait venir dans son véhicule et, menaçant, les conduit dans un bois où il tente d'abuser d'elles. Parfois, il monte dans la voiture d'une femme et demande à se faire conduire dans un endroit isolé. « À l'époque, quand les jeunes filles criaient et résistaient, Michel Fourniret s'enfuyait aussi sec, précise Patrick Rousselot. Il laissait aussi tomber les femmes mariées et enceintes[2]. »

1. Entretien avec l'auteur.
2. *Ibid.*

Ou celles qui disaient l'être… Comme Frédérique[1], aujourd'hui âgée de quarante-six ans, qui a eu la peur de sa vie un soir de novembre 1983. Employée dans une régie publicitaire, la jeune femme regagne son studio situé dans le centre de Versailles. À peine a-t-elle garé sa Fiat 126 rouge qu'un homme surgit : « Il avait un vieux blouson sale, il était mal rasé et sentait mauvais, raconte-t-elle. Il tenait une grande bombe orange qui, soi-disant, contenait de l'acide sulfurique. Il m'a demandé de rentrer dans l'auto. Il n'y avait personne dans la rue, c'était difficile de faire autrement[2]. » Dans l'habitacle de la voiture, l'homme lui dit qu'il est recherché par la police et qu'il faut l'emmener loin d'ici. Frédérique lui propose d'aller à la gare. L'inconnu lui répond qu'il veut se rendre dans le bois de Fausse-Reposes près de Ville-d'Avray. « On m'avait parlé d'un petit garçon qui avait été assassiné là-bas quelques années auparavant, j'avais très peur d'y aller[3] », précise-t-elle. Prise en otage à bord de son propre véhicule, Frédérique file à l'opposé, vers Marly-le-Roi. « J'étais sur de grandes avenues à double voie sans feux rouges, c'était pas évident de tenter quelque chose pour s'échapper[4] », ajoute-t-elle. Finalement, la jeune femme se gare à l'entrée d'un chemin forestier fermé par une barrière. « Il a pris ma carte d'identité et m'a menacée : "Si vous me dénoncez, je vous tuerai[5]" », se souvient-elle. L'homme trouve l'endroit trop fréquenté. Le véhicule repart et roule quelques minutes avant de s'arrêter dans la commune de Marly-le-Roi, dans un lieu plus isolé. « Il m'a dit très calmement qu'il n'était pas en cavale et qu'il voulait me violer. Il m'a demandé si

1. Pseudonyme.
2. Entretien avec l'auteur.
3. *Ibid.*
4. *Ibid.*
5. *Ibid.*

j'étais vierge[1] », explique-t-elle. Frédérique va alors avoir une intuition salvatrice. « Mon mari venait de me demander en mariage, j'ai dit au type que j'étais mariée et enceinte, poursuit-elle. Il était complètement désabusé. Il m'a dit : "Vous me prenez par les sentiments", puis s'est tu. Je me suis demandé ce qu'il allait faire : me violer quand même, me tuer, ou me voler l'auto. J'ai pris les devants et lui ai demandé de rentrer. Il a accepté et je l'ai même remercié[2]. » Retour à Versailles. L'agresseur veut se faire déposer devant chez elle. Il lui avoue qu'il l'avait déjà repérée. L'homme descend au niveau de la place de la Loi. « Je suis rentrée chez moi toute tremblante, conclut Frédérique. Mon père avocat m'a tout de suite conseillé de porter plainte[3]. »

Une démarche que certaines jeunes filles agressées n'ont pas faite, ce qui a compliqué les recherches de l'inspecteur Rousselot. « J'ai quand même pu retrouver une petite dizaine de victimes, confirme-t-il. Des Européennes en majorité, mais également une Beur, une Antillaise[4]. » Pour étayer leur témoignage, l'enquêteur leur soumet un album avec des photographies de suspects parmi lesquelles figure Michel Fourniret. « J'ai eu du mal à trouver des barbus dans les archives de l'identité judiciaire, s'amuse le policier en se remémorant l'allure de l'inculpé. Il avait un physique passe-partout, il ne ressemblait à rien. Il n'était pas physiquement monstrueux[5]. »

Après Frédérique, c'est Maryvonne, Sandrine, Odile, également agressées en région parisienne, qui reconnaîtront le portrait du quadragénaire. Ainsi que Marie-Hélène, qui a été harcelée au téléphone par cet

1. *Ibid.*
2. *Ibid.*
3. *Ibid.*
4. *Ibid.*
5. *Ibid.*

homme. Au bout du fil, l'inconnu disait vouloir avoir des relations sexuelles avec elle et menaçait de se rendre à son domicile et de la défigurer si elle n'acceptait pas.

Enfin reste Dahina. Son CAS LE PLUS GRAVE comme il l'avait écrit en capitales de manière prémonitoire dans son « tableau » criminel. Cette adolescente métisse de quatorze ans, originaire de Versailles, a été enlevée le 4 septembre 1982 près de la gare d'Épernon (Eure-et-Loir). Après avoir passé l'après-midi chez une amie, elle rentre à pied chez elle, vers 22 h 40, lorsqu'un inconnu l'accoste avec un « flacon de vitriol » à la main. Vêtu d'un blouson bleu et d'un pantalon en Tergal de couleur claire, l'homme prétend qu'il est poursuivi par la police, qu'il a volé un véhicule et a besoin d'aide pour fuir le pays. Il fait monter la jeune fille dans son 405 break, lui demande son âge et commence à lui parler de Dieu, de son éducation religieuse, de sa femme qui a déjà eu des relations sexuelles avant lui. Il lui dit qu'il s'appelle Michel, qu'il a fait des études de droit, qu'il a dirigé une usine avant de faire faillite. « Il me vouvoyait, ne m'insultait pas, il n'avait pas un comportement violent[1] », se souvient Dahina Le Guennan.

À Bouglainval, l'homme arrête son véhicule dans un champ et éteint les phares. Avec une corde, il attache les mains de l'adolescente au niveau de la tête, empêchant ainsi sa victime, prisonnière sur le siège placé en position couchée, de se débattre. Il lui explique qu'il va faire un simulacre de viol et lui demande si elle est vierge. « Non », ment-elle. Mais cette fois-ci, l'agresseur ne la croit pas. Il la déshabille, puis enlève son pantalon et abuse d'elle. « Quand il s'est remis à sa place, il s'est mis à pleurer, il m'a demandé pardon et je lui ai

1. Entretien avec l'auteur.

dit : “Mais vous vous rendez compte que je pourrais être votre fille ? J'ai quatorze ans !” Et il m'a dit : “C'est pas vrai, vous n'avez pas quatorze ans[1].” » Il la raccompagne près de chez elle. En larmes, la jeune fille retrouve sa mère et met du temps à lui avouer ce qui s'est réellement passé. Cette dernière lui assure qu'il faut porter plainte. « Mais au début, je ne voulais pas parce qu'il avait réussi à me faire promettre que je ne porterais pas plainte, reconnaît Dahina Le Guennan. Il avait déjà sa force de persuasion, cette manipulation poussée à l'extrême[2]. » La mère et sa fille se rendent à la gendarmerie de Maintenon pour dénoncer le viol. Inquiète, Dahina Le Guennan apercevra quelque temps plus tard son agresseur rôder en voiture dans le quartier. Mais la police locale ne le retrouvera pas. Deux ans plus tard, l'inspecteur Rousselot et un collègue sonnent à la porte et leur annoncent qu'un suspect est enfin interpellé. Quelques jours après, l'adolescente n'aura aucun mal à reconnaître son agresseur incarcéré à Fleury-Mérogis.

Comme d'autres victimes, Dahina Le Guennan va recevoir un courrier écrit par... Michel Fourniret qui désire montrer à tous qu'il est sur le chemin de la repentance. En septembre 1984, il rédige d'autres lettres, cette fois-ci à l'adresse des sept jeunes femmes agressées. « Mademoiselle, mon initiative insensée a causé votre angoisse, puis votre humiliation, écrit-il. Que dire de cette attitude irraisonnée qui a provoqué votre désarroi et paralysé votre confiance en l'avenir. Je n'avais pas conscience de la gravité de cette entreprise[3]. » Plus loin, « l'ignominieux quadragénaire » qui

1. Récit lors de la soirée-débat du 25 juin 2005 organisée par l'Observatoire citoyen.
2. *Ibid.*
3. *Le Parisien* du 23 septembre 2004.

« aspirait à son arrestation » tente une fois encore de se justifier : « Vous avez pu croire à un abject et méprisable motif là où mon attitude incarnait une impossible révolte d'absolu, aboutissant à ma révolte. » Ces lettres, bloquées par le juge, ne parviendront jamais à leurs destinatrices. « Par contre, j'ai reçu des poèmes chez moi le jour de mon anniversaire[1] », s'insurge Dahina Le Guennan qui trouve inouï qu'un homme aussi dangereux ait pu disposer de son adresse.

Le 19 septembre, une nouvelle salve mystico-littéraire arrive chez le juge Tardif. Intitulé du courrier : « Réflexions sur ma position par rapport à Dieu ». « Entendons-nous bien, Christ, je vénère à travers toi la qualité des sentiments humains, la bonté, la sensibilité. » Puis s'adressant en toute humilité à Dieu : « À présent, tu seras mon complice, même pour admettre que quelque part sont détenues les clés du mystère. »

Désormais associé au Tout-Puissant, Michel Fourniret est bien décidé à se défendre… Le 15 octobre 1984, il entre avec son avocat dans le bureau du juge d'Évry pour une confrontation avec Dahina. Avec aplomb, il confirme les faits mais parle du « flegme » et de la « passivité » de l'adolescente et affirme même « qu'il y avait un peu d'affectif dans nos relations ». Seule et impressionnée, l'adolescente a du mal à faire face à cette mauvaise foi et reconnaît que son agresseur lui a fait pitié. « J'étais là comme témoin et non pas comme victime, nous n'avions pas d'avocat », s'insurge aujourd'hui Dahina qui ne s'est pas sentie soutenue par le magistrat. « En revanche, son défenseur a été odieux. Il a laissé entendre que j'avais bu, fumé des joints, etc.[2] » Écœurée et abattue, la jeune femme a du mal à se remettre de cet épisode. Dans les mois suivants, faute

1. Entretien avec l'auteur.
2. *Ibid.*

de suivi psychologique, elle avalera à trois reprises des médicaments pour mettre fin à ses jours.

De son côté, l'Ardennais rumine dans sa cellule, déterminé à ne pas laisser le champ libre aux différents intervenants judiciaires. Le 19 novembre 1984, il décide de donner une petite leçon aux experts psychiatres et psychologues qui l'ont examiné durant l'été. Cette fois-ci, Michel Fourniret, jamais à court de personnages et de scénarios, endosse l'habit du poète pour déclamer sur six pages ses « observations au rapport d'expertises psychologiques ». « Oyez sous cette forme, non une dérision mais une sédition à vos cogitations, écrit-il. Quand, sur la quarantaine, je sens venir la fin, je ne recule pas, m'affuble de moyens, pour approcher de près la vérité mythique, par la simulation, savoir je revendique. » Suit une volée de mauvaises rimes où le détenu tente, encore une fois mais sous une autre forme, de se justifier. « Ne croyez-vous pas qu'il est vain d'espérer de résoudre un problème quand il est mal posé ? Du coffret cérébral, Fourniret a la clé et quelques connexions sont à effectuer : accepter vie et hommes, réelles entités, appeler chat un chat, ne plus le déifier, échanger la confiance, accepter l'amitié, transférer de l'action les potentialités. » Les experts le trouvent puéril ? « Immature, dites-vous. Je ne puis réfuter. Léonard de Vinci, Rimbaud, Léo Ferré, Charles de Gaulle aussi, du théâtre tenté, le criminel en bas dans la cour rencontré ; Nerval, Brel et Hugo et Leconte de l'Isle vous offrent paramètres à fixer vos idylles. » Chatouilleux sur le chapitre culturel, le prisonnier, qui se gargarise de grands auteurs, interroge : « Qu'est donc un artisan, sinon valet de pied ! Il n'est point alchimiste, il n'est point templier, à nulle science humaine, il ne s'est initié. » Les médecins ont du mal à le comprendre ? « Dans ma spéculation, je creuse ma lumière, c'est mon petit jardin ; laissez mes fleurs en paix, je greffe mes rosiers. D'une faux aiguisée, je respecte la vie, mes pieds dans la rosée. Là se trouve mon Dieu. Je ne puis le livrer. » Conscient que sa petite leçon magistrale risque d'énerver le magistrat, Michel Fourniret conclut prudemment : « Docteur Benoît et vous, psychiatre, son confrère, vos avis éminents, de sagesse accomplie, font de moi votre ami ; à vous je me réfère. »

Après avoir dévoré tout l'été les tests du *Nouvel Observateur*, le détenu ne résiste pas au plaisir de livrer sa « grille d'auto-évaluation psychologique » et sa propre « cote » :

Société : Par rapport aux autres / 5. Hésitant (limite du timoré)
Matière : Dans mon corps / 8. Équilibré
Cérébralité : Dans ma tête / 8. Perspicace
Sentiments : Dans mon cœur / 7. Tendre
Moral : Dans mon âme / 5. Fragile (limite du tourmenté)

Vient enfin ce *post-scriptum* hallucinant : « Lors de l'audition du 15 novembre 1984, j'ai indiqué que Sandrine[1] m'avait parlé de Guillaume Apollinaire. C'est une erreur, il s'agissait de Charles Baudelaire. »

Usant de flagornerie, Michel Fourniret écrit à nouveau au juge le 28 octobre : « La meilleure compréhension, je l'ai rencontrée dans votre immense sagesse que je sollicite une fois de plus pour retrouver libre, l'équilibre, un instant rompu auprès de ma famille et reprendre mes travaux dans mes ateliers à Clairefontaine. »

Cette obséquiosité a-t-elle fini par payer? Toujours est-il que Michel Fourniret est renvoyé devant le tribunal correctionnel d'Évry le 23 janvier 1985 pour des violences volontaires avec arme et un simple attentat à la pudeur, échappant ainsi aux assises. Les magistrats

1. L'une des victimes.

considèrent que l'Ardennais n'a pas véritablement abusé de Dahina Le Guennan et a éjaculé avant de la pénétrer. « C'était une décision scandaleuse, le viol était bel et bien consommé, assure pourtant Me Jean-François Roy, désigné quelques jours avant l'audience. Mais l'encombrement des tribunaux faisait que l'on correctionnalisait beaucoup, ce qui permettait d'éviter une procédure criminelle plus longue et complexe[1]. » Le jour de l'audience, l'avocat décide de plaider le viol et demande le renvoi des débats. « Michel Fourniret me regardait avec son air de chien battu, se souvient-il. Je me suis dit : "Tu fous la vie de ce type en l'air, tu le brises." J'ai eu un peu mauvaise conscience[2]. » Après un appel déposé par l'Ardennais, Me Roy obtient finalement gain de cause. L'instruction pour viol est relancée. Michel Fourniret perd la main. Son père, âgé de quatre-vingt-cinq ans, vient de décéder d'une hémorragie cérébrale. Le 10 mars 1986, Nicole, elle, obtient le divorce.

L'Ardennais va être examiné par un nouveau psychiatre et un nouveau psychologue, qui vont tenter de percer les motivations de cet agresseur hors normes. Lors de leur rencontre, les docteurs Dubec et Maurion découvrent un homme à l'air grave et triste qui s'anime lorsqu'il évoque son palmarès scolaire et professionnel. « On remarquera que, même en détention, il a obtenu une activité avec prise d'initiative et de responsabilité, ayant apporté, nous dit-il, des améliorations au magasin central où il travaille[3] », écrivent les experts qui notent que ce « surinvestissement professionnel manifestement compensatoire n'est pas exempt d'une possible surestimation de ses compétences. En contrepoint, sa vie relationnelle et affective apparaît bien secondaire et

1. Entretien avec l'auteur.
2. *Ibid.*
3. Expertise du 14 juin 1986.

étriquée. » Michel Fourniret évoque ensuite son père, « meilleur mécanicien du Sedanais », et sa mère, qui a pris l'initiative du divorce. « Concernant cette dernière, c'est en fin d'entretien qu'il laissera transparaître l'atmosphère incestueuse de ses rapports avec elle. »

Considérant que les « défenses obsessionnelles massives » du sujet témoignent d'une grande névrose, les médecins distinguent un « noyau pervers sous-jacent ». « Les actes commis sont alors rationalisés à l'extrême, dans une dimension imaginaire qui confine à une élaboration délirante. » Pourtant, Michel Fourniret « n'adhère pas totalement au discours qu'il présente et sent confusément lui-même la dimension névrotique de cette construction ». Enfin, les experts pensent que « ses aveux spontanés confirmant l'intensité de sa culpabilité renvoient à une manifeste recherche de confrontation à la loi, dans sa dimension symbolique, dont l'exercice responsabilisant est indispensable pour qu'il retrouve tant l'apaisement psychosexuel que les repères lui ayant jusque-là fait défaut ».

Après avoir pris connaissance de ces conclusions, l'avocat de Michel Fourniret demande une contre-expertise psychiatrique. Désormais en charge du dossier, le juge Jean-François Dessagne désigne deux nouveaux experts : les docteurs Serge Bornstein et Christiane Bardet Giraudon. Au début de leur entretien à Fleury-Mérogis, l'Ardennais leur rappelle sournoisement que les conclusions des quatre premiers médecins qui l'ont examiné étaient contradictoires... Le détenu a récemment chuté d'une échelle dans le magasin central de la prison et souffre d'une entorse de la cheville. Les médecins découvrent un homme d'un mètre soixante-huit, soixante-quatre kilos, droitier et non tatoué, s'appuyant sur deux cannes. Son dossier médical ne mentionne qu'une banale opération de l'appendicite. Quant à la cicatrice sur son nez, elle est due à un accident de tronçonneuse. Peu porté sur l'alcool, l'Ardennais se dit en revanche grand amateur de café et brûle une trentaine de cigarettes par jour.

Là encore, l'inculpé joue les chiens battus et répond du bout des lèvres aux questions. « Je ne suis pas ingénieur en titre, je ne suis rien », lâche-t-il avant de raconter sa vie une énième fois. « Il s'exprime avec des formules alambiquées, lentes et toujours sur un ton amer et blasé », notent ces derniers dans leur rapport. « Il parle de lui à la troisième personne et il ratiocine[1] en diable. S'il a pu être complexé au début par ses origines très modestes, il a montré qu'il pouvait s'élever. » Est-il d'ailleurs toujours complexé d'être né dans un milieu ouvrier? Michel Fourniret ne sait pas vraiment. « Il y a divers niveaux de conscience », dit-il, énigmatique, avant d'affirmer qu'il est croyant et n'a pas d'idées politiques.

Il se lance ensuite dans un grand discours sur sa formation et son métier d'ouvrier fraiseur. « Le travail et la liberté passent avant tout », affirme-t-il, lui qui se présente comme un travailleur « acharné », « sans limite » et qui privilégie la « création » avant le « rendement commercial ».

Vient enfin l'évocation des agressions sexuelles qui lui valent d'être incarcéré depuis mars 1984. « J'en ai tant parlé, tant écrit »... Il se montre peu disposé à s'étendre sur la question. Du bout des lèvres, il consent à dire que sa dernière agression est « ridicule ». Et d'expliquer qu'il allait dépanner la machine d'un client cordonnier à Créteil (Val-de-Marne), lorsqu'il s'est arrêté pour faire une course dans un supermarché. Sans se démonter, ce menteur invétéré affirme avoir été abordé par une femme plutôt entreprenante...

1. « Ratiociner, se perdre en raisonnements, en considérations, en discussions interminables », *in* Petit Robert.

Selon les experts, ces violences seraient à mettre sur le compte de la crise de la quarantaine. Michel Fourniret aurait pris conscience de son âge et aurait réalisé qu'il ne connaîtrait jamais la virginité des femmes. Un désir devenant au fil des années de plus en plus inaccessible.

« C'était quelqu'un d'intelligent, souple, adaptable, se souvient aujourd'hui le neuropsychiatre Serge Bornstein, il avait une capacité à se fondre, à se banaliser et à ne pas attirer l'attention. Ce monsieur ne m'a pas laissé d'impression particulière[1]. »

Après avoir retranscrit la substance des déclarations de cet homme qui dit ne plus savoir où il en est, les experts tentent de décrypter le personnage qui joue au chat et à la souris, esquivant les faits qui lui sont reprochés. « Comme le niveau intellectuel de celui-ci se situe de toute évidence dans les tranches supérieures et comme son registre culturel est nettement plus élevé que les acquis annoncés, il s'agit donc d'une attitude consciente et délibérée », indiquent-ils à l'intention du juge d'instruction. Pour eux, le comportement du détenu est infiltré par « une névrose de caractère qui puise son origine dans des conflits anachroniques ». Comme ce rapport difficile à cette mère, fille naturelle, qui a suscité de la honte chez son fils. « Ainsi, avec une sorte de rage, le sujet a-t-il constamment tendu vers une promotion et une pénétrance sociale comme pour se laver de ce milieu originel », expliquent les psychiatres, marqués par « cet autodidactisme constant symbolisé notamment par son parler alambiqué ».

Les médecins insistent également sur ce mythe idéalisé de la virginité.

Quelle ne fut pas sa déception lorsque Annette, l'infirmière qui fut sa première épouse, lui révéla qu'elle n'était plus vierge ! « Cette focalisation va s'exprimer

1. Entretien avec l'auteur.

dans une série de passages à l'acte qui tendent à le rapprocher de ce qui est pour lui un mystère », analysent les psychiatres. « Il s'agit d'une quête qui appartient plus à la sexualité infantile ou juvénile dans la mesure où la pénétration n'est qu'ébauchée ou débutante et où Fourniret renonçait à son projet dès lors que les victimes manifestaient une certaine résistance, qu'elle soit physique ou verbale. »

Ces renoncements démontrent donc que l'homme peut éprouver une certaine culpabilité au moment d'abuser des jeunes filles. Il ne serait donc pas un pervers au sens littéral du terme. Pour preuve de sa bonne volonté, l'Ardennais affirme être disposé à suivre une cure analytique et regrette de ne pas l'avoir obtenue en prison.

Conclusion de Christiane Bardet-Giraudon et Serge Bornstein : Michel Fourniret a développé une névrose complexe avec une fixation centrée sur la virginité féminine. « À défaut de confier ses tourments obsédants, il a entrepris une série de passages à l'acte, poursuite de ses fantasmes, en ne réalisant pleinement leur caractère antisocial que devant l'opposition et la résistance de ses victimes », concluent-ils dans leur rapport de sept pages. Rappelant qu'il a frappé à plusieurs reprises, les docteurs considèrent qu'il reste dangereux tant que ses troubles névrotiques persisteront. Une cure analytique s'impose donc d'urgence pour ce sujet qui, selon l'article 64 du Code pénal, n'était pas « en état de démence » au moment des faits et reste condamnable. « Mais les troubles décrits vont dans le sens d'une atténuation légère à moyenne de sa responsabilité », estiment quand même les spécialistes.

« Il s'était bien adapté à la maison d'arrêt, il avait rendu des services, il y avait chez lui une science relationnelle qui le rendait anonyme, assure aujourd'hui Serge Bornstein. C'était indiscutablement tactique et stratégique. Son comportement exemplaire laissait entendre qu'il était amendable, il était repentant. » Le médecin s'est-il laissé berner comme d'autres par cette fausse attitude rédemptrice ? « J'y ai cru à l'époque, reconnaît-il. D'ailleurs, je ne sais pas si lui avait véritablement la volonté de tromper les autres. » Et de rappeler qu'il avait préconisé une prise en charge thérapeutique. Une demande restée lettre morte en l'absence, en 1986, de suivi sociojudiciaire et d'injonction de soins. « Il y avait un conflit basal à l'origine de ses pulsions qu'il avait du mal à contrôler, analyse-t-il. Ce fantasme des filles vierges est le signe d'un psychisme très élaboré, d'une personne à la sexualité à la fois exigeante et immature ». « Une fantaisie de nabab », selon l'expression de Serge Bornstein. « Mais aucun indice ne pouvait laisser supposer qu'il ferait une aussi grande carrière criminelle. »

Ce n'est pas un grand délinquant qui s'avance à 13 heures le 25 juin 1987 devant la cour d'assises de l'Essonne, mais un petit bonhomme abattu et repentant. Finalement, Michel Fourniret est accusé du viol de Dahina Le Guennan, d'attentat à la pudeur, de menaces et de violences avec arme commises sur six autres jeunes filles. Seules trois d'entre elles se sont constituées parties civiles. La veille de l'audience, Me Jean-François Roy, l'avocat de Dahina Le Guennan, s'est fait remplacer par Me Angotzi, une jeune avocate qui n'a aucune expérience en matière pénale et n'a fait que « six mois de palais »... « Pendant deux jours, Michel Fourniret a été materné par la cour d'assises, se souvient cette dernière. L'accusé s'est présenté comme un pauvre gars instable, sans défense. Tous les intervenants n'ont eu de cesse d'atténuer les charges pesant contre lui. L'ambiance était malsaine. C'était une mascarade à vomir[1]. » Dahina Le Guennan n'a pas non plus

1. Entretien avec l'auteur.

oublié ce moment terrible. « Il s'est comporté comme un gosse pris en faute, confirme-t-elle. Il était penaud, la tête entre les genoux, il disait qu'il ne recommencerait pas[1]. » Secondé par un avocat talentueux, Michel Fourniret parle peu et à voix basse. « Il s'est levé pour me demander pardon. Je l'ai regardé dans les yeux et je lui ai répondu que je ne voulais pas de son pardon, raconte Dahina Le Guennan. J'ai vu dans les yeux des femmes du jury qu'elles étaient touchées. La preuve, c'est qu'il a obtenu les circonstances atténuantes[2]. » « Il a joué la carte de la rédemption, quel juge n'aimerait pas entendre cela[3] », explique Yves Charpenel, ancien procureur général de Reims.

Un coup de théâtre va alors survenir à l'énoncé du verdict. La cour d'assises requalifie le viol de la jeune femme en « attentat à la pudeur avec violence » sur mineure. Le crime devient donc un simple délit, minimisant d'autant la peine encourue. Une décision qui équivaut à un déni insoutenable pour la jeune victime qui n'a jamais compris la raison d'un tel jugement. « Dans ces affaires, on pense souvent que la faute incombe aux femmes agressées[4] », regrette Dahina Le Guennan, persuadée que ce préjugé n'a pas beaucoup évolué au fil des années. Pour ces sept agressions, l'Ardennais sera condamné à sept ans de prison dont deux avec sursis avec une mise à l'épreuve pendant trois ans. Grâce au système des remises de peine, le détenu modèle peut envisager une sortie à l'automne 1987 pour retrouver la nouvelle femme de sa vie qui l'a entraperçu lors de cette audience tenue à huis clos. Une rencontre qui, cette fois-ci, ne doit rien au hasard.

---

1. *Ibid.*
2. *Ibid.*
3. *Ibid.*
4. Entretien avec l'auteur.

4

La garde-malade et le détenu

Une petite annonce et quelques courriers auront suffi pour qu'au milieu des années 80 Monique Olivier, garde-malade dans la région nîmoise, soit séduite par Michel Fourniret, détenu à Fleury-Mérogis en région parisienne. Depuis le début de son incarcération, l'Ardennais passe son temps à écrire, persuadé d'avoir une plume irrésistible, magnifique harpon tendu vers ses futures proies féminines. L'idée lui vient de rédiger un texte destiné à d'éventuels correspondants qui pourraient l'aider à rompre sa solitude carcérale. Celui-ci est publié en 1985 dans le magazine *Le Pèlerin*, un hebdomadaire catholique sérieux et rassurant. Un exemplaire tombe entre les mains de Monique Olivier, trente-huit ans, auxiliaire de vie auprès d'une personne handicapée à Vic-le-Fesq, près de Nîmes (Gard). « J'étais un peu perturbée, je cherchais de la compagnie, raconte-t-elle aux policiers belges. C'était une manière pour moi de m'occuper et j'ai répondu à cette annonce, comme je n'avais de contact avec personne. L'annonce était fort laconique et j'avais même adressé mon premier courrier en l'adressant à Madame[1]. » Selon elle, Michel Fourniret serait resté vague sur les motifs réels de son incarcération et n'aurait parlé que de simples « faits de mœurs » dans ses premières lettres.

Rapidement, cette femme grande, brune et massive va se présenter à son correspondant et lui dévoiler une vie déjà bien chaotique. Née à Tours (Indre-et-Loire) le 31 octobre 1948, Monique Pierrette Olivier est la dernière fille de Marcel, trente-trois ans, peintre en bâtiment, et de Suzanne, mère au foyer. Le couple a eu deux garçons, Jacques et Michel, âgés de neuf et sept ans, mais en a perdu un troisième, mort en bas âge. En 1953, Suzanne emmène sa fille à Nantes (Loire-Atlantique) pour prendre en charge la grand-mère maternelle victime d'un accident vasculaire. Les médecins lui donnent huit jours à vivre, elle mourra dix ans plus tard… Selon Monique Olivier, sa mère, qu'elle décrit comme attentive, gentille et généreuse, se serait alors mise à boire après cette disparition. Quant à son père, qui les a rapidement rejointes, elle « n'a pas eu avec lui de relation bien intense dans le sens où il ne s'est guère occupé d'elle et qu'il n'avait d'yeux que pour son fils Michel », expliqueront plus tard les docteurs Michel Dubec et Daniel Zagury. « Monique Olivier avait le sentiment de ne pas exister[2]. »

Handicapée par un rhumatisme articulaire aigu, la collégienne n'obtient que des résultats scolaires médiocres et fait l'impasse sur son certificat d'études primaires. Sur l'insistance de son père, elle s'inscrit à seize ans dans un cours privé pour y apprendre le secrétariat commercial, mais refuse de se présenter à l'examen final. À dix-huit ans, elle est embauchée dans une agence immobilière dont elle sera licenciée au

1. Procès-verbal du 8 juillet 2003.
2. Expertise psychiatrique du 23 septembre 2006.

bout d'un an. Interrogé par les policiers en 2005, Marcel parle de sa fille comme d'une personne « têtue, capricieuse, sortant peu et n'ayant pas de passion particulière ». Pourtant, à l'âge de dix-neuf ans, Monique Olivier s'intéresse à l'archéologie. En juin 1968, elle travaille dans un chantier de fouilles en Meurthe-et-Moselle avec des étudiants parisiens passionnés et traumatisés par les « événements » du mois précédent. Elle croise à la gare de Nancy un jeune militaire en permission qui lui fait la cour. Un premier amour qui ne durera qu'une nuit... Mais l'épisode a marqué la jeune fille. « J'ai toujours pensé que j'avais fait une faute, reconnaît-elle. J'ai toujours conservé le sentiment d'avoir trahi mes valeurs morales, celles de mon éducation et de ne pas être restée vierge pour mon mariage[1]. » Cette culpabilité est du pain bénit pour Michel Fourniret qui, dès ses premières lettres, va questionner Monique Olivier et exiger des détails sur cette « première fois » qui le fait tant fantasmer.

Monique Olivier ne sera jamais archéologue. Elle se console en obtenant son brevet de secouriste volontaire à Nantes et travaille quelque temps avec Jacques et Michel dans la petite entreprise paternelle. Sa nonchalance irrite profondément son frère aîné. En 1970, elle franchit le seuil d'une auto-école du quartier dirigée par André Michaud, un homme de trente-quatre ans, qui assure avoir été un officier de la DST, le contre-espionnage français. Sa femme et assistante vient de le quitter en emmenant avec elle leurs deux enfants. Monique Olivier devient sa secrétaire, puis sa compagne... Le mariage est envisagé. Le couple emménage dans une maison de La Chapelle-sur-Erdre (Loire-Atlantique), dans la banlieue nantaise. Deux garçons, Murphy et William, naissent en juin 1980 et août 1981.

1. Procès-verbal du 5 août 2003.

Souffrant de problèmes cardiaques, André Michaud vend son affaire. Il est perturbé par la mort de son frère qui s'est tué d'une balle dans la tête. Devenu maître-nageur à temps partiel, il se rêve maintenant artiste peintre. Monique lui sert notamment de modèle pour la réalisation de grandes toiles figuratives sur bois. « J'étais toujours dans ma peinture, c'est ce qui la gênait car elle aimait les voyages que je ne pouvais lui offrir », se souvient son ancien compagnon, entendu par la PJ de Reims. « C'était une fille simple, de niveau intellectuel moyen, renfermée, pas très expansive, vulnérable du fait de son côté influençable. Elle avait une sensibilité intérieure qu'elle ne montrait pas. Elle ne savait pas trop mentir. Elle n'aurait pas fait de mal à des enfants ou à des animaux[1]. » Vingt ans après, son ancien compagnon n'a rien à dire sur leur vie sexuelle « des plus normale et sans excentricité ». En 2005, André Michaud complète le portrait de la mère de ses deux enfants : « Monique était une très belle femme. Elle était faible, craintive, vulnérable. Elle avait fait peu d'études, il fallait que je sois toujours derrière elle. La Monique que j'ai connue était influençable mais incapable de faire du mal. En fait, c'était une enfant. Une gamine[2]. »

L'idylle va pourtant virer au cauchemar, selon la version livrée par son ancienne compagne. « Cet homme, qui avait fait l'Algérie, était devenu une brute, assure-t-elle. Un problème de santé l'avait obligé à vendre l'auto-école. Je ne sais pas si le fait d'être inactif a modifié son comportement, mais il est devenu paranoïaque. Il s'imaginait que j'étais une nymphomane qui allait avec tout le monde, même avec les animaux. Je n'osais plus sortir car tous les prétextes étaient bons pour me faire une crise de jalousie[3]. » André Michaud

1. Procès-verbal du 21 juillet 2004.
2. *L'Ardennais* du 12 mars 2005.
3. Procès-verbal du 5 août 2003.

aurait ainsi placé des allumettes dans les portes pour surveiller ses allées et venues... Monique Olivier confie aux policiers rémois ce qui s'est produit une nuit : « Il m'a sauvagement frappée, a mis de l'eau dans une baignoire et a tenté de m'y noyer. C'est le réveil de l'un de mes fils qui m'a sauvée[1]. »

Au début de l'année 1982, Monique Olivier se réfugie avec ses deux enfants dans un foyer de la Croix-Rouge, à Nantes. Elle se rend ensuite chez une amie, à Nîmes. Opéré du cœur à Montpellier (Hérault), André Michaud, repentant, la rejoint. Le couple tente un second départ. En vain. Les scènes et les crises de jalousie recommencent. Monique Olivier expliquera en 2006 aux experts psychiatres qu'André l'a un jour forcée à faire une fellation à un inconnu sous un pont autoroutier dans une zone industrielle. Un acte humiliant obtenu contre la promesse de ne pas lui retirer ses deux enfants.

En novembre, la mère de famille préfère quitter son bourreau plutôt que de continuer à endurer de telles souffrances. Elle signe alors une requête conjointe stipulant qu'elle laisse la garde des enfants à leur père et abandonne son autorité parentale. « La pression était telle que j'ai cédé sur ce point[2] », lâche-t-elle.

Coupée de sa famille et sans emploi, la Nantaise apprend en consultant les annonces qu'une personne lourdement handicapée recrute une auxiliaire de vie à Vic-le-Fesq (Gard), un village situé à vingt-cinq kilomètres de Nîmes. Atteinte d'une forme grave de poliomyélite durant son enfance, Marguerite cherche quelqu'un pour lui assurer des soins quotidiens. Inexpérimentée, Monique Olivier est pourtant embauchée. Elle rencontre Mark Wilson Scally, l'ami de Marguerite,

1. *Ibid.*
2. Procès-verbal du 5 août 2003.

un étudiant en philosophie américain de trente-six ans qui rédige une thèse sur Albert Camus. « Quand elle est arrivée, elle avait l'air paumée, il lui manquait des dents, dira-t-il en 2005 aux policiers qui l'interrogent. C'était une pauvre femme sans amis qui ne s'assumait pas et qui avait besoin de tutelle. » Entendue elle aussi en 2005 par les policiers de l'ancienne DNRAPB (Division nationale pour la répression des atteintes aux personnes et aux biens), Marguerite se souvient d'une auxiliaire ayant souvent mal au dos : « Elle n'était pas désagréable, mais elle était passive, sans initiatives et au final sans intérêt. »

Pendant trois ans, Monique Olivier tente de s'acquitter scrupuleusement de sa mission. « Je souffrais de ne plus voir mes enfants, mais en même temps ce repos m'était nécessaire après ce que je venais de vivre[1] », explique-t-elle.

Après avoir engagé une « recherche dans l'intérêt des familles » (RIF), Marcel Olivier parvient enfin à localiser sa fille à laquelle il rend visite en 1986. Cette année-là, Mark et Monique décident de se marier. Un coup de foudre ? Non, plutôt un mariage d'intérêt. « Mark allait ne plus être en règle sur le territoire national, il désirait rester en France et Marguerite, de par son infirmité, ne désirait pas se marier, explique Monique Olivier. J'ai accepté car André m'avait promis de ne me rendre mes enfants qu'à la condition que j'épouse quelqu'un et que je m'établisse[2]. » Selon elle, le mariage blanc, célébré le 8 février 1986 dans la plus stricte intimité, aurait pourtant été consommé. Ce que réfute aujourd'hui l'Américain qui précisera aux policiers avoir divorcé six mois plus tard. Il décrira le caractère « étrange » de Monique Olivier qui ne manifestait

1. *Ibid.*
2. *Ibid.*

aucune volonté pour récupérer ses enfants ou trouver du travail.

Au début de l'année 1987, la situation s'aggrave. Marguerite demande à son auxiliaire de vie d'envisager un départ. Cette dernière confie ses tourments à Michel Fourniret qu'elle appelle « son fauve » dans ses lettres. Ce dernier use de son plus beau style pour lui répondre et la séduire. « Michel savait tourner les choses, utilisait un vocabulaire "pointu", confirme-t-elle. Comme le père de mes enfants m'avait fait savoir que je ne les verrais plus tant que je n'étais pas en ménage avec quelqu'un, je l'avais également expliqué à Michel dans mes lettres[1]. »

Jouant les fiers-à-bras, ce dernier lui propose de l'aider à retrouver ses deux garçons, quels que soient les moyens. « J'ai posé les jalons pour reprendre contact dehors avec deux hommes qui n'ont pas froid aux yeux, écrit-il de façon allusive le 1er août 1987. Je me suis aussi assuré récemment de disposer de ce qu'il faut pour une action individuelle qui doit être bien réfléchie et préparée. Il n'est pas souhaitable d'écrire ce dont nous parlerons de vive voix et qui a pour but de récupérer les deux oisillons qu'il me révolte de savoir séparés de leur maman. »

L'Ardennais commence à opérer un lavage de cerveau à distance, bombardant son aimée de lettres. Sournois, il la sonde, la manipule et lui propose de l'aider à assouvir ses éternels fantasmes de virginité. « De toute façon, mon fauve veut posséder sa membrane, écrit-il le 6 août 1987, se mettant à la place de sa lectrice. Il est donc vain de lui répondre en lui offrant les souvenirs. La seule solution capable de le libérer ferait de moi une criminelle. Alors comme le pêcheur, je vais laisser courir la ligne, la laisser se fatiguer et alors je le bercerai sur ma peau comme on berce un

1. *Ibid.*

enfant, son inquiétude s'évanouira et il acceptera le bonheur. Si j'étais Natouchka, ne penserais-je pas ainsi ? » Le 23 août, il se montre plus clair encore : « Nous avons tous nos propres cavaleries d'anges et de démons. Le dualisme du bien et du mal, de la lumière et des ténèbres existe et gouverne le monde... Pour ma part, je ne peux nier la cohabitation du Michel du haut et du Michel du bas. »

Deux jours plus tard, l'amoureux étale un romantisme suspect : « Sur toi Natouchka, je ne veux avoir aucun droit, écrit-il. Je veux faire de toi ma femme. Nous dormirons ensemble oui, mais nous ne ferons pas l'amour avant trois ans. Mark est trop récent et je te demande une abstinence sexuelle égale à la mienne qui date de 1983 : quatre ans. Sache que je t'aime et que j'attends ta venue depuis toujours. » Lyrique et passionné, le prisonnier semble pourtant avoir scellé un étrange marché avec sa promise : « Mes serments ne sont pas de vains mots, je les tiens et je veux par mon sérieux t'être fidèle à toi exclusivement, ajoute-t-il. Tu en connais le prix. Et ce sexe étroit, je le prendrai quatre fois : la première pour Thionville[1], la seconde pour "A"[2], la troisième pour la "ZI"[3], la quatrième pour la Louisiane[4]. Il n'y aura plus de fantômes, ni d'obstacles à notre amour. »

Car le prince charmant embastillé joue aussi le justicier décidé à venger sa belle en exécutant ses anciens amants. « "A[5]" et son complice[6] quand je leur ferai

1. Vraisemblablement une référence erronée au lieu où Monique Olivier a eu sa première relation sexuelle.
2. Premier compagnon de Monique Olivier.
3. Zone industrielle où un homme aurait abusé de Monique Olivier.
4. Référence à Mark, ex-mari américain de Monique Olivier.
5. André.
6. L'homme qui a abusé de Monique Olivier sous un pont autoroutier.

expier leurs crimes », poursuit-il dans cette même lettre saisie avec quinze autres courriers dans sa maison belge. « Je sais à présent que je tuerai Mark. » Précision le 29 août : « Avant d'être tué, il paiera. À poil et à quatre pattes, lui qui a peur des microbes, découvrira ce que ça fait le sexe du copain dans sa bouche, ce que ça fait de se faire sodomiser, ce que ça fait d'avoir un par un les orteils écrasés au marteau avant les doigts des mains, ce que ça fait une balle dans le genou... Détruis cette page s'il te plaît. » Ce rôle de tueur passionnel, l'Ardennais l'avait déjà rodé vingt-cinq ans plus tôt lorsqu'il racontait à sa deuxième épouse qu'il avait acheté un fusil pour supprimer le prétendu amant de sa première femme...

Du fond de sa prison, Michel Fourniret expose tranquillement ses desseins criminels dans des courriers qui ont transité par les services de l'administration pénitentiaire... « Comprends-tu ma haine pour "A" qui incarne l'homme, le responsable du mal », poursuit-il le 8 septembre 1987. Visiblement, les expériences sexuelles de sa correspondante, qui n'a plus sa beauté virginale, le travaillent : « Monique n'a pas eu envie de trois hommes, c'est son corps qui a agi pour elle les trois fois », essaie-t-il de se convaincre.

Mais le dur est aussi un tendre qui offre ses fêlures en guise de gage amoureux. Dit-il vraiment la vérité lorsqu'il confie à sa correspondante la « clé de [son] coffre-fort mental » ? En quelques lignes, Michel Fourniret dévoile « cet élément fondamental qui explique la névrose obsessionnelle qui s'exprime depuis toujours, la recherche de la pureté et mon angoisse de la lubricité chez la femme, la mère. Personne n'a jamais su ce que tu vas lire [...] dès l'âge de cinq-six ans maman faisait grasse matinée, elle m'avait pris dans le lit [...] elle s'est allongée sur le dos, m'a couché sur elle entre ses jambes, me tenant, plaçant mon zizi dans un endroit que je ne voyais pas mais qui d'instinct m'inspirait de la répulsion, l'envie de m'enfuir. Et ses paroles répétées et pour moi incompréhensibles : "Fais le dur, fais le dur, dur, dur." Impossible Natouchka, tu t'en doutes, d'oublier totalement ce terrifiant traumatisme. »

Dans cette « confession », Michel Fourniret demande à Monique Olivier de « méditer et d'établir la relation avec la personnalité de [son] fauve au caractère impossible ». « Mon orgueil ?, interroge-t-il dans cette lettre. Proportionnel à de terribles blessures. » L'Ardennais assure penser à son père meurtri par les frasques d'une mère décrite comme volage et portée sur le vin blanc. « Imagine un adolescent désespéré et secoué de sanglots, plaçant la tête de sa mère sous le robinet d'eau froide pour la dessaouler, pour lui rendre une dignité humaine. Lui crier : "Maman, tu es une putain !" Quel gouffre de désespoir. Il m'est impossible maintenant de rester près d'elle et pourtant cette mère est la mienne et je l'adore douloureusement. » L'enfant blessé assure être en manque d'affection. « J'ai besoin d'être bercé par ton regard, dorloté sur ta poitrine », lui écrit-il encore.

À la fin de l'été 1987, l'Ardennais lui donne l'adresse d'un ami, Jacky, un ancien détenu établi à Gournay (Seine-Saint-Denis) qui peut l'héberger en attendant sa première permission de sortie. C'est là que le détenu et la garde-malade vont se découvrir dans l'intimité à l'occasion d'une permission de sortie. Le 12 septembre 1987, Monique Olivier se tient devant la porte d'entrée de la prison de Fleury-Mérogis. Drôle d'endroit pour une première étreinte. Michel Fourniret sort en début de matinée. Les futurs amants ne disposent que de quelques heures pour faire connaissance dans la maison de leur ami. Le lendemain, le prisonnier regagne sagement sa cellule.

Le 15 septembre, il revient sur cette virginité obsédante. « Si l'intention d'une défloration revient un jour ou l'autre m'effleurer, je t'en parlerai librement, je n'entreprendrai pas d'action sans t'en parler », précise-t-il dans un courrier adressé à Monique Olivier qui garde désormais une malade au Raincy. La mère de famille a été visiblement conquise par son « cher Shere Kahn » comme elle l'a surnommé : « Cela va faire huit jours que mon fauve était auprès de moi, j'aurais tellement aimé le garder », écrit-elle le 17 septembre. Cette dernière raconte sa recherche d'une machine à écrire au magasin Carrefour et sa lecture d'un journal gratuit, *Sud 93*, pour y trouver un camping-car… « Tu sais, ta Natouchka est prête à t'aider dans beaucoup de choses, elle veut se savoir utile, mais je ne suis pas une petite-bourgeoise, je veux travailler auprès de mon fauve, le seconder, cela me ferait tellement plaisir, comprends-tu ce que je veux dire ? », promet-elle mystérieusement. « Dès que mes chaînes seront brisées, je serai d'accord pour en reprendre d'autres mais des vraies celles-ci. » Plus loin, elle ajoute : « Je ne veux simplement pas être mise de côté, être considérée comme un objet. » Elle se dit sûre que son « petit taulard préféré n'est pas fait pour vivre seul, je sais que c'est un tendre […], tu sais la mésange est très heureuse, elle ne voudrait pas perdre son fauve maintenant qu'elle le connaît mieux […], tu es quelqu'un de bien, de très bien même ».

Interrogée par les policiers seize ans après, Monique Olivier minimisera son attirance pour le condamné. « Je ne peux pas dire que j'étais amoureuse[1], déclarera-t-elle. J'avais de l'affection pour un homme qui avait su me toucher, qui s'exprimait bien et qui était une sorte de bouée de sauvetage. Il avait payé sa dette à la société. La multiplicité des victimes dont j'avais connaissance n'était pas une barrière pour moi et je ne me posais pas la question de la récidive. » Un mois plus

1. Procès-verbal du 5 août 2003.

tard, le 22 octobre 1987, Monique Olivier est de nouveau devant le portail de la maison d'arrêt. Les amants permissionnaires se retrouvent cette fois-ci sans plus aucune contrainte. Un couple infernal est né.

5

Crimes en série sur la RN 20

Lorsque Michel Fourniret sort de prison, à l'automne 1987, sait-on s'il a dit toute la vérité, rien que la vérité ? Personne ne se pose cette question. L'homme n'est-il qu'un agresseur sexuel timoré qui s'enfuit lorsque ses victimes lui résistent un peu trop ? Trois ans plus tôt, des enquêteurs du SRPJ de Versailles se sont tout de même demandé si ce drôle de spécimen, qui hantait notamment les routes de l'Essonne et des Yvelines à la recherche de jeunes filles, n'avait pas été jusqu'au crime ultime. Le 1er juin 1984, l'Ardennais est retiré de la maison d'arrêt de Fleury-Mérogis pour être placé en garde à vue à 10 heures dans les locaux de l'antenne PJ d'Évry. À la demande du juge d'instruction Daniel Tardif, il est interrogé au sujet du meurtre mystérieux d'une jeune femme retrouvée à la fin de l'hiver 1980, à quelques centaines de mètres de la route nationale 20, à sept kilomètres au sud d'Étampes (Essonne).

Le lieu s'appelle Mondésir. Au cinéma, les profilers y verraient peut-être une première indication sur la psychologie du ou des criminels. Des amateurs d'aviation, eux, remarqueraient simplement que ce lieu est proche d'un aérodrome où fut créée la Patrouille de France. Le lundi 11 mars, Jean, un maçon de trente-deux ans, arrête son véhicule, pressé de soulager un besoin naturel. Il repère dans les champs un château d'eau désaffecté situé près d'un transformateur électrique. Arrivé à l'entrée du bâtiment, l'horreur le saisit. Le corps d'une jeune femme nue pend à vingt centimètres au-dessus du sol, au bout d'une corde attachée à une poutrelle horizontale. Pétrifié, l'homme dira plus tard aux policiers avoir été frappé par la vision de la langue sortant de la bouche et par la bave au coin des lèvres. « Le nœud coulant semblait avoir été fait par un professionnel[1] », se souvient Jacques[2], enquêteur sur cette affaire. Les vêtements de la victime sont introuvables. En revanche, une chaussette bleue maculée de terre est au sol, parmi des perles bleues provenant d'un collier de pacotille. L'inconnue n'a plus de boucles d'oreilles mais porte une bague. Aucun élément ne permet alors d'identifier cette adolescente chétive aux cheveux châtain clair, teinte en blond.

Dans ce local de forme circulaire, les policiers saisissent une bâche en polyéthylène ficelée à ses extrémités et des morceaux de polystyrène. Ce morceau de plastique a-t-il servi à transporter le corps ? Mystère.

Les médecins légistes ne sont pas d'un grand secours, ne parvenant pas à déterminer la cause exacte de la mort. Aucune trace de brutalité ni de violence sexuelle n'a été constatée. La victime, qui se rongeait les ongles et avait été opérée de l'appendicite, n'aurait pas succombé à une strangulation et ne se serait pas débattue au moment de sa pendaison. Seuls signes particuliers : des traces de piqûres relevées sur les

1. Entretien avec l'auteur.
2. Pseudonyme.

avant-bras laissent penser qu'elle était toxicomane. Un chiffon rouge dans lequel la presse va s'empresser de foncer. « La jeune et jolie inconnue est probablement morte d'une surdose, annonce déjà *France Soir*. Pour échapper aux recherches, ses compagnons de "drogue-parties" auraient maquillé son décès en une agression de sadiques[1]. » Un policier, qui a tenu à garder l'anonymat, affirme aux journalistes : « On a pris tant de soins pour que nous ne mettions pas un nom à la victime qu'on pouvait croire que la malheureuse était une prostituée insoumise ou trop bavarde. »

Après trois jours d'enquête infructueux, les policiers se résolvent à passer des appels à témoin dans la presse nationale. « La jeune fille avait entre seize et dix-huit ans », peut-on lire dans *L'Aurore*. Elle mesurait un mètre cinquante-deux et pesait quarante-huit kilos. Ses yeux gris-bleu s'inscrivaient dans un visage triangulaire. Elle portait quatre cicatrices, une au menton et trois au coude gauche. La reconnaissez-vous[2] ? » Le 27 mars, les policiers reçoivent l'appel d'un chauffeur routier. « Il était réticent, expliquera plus tard le commissaire Eddy Kling, chargé de l'enquête. Il avait transporté la jeune fille. Il se souvenait de son prénom et m'a donné un signalement qui concordait. Mais il avait peur que sa femme l'apprenne. Je lui ai promis de préserver son anonymat. Il devait venir le lendemain mais il n'est jamais venu[3]. »

En revanche, un attaché commercial de la région ayant circulé sur cette portion de route le 9 mars vers 19 h 30 contacte la police après avoir lu un article dans la presse. L'homme affirme avoir vu une 504 de couleur sombre stationnée près du château d'eau. « C'est la

1. *France Soir* du 13 mars 1980.
2. 15 mars 1980.
3. *Le Journal du dimanche* du 8 mars 1981.

première fois que je vois une auto garée dans ce coin-là », dira-t-il aux enquêteurs. Ceux-ci font prélever des empreintes de pneus repérées près du bâtiment. Les comparaisons sont concluantes puisque le modèle Uniroyal Rallye équipe en série plusieurs véhicules dont les Peugeot 504.

À la fin du mois de mars, les appels spontanés et les fiches de disparition n'ont pas permis d'identifier l'inconnue. Interpol est sollicité. La victime ne serait-elle pas une étrangère venue passer quelques jours en France ? Réponse négative de l'organisme international de coopération policière. Début avril, les policiers décident d'utiliser la force de frappe télévisuelle avec une émission à forte audience : « Les Dossiers de l'écran ». Le générique angoissant sied très bien à ce nouvel appel à témoin. Miracle, une femme qui a cru reconnaître sa fille téléphone en direct ! Mais les vérifications policières permettront d'écarter rapidement cette piste, ainsi que d'autres.

La solution va venir d'un dentiste établi à La Rochelle (Charente-Maritime). Les praticiens sont en effet souvent sollicités, notamment par le biais de revues professionnelles, pour identifier des cadavres inconnus. L'un d'entre eux, établi dans la cité rochelaise, va reconnaître sa « signature » sur l'incisive montée sur pivot de la jeune défunte. Âgée de dix-sept ans, Michèle, domiciliée en Charente-Maritime, a été vendeuse dans des boutiques locales. « Elle a fugué à plusieurs reprises et circulait dans la région », raconte Albert, agent hospitalier, interrogé par les enquêteurs. En octobre 1979, la jeune femme décide de « monter » à Paris. Mais elle revient à plusieurs reprises en auto-stop pour voir ses parents et récupérer un peu d'argent de poche. En fouillant sa chambre, les policiers versaillais mettent la main sur une seringue et un chilom, une pipe destinée à fumer du cannabis. Ils apprennent que la jeune femme possède deux cartes nationales d'identité avec deux années de naissance différentes (1960 et 1962). Une astuce destinée à paraître plus âgée lors des contrôles policiers… « Elle se piquait à l'héroïne trois ou quatre fois par jour, confirme son amant, retrouvé à Paris. Elle se prostituait rue Saint-Denis pour pouvoir acheter ses doses. »

Selon l'autopsie, Michèle n'a pas succombé à une overdose. Pourtant, les scénarios de crimes font alors fantasmer les « faits diversiers » qui s'en donnent à cœur joie. *Le Matin de Paris*[1] parle d'une « drogue-party » qui aurait mal tourné dans le sud de l'Essonne. *Le Parisien libéré*[2] imagine que Michèle a sombré dans le coma après une overdose. « Elle a été amenée sur place en voiture, nue et déjà la corde au cou. » Conclusion du journaliste : « Il est donc vraisemblable que le meurtrier venait d'Étampes ou de sa région. En outre, il fallait presque nécessairement qu'il connût l'existence du château d'eau. »

Le vendredi 7 mars, soit trois jours avant sa mort, Michèle a téléphoné à un ami et lui a dit qu'elle avait rencontré un serveur de bar. « Elle paraissait épuisée et saturée d'héroïne », dira-t-il aux policiers. La jeune femme a-t-elle ensuite fait de l'auto-stop pour redescendre chez ses parents comme à son habitude ? Un témoin affirmera l'avoir vue le pouce levé à la porte d'Orléans. Après s'être rendus dans les bars qu'elle fréquentait et interrogé ses relations, les policiers ne pourront pas le déterminer formellement et ne trouveront aucune piste à exploiter.

« Pourquoi une telle mise en scène macabre dans le château d'eau[3] ? », s'interroge aujourd'hui Jacques,

1. 16 avril 1980.
2. 15 avril 1980.
3. Entretien avec l'auteur.

frustré de ne pas avoir « sorti » à l'époque ce crime si mystérieux. « Même s'il y a une mort par overdose, on balance le cadavre quelque part. Et même si on le pend, pourquoi lui retirer ses vêtements ? » Au cours de leur enquête, les hommes de la PJ n'ont jamais eu de véritables suspects.

Quatre ans après le meurtre, soupçonné d'enlèvements et d'agressions sexuelles, Michel Fourniret tombe à pic. Cette nouvelle piste pourrait étoffer une instruction qui dépérit. Mais comme les policiers l'avouent ironiquement en privé : « Il faut servir quelque chose en garde à vue pour qu'un suspect se mette à table. » Face à un Ardennais roublard et malin, les policiers n'ont visiblement pas un menu fourni. En guise de hors-d'œuvre, le suspect confirme qu'il court après des jeunes femmes, tout en minimisant la portée de ses agressions. « Je leur fais croire que je vais les transporter, ensuite je les menace avec une fiole remplie d'eau qu'elles prennent pour du vitriol », explique-t-il avant de préciser qu'il n'a jamais eu de rapport sexuel complet avec ses victimes...

Les enquêteurs savent que Michel Fourniret habite à cinquante kilomètres de l'endroit où a été découverte Michèle et rôde sur les routes de la région. Le nom de cette jeune femme lui dit-il quelque chose ? « Il m'est inconnu. » La reconnaît-il sur la photo ? « Je n'ai pas une bonne mémoire visuelle », lâche le gardé à vue, sans doute trop content d'esquiver aussi facilement ces questions ouvertes. Quand on lui apprend que la Rochelaise est morte dans des circonstances atroces, Michel Fourniret s'offusque : « Je ne suis pas l'auteur d'un tel acte, je n'en suis pas capable. » Trois ans plus tard, l'Ardennais laissera pourtant derrière lui le cadavre d'une jeune Auxerroise...

Mais en ce 1er juin 1984, les enquêteurs n'ont pas de boule de cristal. « Connaissez-vous Étampes ? », lui demande l'un d'entre eux. « Je travaille dans la région et j'amène parfois ma voiture dans un garage du secteur », répond-il avant de préciser qu'il roule depuis 1979 dans un break 504... Tout juste consent-il à dire qu'il prend des « filles accompagnées » et des garçons qui font de l'auto-stop à la porte de Saint-Cloud dans le sud-ouest parisien. À l'issue de deux heures de garde à vue, le suspect est ramené à la maison d'arrêt de Fleury-Mérogis. L'audition tient sur deux pages. « Il n'avait pas grand-chose à nous dire et l'on n'a pas pu prouver qu'il était dans le coin, concède Jacques. Quand on échoue dans la résolution des crimes, on se demande où est-ce qu'on a raté le coche, si on a bien interrogé le suspect. Il y a parfois des affaires qui ne sont pas sortables. Le crime parfait existe[1]. »

L'Ardennais n'aura été interrogé que dans le cadre de l'affaire Michèle ! Pourtant, cet homicide n'est que le premier d'une série de meurtres mystérieux survenus dans le même secteur. « Des affaires qui vont devenir, au fil des années, une véritable "obsession" pour le service[2] », reconnaît aujourd'hui l'inspecteur général Gilles Leclair, chef d'un groupe « crimes », puis de la division criminelle de Versailles de 1978 à 1988, depuis sous-directeur chargé de la lutte contre la criminalité organisée et la délinquance financière au sein de la police judiciaire française.

Neuf mois après la Rochelaise, une autre jeune fille va être retrouvée au bord de la route nationale 20, cette fois-ci dans le sens province-Paris, à moins de trois kilomètres du funeste château d'eau de Mondésir. Le 25 décembre 1980, jour de Noël, un adolescent se promène au lieu-dit Rougemont, le long d'une petite aire de stationnement. Soudain, il aperçoit dans un bosquet

---

1. *Ibid.*
2. *Ibid.*

les épaules et la tête d'une femme dépasser d'une bâche en plastique blanche. La malheureuse gît, nue, face contre terre. Son cou porte des traces de strangulation. Là encore, nul vêtement ou effet personnel. La victime n'a que ses boucles d'oreilles. Mais aucun document officiel ne permet de l'identifier.

Bis repetita. Nul besoin d'avoir fait l'université du FBI à Quantico, aux États-Unis, pour établir un premier lien entre ces deux victimes au physique juvénile. Âgée d'à peine vingt ans, la jeune femme est mince, mesure un mètre cinquante et pèse quarante-cinq kilos. Elle a des cheveux blond frisé coupés court et de jolis yeux bleus. Les ongles de ses mains sont vernis de rouge. L'autopsie conclut à une mort par strangulation réalisée avec un lien étroit et survenue quelques heures avant sa découverte. Les ecchymoses *post-mortem* relevées sur son corps démontrent que l'inconnue a été traînée sur une trentaine de mètres. Aucune violence sexuelle n'est constatée. Le profil des victimes et le lieu de découverte des corps permet au quotidien *France Soir* de titrer le 27 décembre 1980 : « C'est le même sadique qui a tué à Étampes. »

Les policiers découvrent que la bâche ayant servi de linceul provient d'un emballage de ferronnerie livrée régulièrement à un quincaillier de la région. Celui-ci aurait traîné plusieurs jours sur l'aire de stationnement. Début janvier, la diffusion publique d'un portrait de l'inconnue est envisagée. « Si l'on veut que la photo que nous diffuserons soit acceptable et reconnaissable, il faut retirer au visage son masque de mort, confient les enquêteurs. Le rendre en quelque sorte le plus vivant possible[1]. »

Le 8 mars 1981, *Le Journal du Dimanche* dévoile enfin les traits de la deuxième victime de la RN 20. « Les

---

1. *France Soir* du 2 janvier 1981.

policiers de Versailles vous demandent : qui est cette femme ? », titre l'hebdomadaire qui signale que la jeune femme a une mâchoire inférieure en retrait et l'incisive supérieure cassée. Interviewé, le commissaire Eddy Kling, patron de l'enquête, ne pratique pas vraiment la langue de bois : « Nous sommes complètement bloqués ; sur le terrain, l'assassin n'a laissé aucun indice exploitable. Nous ne savons même pas si sa folie est d'ordre sexuel ou mystique. Notre seule chance est de retrouver l'identité de cette victime afin de reconstituer son emploi du temps la veille de sa mort. »

Cette fois-ci, c'est le patron d'un bar d'Issy-les-Moulineaux (Hauts-de-Seine) qui va donner le coup de pouce décisif. Au téléphone, l'homme assure aux policiers que l'inconnue fréquente son établissement. Mais il ne connaît ni son nom, ni son adresse. « Il l'avait vue trois ou quatre fois, ils s'étaient parlé, raconte Eddy Kling. Elle lui avait dit qu'elle était bretonne. C'est tout. Alors nous sommes allés dans le quartier, *Le Journal du dimanche* à la main, maison par maison, appartement par appartement. “Connaissiez-vous cette jeune femme ?” Nous désespérions lorsqu'on nous a dit qu'un Breton vivait seul dans un appartement de l'immeuble[1]. » Les enquêteurs lui soumettent le portrait de l'inconnue de la RN 20. L'homme, gravement malade, reconnaît immédiatement Sylvie avec qui il avait sympathisé peu de temps auparavant.

Âgée de vingt et un ans, la jeune femme a quitté voilà plusieurs années la maison de son père à Saint-Brieuc (Côtes-d'Armor). Indépendante, elle a travaillé comme serveuse dans différentes villes de France. « Sylvie, c'était une fille gaie qui aimait la vie, raconte son frère. Toujours le moral mais aussi la bougeotte. Elle ne restait jamais plus de quinze jours dans le même

1. *Le Journal du dimanche* du 5 avril 1981.

travail. Serveuse ou femme de ménage. Elle me disait souvent : “Je n'ai pas d'avenir[1] .” En septembre 1981, la Bretonne fait de l'auto-stop pour venir à Paris comme elle en avait l'habitude et vit dans des hôtels ou chez des amis de rencontre. Tous les quinze jours, elle envoie une lettre à son père. À la Toussaint, elle était même rentrée pour fleurir la tombe de sa mère. Le 24 décembre 1981, Sylvie se prépare à passer les fêtes de fin d'année dans sa famille, en Bretagne. Elle assure à son ami qu'elle reviendra trois ou quatre jours plus tard avec une amie de Laval. Ce dernier la laisse vers 13 h 30 au pont de Saint-Cloud, à l'entrée de la rampe d'accès à l'autoroute de l'Ouest. La frêle jeune fille vêtue d'un jean et d'une veste de simili fourrure grise et blanche n'a qu'un sac plastique à la main.

A-t-elle été prise en stop par son ou ses meurtriers ? Quatre mois plus tard, le responsable de l'enquête a une petite idée du profil de l'agresseur. « Ce crime est celui d'un automobiliste de passage, assure le commissaire Eddy Kling. La façon de procéder dans les deux cas est la même. Les jeunes filles qui sont plutôt d'un abord peu farouches ont été prises en stop par leur meurtrier. Sylvie était encore vivante le 24 décembre à 13 h 30. Elle a vraisemblablement été assassinée ce soir-là. L'assassin, dans les deux cas, n'a pas tué les jeunes filles sur place. L'aspect sexuel du crime est manifeste bien qu'il n'y ait pas eu viol. Nous avons interpellé six individus ayant le profil du tueur. Ils ont été mis hors de cause. L'enquête s'avère très difficile car il s'agit de crimes fortuits[2]. »

La police travaille, qu'on se le dise. En juin 1981, le « suicide » de Christophe, un Antillais de dix-neuf ans et demi, domicilié à Étampes, intrigue les enquêteurs

1. *France Soir* du 7 avril 1981.
2. *Ibid.*

de la PJ. Petit délinquant « bien connu des services » selon la formule consacrée, le jeune homme est retrouvé dans sa chambre, rue de la République, avec une balle dans la tempe gauche et un revolver au pied du lit. Seulement, la victime, qui venait de sortir de prison après une histoire de chèques volés, était droitière. De surcroît, Christophe avait confié à ses proches, en octobre 1980, qu'il savait qui avait tué la jeune Michèle. Il aurait ajouté craindre pour sa vie. Après son étrange mort, ces « révélations », mises sur le compte de la vantardise, ont incité ses proches à contacter les policiers. Mais cette piste fragile n'a pas abouti.

Comme cela se pratique alors, les investigations sont menées par deux groupes d'enquêteurs qui travaillent sous la houlette d'un commissaire et du juge d'instruction Daniel Tardif. « L'étrangleur d'Étampes », « le tueur de blondes » ou « le sadique de la RN 20 », selon les titres des journaux, va faire profil bas pendant un an et demi. Mais le 14 juillet 1982, le cauchemar reprend. La veille, un couple de touristes a stationné son camping-car dans le chemin des Barguettes, au lieu-dit Le Trinquois, situé en retrait de la route nationale 20, non loin de l'aérodrome de Mondésir. Le matin, la femme fait quelques pas et bute sur un cadavre à l'orée d'un bosquet d'arbres. Tout juste distingue-t-elle le corps dénudé d'une jeune femme aux cheveux clairs, recroquevillé en chien de fusil, boursouflé et noirci par la canicule. La victime semble avoir entre vingt et trente ans, mais aucun vêtement, aucun objet ne permet de l'identifier à part une bague. La presse est à nouveau mise à contribution pour tenter d'éclaircir ce troisième crime découvert dans le même secteur. D'après les photos du visage décomposé, Roland Garrel, le dessinateur du *Journal du dimanche*, ébauche le portrait de l'inconnue. « Elle était plutôt boulotte, indique l'article paru le 18 juillet 1982. Elle a le menton arrondi, le nez un peu busqué. Les lobes de ses oreilles sont percés. Ses cheveux : châtain mais décolorés aux extrémités avec de l'eau oxygénée. Et surtout, plus important, sans doute, ses dents de devant : sur le dessus, elles sont en très mauvais état. Presque toutes cariées et rognées. »

Le médecin légiste établit que la victime mesure un mètre soixante-douze et pèse soixante kilos. Elle serait morte par asphyxie quatre ou cinq jours avant sa découverte, soit le samedi 10 ou le dimanche 11 juillet, et aurait été tuée à un autre endroit.

Habitué des commissariats de l'Ouest parisien, le journaliste Marceau Petit ébauche dans *France Soir*[1] un étonnant et troublant profil psychologique du tueur qui, vingt ans après, pourrait déjà faire penser à celui de Michel Fourniret : « L'homme est probablement un solitaire, à l'apparence douce, paisible et timide. Suffisamment sympathique pour attirer la confiance des jeunes femmes, il passe inaperçu mais ce Monsieur Tout-le-monde devient, sous l'effet de ses fantasmes et peut-être aussi de son impuissance, un tueur sans pitié. » Plus loin, il écrit que « les enquêteurs ne sont pas loin de croire que le tueur est animé par la haine des jeunes femmes blondes et par du sadisme ».

Quatre jours plus tard, cette belle construction intellectuelle sera pourtant remise en question. Le 21 juillet 1982, vers 7 h 30, un professeur sur la route des vacances croit apercevoir un corps près d'un château d'eau désaffecté, situé non loin de l'aérodrome de Mondésir, en bordure de la RN 20. Il ne sait pas que deux ans plus tôt, la jeune Michèle se balançait au bout d'une corde au même endroit ! Après avoir garé son véhicule sur le bas-côté et marché dans le champ en direction du bâtiment, il découvre le cadavre d'une femme. Mais cette fois-ci, elle est d'origine asiatique,

1. 17 juillet 1982.

brune et habillée ! Étendue sur le dos, la victime porte des traces de strangulation au niveau du cou et deux plaies aux tempes. Ses mains ensanglantées sont refermées autour d'une touffe de cheveux, signe d'une lutte acharnée avec son agresseur. Arrivés sur place, les policiers relèvent sur le sol et les murs du bâtiment en béton plusieurs traces de sang.

Une heure et demie plus tard, Huynh Quang Suoi, un ingénieur en électricité au chômage, entre dans un commissariat du 18e arrondissement, à Paris. Originaire de Saigon (Vietnam), ce père de quatre enfants dit être inquiet pour sa femme, arrivée un mois plus tôt dans la capitale et disparue dans la nuit du 19 au 20 juillet. « Je l'avais laissée seule à la station Gare-de-l'Est vers 20 h 15 afin de la familiariser avec le métro. Elle portait une bague en diamant et un bracelet de jade », dit-il aux fonctionnaires de police. Mais au bout de quelques minutes, ceux-ci ont du mal à croire au récit décousu et truffé d'invraisemblances du mari éploré. Quelques heures plus tard, le rapprochement est fait avec la découverte du cadavre d'une femme asiatique au sud d'Étampes. Deux témoins assurent avoir vu la veille, vers 20 heures, une Ford bleu-gris métallisé stationnée et un homme de type asiatique. Placé en garde à vue, Huynh Quang Suoi va peu à peu « s'allonger ». Il évoque les reproches de Huynh Phan Thi Hong Hoa, sa femme, qui ne supporte pas de vivre avec lui, un fils de bonne famille devenu simple manutentionnaire chez Gibert Jeune et locataire d'un studio de seize mètres carrés dans le XVe arrondissement. Puis, il avoue l'avoir emmenée faire un tour dans l'après-midi du 20 juillet. Celle-ci lui aurait alors demandé de divorcer. Il aurait ensuite stationné le véhicule près du château d'eau. Sa femme serait descendue et il aurait eu une brusque envie de la faire disparaître. Saisissant une pierre pointue, il l'aurait frappée aux tempes avant de l'achever en l'étranglant avec sa ceinture… Rentré à Paris, il demande à ses enfants de l'aider à retrouver leur mère. Pendant deux heures, il fait semblant de diriger les recherches à la station Gare-de-l'Est.

Mauvais comédien, l'ingénieur n'aura pas berné longtemps les policiers. Le meurtrier leur soutiendra qu'il ne connaissait ni l'endroit, ni l'affaire des crimes de la RN 20 qui a pourtant défrayé la chronique. Difficile pourtant de croire qu'il ait tué sa femme dans le secteur « maudit » par hasard. En revanche, le meurtrier oubliera de leur préciser qu'il avait une maîtresse à qui il avait promis la bague en diamant de son épouse. Un bijou qui n'a jamais été retrouvé. Quinze ans de prison, tel sera le verdict de la cour d'assises de l'Essonne, deux ans plus tard, pour ce crime passionnel.

Quatre meurtres moins un égale trois ! Après l'arrestation du Vietnamien, les habitants de la région d'Étampes respirent un peu mieux. Trois crimes, c'est, selon les experts américains, le seuil pour entrer dans la catégorie des *serial killers*. La pression s'intensifie au SRPJ de Versailles qui, en dépit des appels à témoins et des recherches effectuées, n'arrive pas à identifier le troisième cadavre découvert au bord de la RN 20. Au bout de neuf mois, une bague va pourtant permettre de faire un recoupement avec la disparition d'une jeune femme signalée à Paris. Chargé des « recherches dans l'intérêt des familles » (RIF), le neuvième cabinet de délégation judiciaire de la préfecture de police a enregistré le signalement de Christine. Son compagnon a alerté la police cet été de l'année 1982 de la disparition de sa compagne. « Elle est sortie dans la soirée du 12 juillet pour boire un café et elle n'est jamais rentrée », dira cet homme, concierge dans le 5e arrondissement. Ce dernier n'a pas la meilleure des réputations. Son amie se plaint d'être battue et les voisins évoquent son goût immodéré pour l'alcool.

L'homme sera gardé à vue afin de vérifier s'il maintient son scénario. Le suspect assure ne reconnaître ni le corps, ni la bague de sa compagne. Au bout de quelques semaines, les policiers sont persuadés qu'il a pourtant éliminé Christine. « Ils vivaient dans une poignée de mètres carrés et le soir de sa disparition, il y avait un match de la Coupe du monde de football, se souvient un enquêteur de l'époque. Ils se sont disputés violemment. À l'école, leur fils avait un comportement suspect. Il s'automutilait ou serrait le cou de ses camarades[1]. » De surcroît, des coupures de presse sur les crimes de la RN 20 sont retrouvées lors de la perquisition. « Il nous a dit qu'il n'avait pas bougé son automobile car elle était en panne. Après avoir vérifié auprès des garages, nous avons su que c'était faux. » Pourtant, le juge d'instruction n'adhérera pas à la thèse policière et refusera d'inculper le suspect. Filmé dans le cadre de l'émission « Contre-enquête », sur TF1, le compagnon de Christine clame son innocence le 25 mai 1983. « Il n'a jamais avoué, regrette notre enquêteur. Pour nous, ce crime est resté une énigme et a été vécu comme un échec[2]. »

Trois meurtres moins un égale deux. La PJ versaillaise est persuadée que le concierge a tué sa femme et déposé le cadavre aux abords de la RN 20 pour brouiller les pistes, comme l'a sans doute fait le Vietnamien avant lui. Reste à trouver l'auteur des deux premiers crimes. Est-ce lui qui signe ce cinquième homicide découvert un an plus tard le long de la nationale de la mort, à vingt kilomètres au nord d'Étampes ? « L'étrangleur de la RN 20 » est de retour, annonce la presse au début du mois d'août 1983. Le dimanche 7, vers 8 h 15, un agriculteur de Bruyères-le-Châtel (Essonne), un

1. Entretien avec l'auteur.
2. *Ibid.*

village situé à trois kilomètres de la nationale au milieu des champs de maïs, va pêcher à l'étang du Fregnier et aperçoit un cadavre en bordure du chemin. « La jeune fille était dévêtue, étendue dans le champ, les jambes légèrement repliées, méconnaissable, le front enfoncé, raconte-t-il au reporter du *Parisien libéré*. Le corps était caché par les hautes herbes de cette butte où l'on vient souvent jeter des ordures[1]. » « Trou à feu », tel est l'étrange terme employé pour désigner cette décharge improvisée, bien connue des habitants du secteur. Et le paysan d'ajouter : « Lorsque j'ai trouvé la malheureuse, son sang n'était même pas coagulé… »

Effectivement, le cadavre semble avoir été abandonné quelques heures auparavant. « C'est une jeune fille de vingt ans au plus qui devait avoir de la classe, glisse un enquêteur, elle ressemblait à Karen Cheryl avec son nez fin légèrement retroussé, ses cheveux châtain clair, tressés en une longue queue de cheval. La malheureuse, qui avait la taille mince et élancée, revenait probablement tout juste de vacances : elle avait le teint hâlé. Une jeune fille très soignée de sa personne, aux ongles longs nacrés et manucurés[2]. » Comme lors des deux premiers crimes, aucun vêtement, aucune chaussure ne sont retrouvés auprès de la victime qui a été violée. Le meurtrier a simplement laissé les deux bagues fantaisie et un collier en métal argenté.

Lieu de rendez-vous des amoureux, le chemin du Petit-Ruêt, appelé aussi « la voie du Renard », n'est accessible qu'après avoir emprunté des petites routes défoncées et souvent boueuses. En ce mois d'août, le sol est sec, mais les experts de la police vont quand même relever des empreintes de pneus suspectes. En revanche, la fauche des herbes ne permet pas de

1. 10 août 1983.
2. *France Soir* du 9 août 1983.

retrouver la pierre avec laquelle l'agresseur s'est acharné sur la malheureuse. Enragé, l'homme lui a aussi asséné plusieurs coups de tournevis. « L'étrangleur » est-il de retour ? A-t-il changé sa manière d'opérer ?

Cette fois-ci, on identifiera très vite la victime. À Paris, la disparition de Pascale, une Bretonne de vingt et un ans, a été signalée par ses proches durant le week-end. Issue d'une famille d'agriculteurs de six enfants originaire des Côtes-d'Armor, la jeune fille vit avec un étudiant en gestion, vingt-six ans, de Saint-Brieuc, et avec qui elle doit se marier prochainement. Début août, elle rejoint sa sœur afin d'effectuer un stage de secrétariat dans la capitale où elle est déjà venue passer des week-ends. Le samedi 6 août, Pascale annonce à sa sœur qu'elle sort boire un verre dans un café du Quartier latin. Le lendemain, elle doit retrouver son fiancé qui arrive de Bretagne.

Avait-elle rendez-vous avec son ou ses agresseurs ? A-t-elle fait une rencontre qui aurait mal tourné ? Les enquêteurs de la PJ de Versailles vont écumer les cafés du 6e arrondissement et retrouvent la trace de la Bretonne au *Pub Saint-Germain.* Selon les serveurs, elle aurait sympathisé avec un homme. « Son portrait-robot ressemble à celui de Michel Fourniret jeune[1] », concède aujourd'hui un commissaire de l'époque, troublé par cette similitude. Durant plusieurs soirées, les policiers planquent aux abords de l'établissement nocturne. Sans résultat.

Le meurtrier de Pascale ne sera jamais identifié. Ni celui de Michèle, Sylvie, et Christine. Dans le cas de cette dernière, les enquêteurs croient encore à la culpabilité de son compagnon, même s'ils n'ont jamais eu de preuves. Les trois autres homicides auraient-ils été perpétrés par la même personne ? En 1984, l'un des

1. Entretien avec l'auteur.

« chefs de groupe » de la PJ versaillaise écrit dans un rapport de synthèse destiné au juge d'instruction qu'il est tentant de faire le lien entre ces crimes, mais croit plutôt à une pluralité d'auteurs et prévient qu'il faut se méfier des rapprochements hâtifs effectués par la presse. Un détail se révèle tout de même troublant. Avant sa disparition, Michèle, qui fréquente *Le Dauphin*, rue de Buci (6e arrondissement), annonce à un ami qu'elle a rencontré un serveur. Pascale disparaît après une soirée passée dans un bar du même secteur. Enfin, Sylvie, serveuse elle aussi, était également une noctambule… et disparaît alors qu'elle fait du stop à l'entrée de l'autoroute de l'Ouest. Ce qui ramène à l'hypothèse de l'automobiliste meurtrier qui enlève ses proies. Et donc… à Michel Fourniret.

Il est toujours facile de refaire une enquête et d'échafauder de belles hypothèses, loin des réalités et des contingences des investigations. Vingt-deux ans après, il est tentant d'étudier le cas de ce bon père de famille qui a quand même semé policiers et gendarmes pendant seize longues années. D'autant plus que l'analyse de son parcours criminel permet d'entrevoir aujourd'hui certains points de convergence.

Cet homme gère son emploi du temps comme il l'entend, sillonne les routes de l'Essonne et des Yvelines, accoste des jeunes femmes sur des parkings, près des abribus et des auto-stoppeuses. Or, Sylvie et Michèle pratiquent régulièrement ce moyen de transport. Obsédé par la virginité, Michel Fourniret, qui, selon son épouse Monique, préfère les blondes, s'intéresse à des femmes au physique adolescent. Ce qui correspond encore une fois au profil de ces deux victimes. S'il chasse pour violer, il passera rarement à l'acte. Aucune trace de violence sexuelle n'a été relevée sur les corps de Michèle et de Sylvie, deux crimes sans mobile apparent.

D'autres détails peuvent également instiller le doute. L'avenir montrera que Michel Fourniret tue indifféremment avec ses mains pour étrangler ou étouffer ses victimes, avec un vieux fusil ou même avec une arme d'occasion, en l'occurrence un poinçon. Ouvrier fraiseur de formation, l'Ardennais avait créé en novembre 1978 un atelier de fabrication de machines-outils à Clairefontaine-les-Yvelines et transportait souvent des outils dans son véhicule. L'arme du crime, dans l'affaire Pascale, était un tournevis... Et la voiture utilisée par l'Ardennais était une 504 break immatriculée 7114 LN 78. Dans l'affaire, un témoin dit avoir vu aux abords du château d'eau une Berline 504, un modèle de voiture qui peut correspondre avec les empreintes de pneus relevées sur place. Le château d'eau de Mondésir se trouve près d'un transformateur électrique. En 1987, Michel Fourniret ira jeter le corps de sa première victime dans un puits de l'Yonne, près d'un transformateur en brique rouge. Enfin, dernière coïncidence, les meurtres cessent après août 1983, et Michel Fourniret est incarcéré en avril 1984.

Autant de petites touches qui ne permettent pas, malgré tout, de tracer le portrait exact d'un tueur en série qui aurait frappé dès le début des années 80. Surtout qu'alors, l'Ardennais laisse échapper des victimes qui lui résistent. Pourtant, tout le monde se demande encore pourquoi il avoue spontanément une quinzaine d'agressions alors qu'il vient d'être interpellé en 1984 dans un village de l'Essonne pour une tentative d'enlèvement. A-t-il voulu faire diversion et offrir un boulevard d'enquêtes à des policiers qui n'en demandaient pas tant ?

Faute de preuves formelles, c'est un faisceau de présomptions dérangeant qui aujourd'hui se dégage de ces terribles meurtres de la RN 20. Tellement dérangeant que la Direction centrale de la police judiciaire (DCPJ) a discrètement chargé le nouvel Office central pour la répression des violences aux personnes (OCRVP) d'exhumer ces dossiers et d'étudier l'hypothèse Fourniret. La présence de Gilles Leclair dans l'état-major de la police judiciaire, qui a travaillé au milieu des années 80 sur ces affaires lorsqu'il était en poste à Versailles, n'est sans doute pas étrangère à ce regain d'intérêt pour ces affaires. Aux États-Unis, les policiers appellent cela les *cold cases* : les affaires « froides », solutionnées au bout de plusieurs décennies. Bien souvent, la clé de ces énigmes, résolues en moins de cinquante minutes dans les séries télé, n'est autre que l'ADN. « Nous tentons de voir s'il y a éventuellement des empreintes génétiques exploitables dans les scellés de l'époque, reconnaît aujourd'hui Gilles Leclair. Si par hasard, on trouvait l'ADN de Fourniret, cela serait un motif de satisfaction pour les familles de victimes. Mais, bien sûr, aujourd'hui on ne peut pas l'accuser sans savoir[1]. »

1. Entretien avec l'auteur.

6

ISABELLE, UNE DISPARITION NÉGLIGÉE PAR LA JUSTICE AUXERROISE

Lorsqu'elle vient chercher Michel Fourniret à sa sortie de prison le 22 octobre 1987, Monique Olivier n'a qu'une idée en tête : récupérer ses deux garçons, Murphy et William, qui vivent à Nîmes avec leur père. Désormais, elle dispose d'un « fauve » prêt à tout et d'un véhicule. Jouant les grands voyous, le taulard se procure une canardière – un vieux fusil destiné à la chasse au gibier d'eau – dont il scie le long canon. Il bricole aussi un engin explosif artisanal destiné à être placé dans le véhicule de l'ancien moniteur d'auto-école. Ce dispositif, jamais utilisé, sera retrouvé dans leur maison en juin 2003, en Belgique. Le couple descend dans le Gard à bord d'une 304. Embusqués dans le véhicule, où ils passent aussi leurs nuits, l'Ardennais et sa compagne épient les allées et venues du père des enfants. À trois reprises, Monique Olivier parvient à rencontrer ses fils au centre aéré et à passer la journée avec eux. Mais le climat est tendu. « Ils voulaient récupérer les enfants et m'impressionner, assure André. J'ai vu Michel Fourniret. J'ai senti une attitude très hostile à mon égard. Je suis parti précipitamment. J'ai prévenu la police, ce qui a provoqué leur fuite[1]. »

Opposé à ce que ses enfants aillent vivre chez un ancien délinquant sexuel, le père de Murphy et de William va batailler avec leur mère devant les juges aux affaires familiales nîmois puis auxerrois. Car l'Yonne est désormais la nouvelle terre d'élection du couple. Michel Fourniret dispose d'une petite maison héritée du second mari de sa mère, à Saint-Cyr-les-Colons, un village du Chablis. Le 19 novembre 1987, l'homme signale aux gendarmes sa nouvelle résidence place de l'Église et s'inscrit comme demandeur d'emploi. Vivant en marge, les « amoureux » par correspondance font vraiment connaissance. Monique Olivier sait que le mythe de la virginité féminine obnubile son nouveau compagnon qui ne rêve que de « MSP », des « membranes sur pattes » comme il les appelle. « J'ai fait part à Michel de ma première expérience et du sentiment de culpabilité que j'en éprouvais, précise-t-elle. Depuis que nous sommes ensemble, ce thème revient souvent dans notre relation. C'est toujours lui qui l'aborde et qui remet cela dans la conversation. Je crois que c'est pour lui une sorte de fantasme, car il dit souvent, avant un acte amoureux, qu'il va être ce militaire que j'ai rencontré une nuit et que je vais être celle que j'étais cette nuit-là[2]. »

Deux mois après sa sortie de prison, l'Ardennais est taraudé par ses vieux démons. Son obsession de la virginité féminine devient intenable. Il va alors véritablement tester sa nouvelle compagne et lui proposer un marché abject : enlever une jeune fille pour abuser

1. Procès-verbal du 21 juillet 2004.
2. 5 août 2003.

d'elle. « Comme je n'étais plus vierge au moment de ma rencontre avec Fourniret, celui-ci m'avait dit qu'il fallait trouver une jeune fille vierge me ressemblant pour me remplacer dans une relation sexuelle[1] », justifie Monique Olivier qui rentre dans ce jeu sordide. « C'est une personne résignée et passivement docile[2] », expliquera plus tard Michel Fourniret au juge d'instruction belge Bernard Claude qui s'interroge sur cette attitude. « Il y a peut-être de la reconnaissance de sa part à mon égard parce que le petit taulard préféré que j'étais lui avait apporté la lumière dans le noir complet où elle se trouvait [...]. D'autres pourraient la décrire comme un légume du fait de sa résignation. J'ai apprécié chez elle ses qualités rarissimes de désintéressement. Il n'est pas impossible d'expliquer cette adhésion à mon parcours par l'autorité que j'avais sur elle et qu'elle n'aurait jamais tenté d'affronter. »

Le 11 décembre 1987, en fin d'après-midi, le couple est en maraude autour du collège Bienvenu-Martin à Auxerre (Yonne). Le scénario a été minutieusement préparé : Monique Olivier doit demander une direction à une jeune élève, la faire monter dans sa 304 pour se faire aider, puis prendre en stop un peu plus loin Michel Fourniret. Ce dernier, qui adore jouer des rôles de composition, a pris un jerricane pour se faire passer pour un automobiliste en panne d'essence. Vers 16 h 30, le couple repère une adolescente aux longs cheveux noirs vêtue d'un jean, d'un manteau gris et chaussée d'une paire de bottines blanches. Après avoir achevé son cours de mathématiques, Isabelle, dix-sept ans, élève en classe de troisième, regagne le domicile de ses parents à Saint-Georges-sur-Baulche, une petite ville de quatre mille habitants. Elle n'a que

1. Procès-verbal du 3 février 2005.
2. *Ibid.*

deux kilomètres à parcourir dans cette zone pavillonnaire et boisée, ce qui lui prend en général une vingtaine de minutes. La 304 la dépasse. Un peu plus loin, Michel Fourniret en descend, son bidon vide à la main. Conformément au plan, Monique Olivier fait demi-tour et s'arrête au niveau de la jeune fille. Confiante, elle accepte d'accompagner la conductrice pour l'aider à trouver son chemin. Nouveau demi-tour. Quelques secondes plus tard, le véhicule arrive au niveau de Michel Fourniret qui tend son pouce sur le bas-côté de la route. Le piège se referme. « Comme convenu, il a feint de ne pas me connaître, indique Monique Olivier qui lui propose de monter à l'arrière. J'ai repris la route, il parlait beaucoup[1]. »

Tout à coup, l'Ardennais attrape une cordelette attachée au repose-tête et l'enroule autour du cou de l'adolescente immobilisée sur le siège avant. Un grain de sable vient pourtant troubler cet enlèvement mûrement réfléchi. Économe au possible, Michel Fourniret ne met de l'essence qu'au compte-gouttes dans son véhicule. Et la 304 menace de tomber en panne, faute de carburant… Il demande à sa compagne de prendre les calmants qu'elle utilise pour ses maux de dos et de les administrer à la jeune fille. « Pendant tout le temps du parcours, je lui ai demandé de compter jusqu'à cent à l'endroit et à l'envers, indique Michel Fourniret. Préalablement, je lui avais demandé de réciter un de ses cours, qu'elle connaissait par cœur. Elle doit avoir parlé d'Hugues Capet[2]. » Lancé sur la route d'Avallon, le véhicule s'arrête dans une station-service. Selon l'Ardennais, le pompiste aurait jeté un regard machinal sur la jeune fille endormie. La nuit est tombée. Les kidnappeurs arrivent à Saint-Cyr-les-Colons. Michel Fourniret porte

1. Procès-verbal du 3 février 2005.
2. *Ibid.*

Isabelle dans une chambre du premier étage et commence à pratiquer des attouchements alors qu'elle sort de sa torpeur. « J'ai découvert la nature possessive et exclusive de Monique qui, ayant constaté que j'avais embrassé la jeune fille, m'a dit : "Tu recrées ce que je n'ai pas pu te donner, mais cela je l'ai perdu sans offrir un baiser", relate Michel Fourniret[1] dans son langage si particulier. Ce baiser a suscité sa jalousie. » Selon les aveux conjoints du couple, Monique Olivier aurait alors pratiqué une fellation à son compagnon pour le stimuler. Mais le viol n'aurait pas été perpétré. L'Ardennais étrangle alors sa proie. « Il m'a dit qu'il ne pouvait pas agir autrement car elle risquait de parler si elle restait en vie, explique Monique Olivier. Précédemment, il m'avait dit qu'il ne voulait pas retourner en prison. Il avait été arrêté à la suite des déclarations d'une victime qu'il avait laissée partir[2]. »

L'Ardennais enroule ensuite le corps de sa victime dans un tapis et le charge dans sa voiture. Après quelques longues minutes, le couple garera le véhicule dans la pénombre, au niveau d'un pylône de haute taille garni de croisillons métalliques. L'homme se saisit du cadavre et demande à sa compagne de revenir un peu plus tard. Au bout d'un chemin se trouve une clairière avec un puits de dispersion, à proximité d'un transformateur électrique constitué d'une tour carrée en brique rouge. Il y jette le corps de la jeune fille avant de retrouver sa complice. « Il m'a dit que là où on avait déposé le corps, on n'était pas près de le retrouver[3] », précise-t-elle. Le couple se remet en route au milieu de la nuit. Le premier crime a été commis.

1. *Ibid.*
2. *Ibid.*
3. Procès-verbal du 3 février 2005.

Au même moment, les parents d'Isabelle, sont au comble de l'angoisse. Leur fille n'est pas rentrée de l'école et reste introuvable. Les jours suivants, une battue est organisée par les gendarmes dans les bois environnants. Aucun indice, aucun objet, ne sont découverts. Une lycéenne affirme seulement l'avoir vue marcher près de la station météo de Saint-Georges-sur-Baulche. Son professeur de mathématiques, la dernière à l'avoir vue, n'a rien remarqué d'anormal. « Telle que je connais ma fille, une fugue est absolument impossible, déclare son père. Ce n'est pas dans son tempérament. C'est une fille calme, très sensible. Elle sortait peu et toujours avec nous. Elle est extrêmement timide. Cela lui pose d'ailleurs de graves problèmes en classe. Elle manque absolument de confiance en elle[1]. » Et son père de préciser : « Elle n'a pas de petits copains et très peu d'amies. Je lui disais toujours : “Va voir tes camarades”, mais elle préférait rester seule. Jamais elle ne serait partie sur un coup de tête. Elle avait même déjà fait ses achats de Noël. » Interrogées, les camarades de classe complètent le portrait de cette adolescente introvertie, habillée façon « vieille France », et passionnée par sa collection de timbres et son chien. Native de Mulhouse où vivait encore sa sœur, Isabelle avait semble-t-il souffert du déménagement familial l'année précédente et bénéficié d'un suivi psychologique. Redoublante à deux reprises, elle disait s'intéresser à la décoration florale.

Ému par cette affaire, Guy Roux, l'entraîneur emblématique de l'AJA, le club de football de la ville, décide de venir en aide aux parents de la jeune fille. « Comme beaucoup de monde dans la région, nous étions choqués par cette disparition et bouleversés par la douleur de cette famille, déclare-t-il le 15 janvier 1988. Nous

1. *France Soir* du 23 décembre 1987.

avons laissé faire les gendarmes. Nous avons vu qu'ils ont mené des recherches de manière très complète et très sérieuse. D'ailleurs ils sont toujours sur le terrain[1]. » Le « coach » raconte qu'il a beaucoup pensé à la disparue durant ses vacances et durant plusieurs nuits, et promet d'organiser un match dont la recette irait à ceux qui aideraient à retrouver Isabelle vivante. Vingt mille affiches comportant un portrait de l'adolescente et des numéros d'appel doivent également être imprimées et diffusées dans les vingt mille clubs de football français. « La fugue, on n'y croit plus, au bout d'un mois elle serait revenue », assure Basile Boli, le défenseur vedette de l'AJA et l'un des trois Auxerrois sélectionnés en équipe de France. « Alors nous espérons que les personnes qui ont vu quelque chose se manifesteront enfin. Nous voulons réveiller les Français et ces gens qui peuvent nous aider, ou bien ses ravisseurs qui, à l'écoute de nos appels, changeront d'avis[2]. »

Les magistrats du tribunal d'Auxerre, eux, n'ont-ils rien entendu ? N'ont-ils pas vu dans les quotidiens la photo de Basile Boli, d'Éric Cantona et de Bruno Martini, les deux autres grands footballeurs du club, tenir le portrait de la jeune disparue dans leur main ? N'ont-ils pas compris que le sort de l'adolescente, qui fera l'objet de treize articles dans la presse locale entre décembre 1987 et juillet 1988, touchait les Auxerrois ?

Six jours après cet appel médiatique, la procédure judiciaire n° 8800047 concernant la disparition d'Isabelle est pourtant… close. « Classer en l'état », signé « A. R. », peut-on simplement lire sur le « soit-transmis », ce document interne agrafé au dossier. « A. R. » n'est autre qu'André Ride, le procureur de la République du chef-lieu de l'Yonne. Il ne lui a fallu que trois jours

1. *Ibid.*
2. *Ibid.*

pour « classer » l'enquête des gendarmes enregistrée au bureau d'ordres le 18 janvier ! Le terme exact est d'ailleurs « classement sans suite ». Pourquoi André Ride et son substitut Frédéric Clot, le bien-nommé, n'ont-ils pas ouvert « d'information judiciaire », ce qui aurait entraîné la nomination d'un juge d'instruction, un meilleur suivi judiciaire et un cadre procédural permettant de mener de véritables actes d'enquête ? Mystère. Les magistrats du parquet n'ont alors eu de compte à rendre à personne.

Malheureusement, un autre mystère procédural va survenir dans cet étrange palais de justice : le 7 juin 1988, la disparition d'Isabelle est classée une seconde fois ! Numéro de code : n° 8802690. Les gendarmes auxerrois ont en effet continué à faire quelques rapprochements avec des affaires en cours, effectué des recherches complémentaires et vérifié les dires des radiesthésistes, voyants et autres médiums. Plusieurs témoins ont ainsi cru reconnaître Isabelle, emmenée de force dans une 505 à Montgeron (Essonne), au début de l'année. Mais ces témoignages se sont révélés peu fiables. « La disparition d'Isabelle reste toujours inexpliquée et aucune hypothèse ne peut être écartée, écrivent les militaires au terme de leur deuxième enquête préliminaire. Les recherches se poursuivent et tout fait nouveau fera l'objet d'un procès-verbal complémentaire. » Une fois encore, la même question revient : ne faudrait-il pas confier l'affaire à un juge d'instruction qui permettrait aux gendarmes de pousser leurs enquêtes plus loin ? Non, une simple feuille blanche est agrafée sur le procès-verbal avec une mention glaçante : « Joindre pour classement. » Et celle-là n'est ni signée ni datée !

Évidemment, à l'époque, Michel Fourniret est loin de se douter que la justice auxerroise est en train de lui donner un coup de main involontaire. Il va falloir attendre quatorze ans pour exhumer cet étrange

« double classement » des archives désordonnées du tribunal d'Auxerre. Ironie de l'histoire, c'est un autre tueur en série, Émile Louis, qui, en 2002, va forcer les grands pontes de la magistrature à se pencher sur les étranges pratiques auxerroises ! Le chauffeur de bus bourguignon est alors suspecté des enlèvements et des meurtres de sept jeunes filles de la Direction départementale de l'action sanitaire et sociale (DDASS) de l'Yonne, disparues à la fin des années 70, pour lesquelles il sera condamné à la prison à perpétuité. Trente ans après, tout le monde se demande comment ces soi-disant fugueuses ont pu s'évanouir dans la nature sans attirer l'attention des autorités. Seul un gendarme tenace, l'adjudant Christian Jambert, a compris que le « gentil » Émile Louis pouvait être impliqué. Mais en 1984, son enquête préliminaire reste en cale sèche dans les bureaux des magistrats auxerrois. Là, c'est un simple Post-it, non signé, qui a envoyé son procès-verbal aux oubliettes et scellé le sort des malheureuses !

En mai 2001, Corinne Herrmann et Philippe Jeanne évoquent dans leur excellent livre plusieurs cas de disparitions non résolues – dont celle d'Isabelle – et de meurtres non élucidés dans la région auxerroise[1]. Quelques mois plus tard, Marie-Suzanne Le Quéau, la nouvelle procureure, adresse un rapport alarmant à son supérieur, le procureur général de Paris. Effarée, la magistrate signale que des dossiers clos par un non-lieu ont mystérieusement disparu, et que d'autres n'ont jamais été traités intégralement. « De nombreuses décisions de classement sans suite mériteraient d'être réexaminées », ajoute-t-elle.

Quand ils découvrent ces révélations dans la presse, les parents d'Isabelle sont révoltés. « Cette information

1. Corinne Herrmann et Philippe Jeanne, *Les Disparues d'Auxerre*, Ramsay, 2001.

choque profondément la famille qui a été laissée depuis quatorze ans dans l'incertitude du déroulement de cette procédure mais qui pouvait espérer qu'une enquête était toujours en cours à propos de ce qui ne peut être qu'un enlèvement, une séquestration ou un crime, s'indigne à chaud Me Alain Behr, leur avocat. Les faits qui sont dénoncés et les nombreux dysfonctionnements soulignés donnent l'impression d'une véritable organisation destinée à étouffer les dossiers[1]. »

Quelques jours plus tard, Daniel Stilinovic, un ancien substitut du procureur, connu pour ses santiags et son franc-parler, mais surtout mis en cause dans l'affaire Émile Louis, fait une révélation : « Il y a eu à Auxerre des gens corrompus qui ont permis à l'information d'être étouffée, déclare-t-il. On pense forcément à des magistrats, mais on pourrait aussi suspecter une juge du siège, un greffier indélicat ou le bureau d'ordre[2]. » Le tribunal d'Auxerre brûle et le ministère de la Justice décide à la mi-décembre 2001 d'envoyer d'urgence l'Inspection générale des services judiciaires (IGSJ) pour éteindre l'incendie ! Mission de « la police des polices » des robes noires : déterminer si les affaires pénales ont été correctement traitées et enquêter sur la disparition d'archives.

Les magistrats enquêteurs interrogent une trentaine de personnes et se penchent notamment sur « les » étonnants classements de l'affaire Isabelle. Ancien procureur, André Ride assure ne pas se souvenir de la procédure traitée par son adjoint, le substitut Frédéric Clot. Tentant de se justifier, ce dernier va alors se prendre les pieds dans sa robe, signe d'une certaine nervosité... Entendu le 17 janvier 2002, le magistrat assure avoir ouvert une information judiciaire, ce qui aurait dû

1. *France Soir* du 13 décembre 2001.
2. *Le Républicain lorrain* du 16 décembre 2001.

entraîner la nomination d'un juge d'instruction. Étonnés, les hommes de l'IGSJ passent au crible le bureau d'ordre, les registres d'instruction et interrogent les anciens juges d'instruction et les gendarmes. Aucune trace de cette fameuse enquête judiciaire ! Deuxième audition de Frédéric Clot, le 28 janvier 2002. Cette fois, le magistrat avance que son « réquisitoire » – sa demande d'enquête judiciaire – a été « escamoté » par une personne dont il ignore l'identité. Nouveau tour de piste de l'IGSJ qui entend notamment Marc Charbonnier, le gendarme responsable des recherches sur la disparition de l'adolescente. Justement, le militaire assure avoir demandé l'ouverture d'une information judiciaire pour permettre notamment le placement sur écoute de la famille d'Isabelle, une procédure habituelle lors des affaires de disparition ! Mais, selon lui, Frédéric Clot aurait refusé, préférant attendre que la disparition prenne véritablement une tournure criminelle. Entendu une dernière fois le 6 mars 2002, l'ancien substitut auxerrois, acculé, reconnaît finalement qu'il a inventé « l'escamotage » de la demande d'enquête qu'il avait simplement envisagée…

Est-il donc l'auteur du « joindre pour classement » anonyme porté sur une simple feuille blanche agrafée sur le deuxième procès-verbal des gendarmes en juin 1988, demandent les enquêteurs de l'IGSJ ? Lui qui affirmait se souvenir avec précision de cette jeune fille domiciliée près de chez lui et qui avait disparu sur le trajet qu'il effectue pour se rendre au palais de justice ne se rappelle plus soudain l'existence de ce document assez peu réglementaire ? Surtout pour un magistrat qui, quelques jours auparavant, affirmait mentionner scrupuleusement ses décisions de classement sur la procédure elle-même ou sur des documents portant l'en-tête de la juridiction avec les références de cette procédure. Ce qui n'était manifestement pas le cas dans l'affaire

Isabelle. Ni dans d'autres, d'ailleurs. Après avoir épluché les dossiers classés sans suite au cours des années 1987 et 1988, les inspecteurs de l'IGSJ ont de toute façon « constaté que la grande majorité des procédures portait la mention de classement directement sur la première page des procès-verbaux, sans datation et souvent sans signature » [...] ou sur « des soit-transmis ou des feuilles blanches parfois agrafées à la procédure[1] ». Les cordonniers sont souvent les plus mal chaussés...

Parmi la trentaine de personnes auditionnées par les enquêteurs de l'IGSJ, Daniel Stilinovic, l'ancien substitut auxerrois, allait peut-être révéler comment les enquêtes judiciaires étaient volontairement sabotées au tribunal d'Auxerre dans les années 80. Surtout que ce magistrat haut en couleur, auteur de romans et de polars, continuait à mettre la pression dans la presse. « Nous avons affaire à une magouille organisée au plus haut niveau, déclarait-il au *Républicain lorrain*. L'avocat de la famille d'Isabelle a raison : c'est bien de corruption qu'il s'agit. Des magistrats ou personnels de justice ont trafiqué des procédures pour le compte de gens qu'ils voulaient protéger[2]. » Alors qu'il avait déjà été entendu par l'IGSJ dans le cadre de l'affaire des « disparues de l'Yonne », Daniel Stilinovic n'avait soufflé mot de ses convictions. Étonnant. Lors d'une seconde audition le 11 mars 2002, ses accusations allaient vite se dégonfler. Après avoir précisé que ses propos avaient été déformés, l'ancien magistrat auxerrois indiquait « qu'il n'avait aucune connaissance personnelle de faits susceptibles d'étayer ses dires et qu'il fondait ses analyses exclusivement sur les informations qu'il recueillait dans la presse[3] ». Bref, l'auteur de *Stilo le héros* n'avait rien à révéler...

---

1. Rapport de l'IGSJ, mars 2002.
2. 5 février 2002.
3. Rapport IGSJ.

Hasard du calendrier, le parquet d'Auxerre ouvrait le même jour une information judiciaire contre X pour « corruption active et passive, trafic d'influence, recel, destruction, soustraction, recel ou altération d'un document public ou privé de nature à faciliter la découverte d'un crime, d'un délit, la recherche des preuves ou la condamnation des coupables » à la suite d'une plainte déposée par la famille d'Isabelle. Menée à Paris par le juge Armand Riberolles, spécialiste réputé des dossiers politico-financiers, l'enquête allait s'achever dix-neuf mois plus tard par un non-lieu. Faute de preuves, le magistrat jetait l'éponge à l'automne 2003. « Si l'on prend l'hypothèse la moins grave, celle de la négligence, elle reste incompréhensible mais aussi insoutenable pour les parents d'Isabelle qui sont restés traumatisés pendant toutes ces années et ont vécu dans un véritable état de sidération au sens étymologique du terme[1] », conclut aujourd'hui Me Alain Behr.

Il ne s'est donc rien passé d'anormal au tribunal d'Auxerre dans les années 80 ! Telle est en filigrane la conclusion tirée en mars 2002 par l'IGSJ. Bien sûr, les archives étaient gérées « par-dessus la jambe » et mille deux cents dossiers de non-lieu prononcés sur une période de vingt-cinq ans ont disparu. Le greffe et ses greffiers, eux, seront sanctionnés. Quant aux neuf affaires de meurtres et de disparitions de jeunes filles, elles ont « donné lieu à un traitement judiciaire régulier ». Étrange conclusion pour l'enquête sur la disparition d'Isabelle pourtant classée à deux reprises, ce qui est plutôt rare, la première fois en moins de trois jours ! Le substitut de l'époque aura tenté de faire croire qu'il a ouvert une information judiciaire réclamée par les gendarmes alors qu'elle ne l'a jamais été ! « La seconde décision de classement a été prise régulièrement par

1. Entretien avec l'auteur.

monsieur Clot alors que la nouvelle procédure n'apportait pas d'éléments nouveaux en termes d'indices, seul le caractère suspect de la disparition étant confirmé », écrit Jean-Paul Collomp, le rapporteur de l'IGSJ. Étrange phrase ! En langage plus clair, elle signifie : la disparition est suspecte, mais elle est classée faute de preuves ! Au passage, le rapport rappelle que le code de procédure pénale est, à cette époque, mal adapté aux disparitions inquiétantes et que la nomination d'un juge d'instruction n'est pas obligatoire. Pourtant, au détour d'une phrase, le magistrat déplore quand même « l'insuffisante exhaustivité des investigations » concernant les disparitions d'Isabelle et de Marie-Angèle, dix-huit ans, disparue elle aussi à Auxerre, en juillet 1988 (*cf.* chapitre 18).

« À lire le rapport, on se demande même s'il y a eu des disparitions[1] », s'indigne alors Pierre Monnoir, le président de l'Association de défense des handicapés de l'Yonne (Adhy). « Quel est le rôle de la justice ? », s'interroge de son côté Me Didier Seban, l'avocat des « disparues de l'Yonne[2] ». « Bien gérer administrativement les dossiers ou bien trouver les coupables ? Ce rapport a pour objectif de fermer des portes. Face à l'inefficacité terrifiante du parquet d'Auxerre, il parvient à écrire que tout a bien fonctionné. »

1. *Le Monde* du 19 avril 2002.
2. *Ibid.*

7

Main basse sur le trésor des « Postiches »

Le 18 décembre 1987, sept jours à peine après le meurtre d'Isabelle, le couple est de nouveau sur la route. La 304 fonce cette fois-ci vers la région nantaise. Michel Fourniret et Monique Olivier se sont lancés dans une grande expédition punitive. Leur cible ? La maison d'André, le père de William et de Murphy, située sur la Côte d'Azur. Le couple s'est fait un malin plaisir de choisir le jour de l'anniversaire de l'ancien compagnon de Monique pour lui lancer un premier avertissement… Sa villa à La Chapelle-sur-Erdre est déserte. Michel Fourniret et sa complice n'ont aucun mal à fracturer les volets de la salle à manger. Ils installent un matelas dans la pièce principale et dévorent quelques provisions. Le lendemain, ils décident de faire un beau feu de joie avec les toiles sur bois représentant Monique Olivier. « André avait été tellement violent avec moi que j'ai décidé de détruire mon passé[1] », se justifiera-t-elle plus

1. Procès-verbal du 28 juin 1990.

tard devant les gendarmes. En fin de journée, Roland, le frère d'André, vient relever le courrier et aperçoit les incendiaires. Michel Fourniret écume de rage, il piétine les peintures tandis que sa complice les jette dans la cheminée. Une centaine de toiles finiront carbonisées. « À notre arrivée, Monique Olivier a dit : "Nous allons nous occuper de la famille", rapporte le témoin. L'homme a précisé : "On va s'attaquer à ce qu'il y a de plus cher, à la famille[1]." » Alertés, les gendarmes arriveront après le départ du couple. L'huissier constate les dégâts, note « un amas de cendres impressionnant dans la cheminée, une hotte et un plafond noircis[2] », et rapporte que des témoins ont vu « un feu d'enfer dans la cheminée avec une sortie d'étincelles à l'extérieur sur la toiture ». L'auxiliaire de justice frissonne quand il découvre un étrange tableau qui a survécu au massacre et qu'il décrit dans son rapport comme « une représentation humaine coulée à la cire dans laquelle des épingles ont été enfoncées, notamment au niveau du visage et sur le cœur du personnage ». Intitulée « Gloire au maître des Ténèbres », « l'œuvre » comporte des signes satanistes…

La justice nantaise mettra deux ans avant d'interroger Michel Fourniret qui a pourtant été vu sur les lieux. En 1990, il soutiendra avec aplomb qu'il était venu récupérer des bibelots appartenant à Monique Olivier et prendre quelques documents pour une éventuelle enquête concernant la garde des enfants. Il aurait décidé, à chaud, de détruire les traces du passé de sa complice. Il oublie de dire qu'il a également brisé une bouche d'aération et le caisson de la baignoire où André avait l'habitude de cacher autrefois ses économies. Le bricoleur impénitent préfère aussi ne pas

1. Procès-verbal du 14 mars 1988.
2. Procès-verbal du 21 décembre 1987.

mentionner qu'il n'a pu résister à ce superbe coffret perceuse-scie sauteuse Black&Decker...

André sera durablement perturbé par l'incendie et la pression que l'Ardennais et sa compagne ont exercée sur lui. Aujourd'hui encore, il reste persuadé d'avoir fait l'objet de plusieurs tentatives d'assassinat au cours des années suivantes. « Il pouvait se déguiser et porter un manteau, des lunettes, un chapeau, mais à trois reprises je pense que c'est bien lui que j'ai eu sur le dos, assurera-t-il. J'ai dû avoir un contrat sur ma tête jusqu'en 2000. J'ai contacté plusieurs fois la police. J'ai même écrit en haut lieu, ce qui a permis de déclencher une enquête. À la suite de ça, on m'a conseillé d'aller voir un psychiatre. J'aime autant vous dire que je n'étais pas content[1]. »

Au début de l'année 1988, Michel Fourniret a besoin d'argent. L'agresseur sexuel, armé de sa canardière à canon scié, décide de jouer le bandit de grand chemin... Le 19 janvier, en début de soirée, le couple rôde aux abords de l'aire de repos de Villiers, près de Fontainebleau (Seine-et-Marne), à soixante-cinq kilomètres au sud de Paris sur l'autoroute A6. La 304 emprunte un petit chemin de terre et stoppe près du grillage qui délimite le parking. Un trou permet de s'y glisser et de se faufiler vers les voitures en stationnement. Déterminé, Michel Fourniret saisit son arme et se dirige vers les sanitaires. Un inconnu, âgé d'une quarantaine d'années, s'y trouve. « Lorsque je suis sorti des toilettes, j'ai vu un homme surgir brusquement, raconte Sydney, un VRP de quarante-cinq ans originaire d'Oran, qui rentrait chez lui dans l'Yonne. Il m'a braqué avec un fusil dont le canon sortait de son imperméable. Il m'a demandé mes papiers, ma carte bancaire et les clés de mon véhicule garé un peu plus loin. Il m'a dit de les

1. *L'Ardennais* du 21 septembre 2005.

mettre dans la veste et de la lui tendre ensuite[1]. » Le commercial se souvient du regard et des paroles de son agresseur, qui ne laissaient aucun doute sur sa détermination. « J'étais terrorisé, poursuit Sydney. Je me suis dit qu'il allait me flinguer. J'ai agi à l'instinct. Je lui ai balancé ma veste à la figure[2]. » Pris de court, Michel Fourniret appuie sur la détente et blesse sa victime à la jambe droite, au niveau de la cuisse. « Il a poussé un grand cri puis est tombé, je suppose que je l'ai touché à l'abdomen, croit l'Ardennais qui espérait trouver une carte bancaire dans la veste. Elle ne contenait aucune valeur, seulement une carte de téléphone, un paquet de cigarettes, des chewing-gums[3]. » L'agresseur détale, laissant sa victime au sol. « J'ai quand même réussi à m'enfuir et j'ai été secouru par un routier, ajoute le VRP. Je me suis servi de ma cravate pour en faire un garrot[4]. »

Les braqueurs amateurs repartent bredouilles en abandonnant la veste de l'inconnu. « Dans les jours qui ont suivi, Michel a écouté les informations, mais il n'a jamais été question d'une personne qui aurait été tuée, ni même blessée ou agressée, révélera plus tard Monique Olivier. Nous ignorons donc si la victime de Michel est morte ou pas[5]. » Gravement blessé, Sydney souffrira d'importantes séquelles physiques.

Michel Fourniret veut-il alors se cacher ? Serait-il pris d'un accès de nostalgie ? Toujours est-il qu'il propose à Monique Olivier d'aller vivre... chez Nicole, son ex-femme. « Je crois qu'à sa sortie de prison, le souhait le plus cher de mon frère était de reprendre la vie commune avec Nicole et si celle-ci avait accepté, il aurait

1. Entretien avec l'auteur (*France Soir* du 8 décembre 2004).
2. *Ibid.*
3. Procès-verbal du 30 juin 2004.
4. Entretien avec l'auteur (*France Soir* du 8 décembre 2004).
5. Procès-verbal du 29 juin 2004.

laissé Monique sans trop de problème de conscience[1] », certifie André Fourniret. Magnanime, l'ex-épouse accepte que le couple s'installe provisoirement dans l'atelier situé dans le jardin de la maison de Clairefontaine. « Lorsqu'il est venu dès sa sortie de prison, il avait dit qu'il venait pour quelques jours seulement, mais cela commençait à s'éterniser, raconte Nicole. Ils se sont installés pour rester au moins une dizaine de jours. J'ai compris en fait qu'il cherchait à s'installer vraiment là[2] . » Monique Olivier a une interprétation toute différente : « C'était une idée farfelue, je ne m'imaginais pas vivre sous les fenêtres de sa femme. Le but réel, c'était de l'embêter, elle[3]. » Pourtant, quand Michel Fourniret est prié de débarrasser le plancher, il se met en furie et incendie les meubles de l'atelier. « J'étais contre ce geste mais, déjà, j'étais soumise à la volonté de cet homme, ajoute l'ancienne garde-malade. J'avais honte, mais je m'en suis arrangée[4]. » Appelés en urgence, le 28 janvier, les gendarmes expulsent les squatteurs *manu militari.* Nicole ne porte pas plainte. L'affaire en reste là.

Forcé de revenir dans l'Yonne, Michel Fourniret décide de s'inscrire à un stage de trois mois dans le domaine du développement du tourisme rural. « Il avait eu l'idée de se lancer dans les gîtes ruraux et nous avons suivi une formation rémunérée au Greta d'Auxerre ou d'Avallon, se souvient Monique Olivier. Il ne m'a fourni aucune explication et je l'ai suivi. Je ne sais pas pourquoi ce stage n'a jamais eu de suite. Je ne sais pas si sa motivation, c'était le contenu du stage ou sa rémunération[5]. » L'ancien détenu, surveillé alors

1. Procès-verbal du 28 août 2003.
2. Procès-verbal du 8 juillet 2003.
3. Procès-verbal du 5 août 2003.
4. *Ibid.*
5. *Ibid.*

par le juge d'application des peines, veut sans doute donner des gages de sa réinsertion. En mars, sa compagne apprend qu'elle attend un enfant, prévu pour le mois de septembre.

Les caisses sont vides. Michel Fourniret n'est pas un braqueur-né. Pour faire fortune, l'ancien ouvrier va avoir une idée diabolique. Fini les vols à trois francs six sous ! L'Ardennais a échafaudé un plan digne des meilleurs épisodes de *Columbo* ! Sa nouvelle victime se nomme Farida Hamiche, épouse Hellegouarch. Et au début de l'année 1988, elle viendra d'elle-même se jeter dans la gueule du loup.

Issue d'une famille de onze enfants établie dans le Val-de-Marne, cette Française d'origine algérienne, âgée de trente ans, est la femme de Jean-Pierre Hellegouarch. À quarante-quatre ans, ce Breton occupe déjà une place de choix dans le Bottin du banditisme. Condamné en 1967 en Espagne à la prison à vie pour un braquage qui a entraîné la mort d'un policier, l'homme, proche des milieux antifranquistes, s'est évadé de la prison de Burgos avant de replonger pour trafic d'armes. Titulaire d'une maîtrise d'histoire, il a côtoyé les milieux d'extrême gauche et les terroristes d'Action directe, et a aussi été mêlé à un trafic de stupéfiants avant d'être incarcéré à Fleury-Mérogis au milieu des années 80 pour vol de chèques de voyage. Durant quinze jours, il partage la cellule de Michel Fourniret qui se range sous sa protection. Les deux hommes sympathisent et gardent le contact après la libération de l'Ardennais.

En avril 1988, Farida Hellegouarch propose un marché miraculeux au couple désargenté. Selon son mari, un trésor constitué de lingots et de pièces en or serait dissimulé dans une tombe du cimetière de Fontenay-en-Parisis (Val-d'Oise). Il faut le déterrer et le transporter au domicile des Hellegouarch à Vitry-sur-Seine (Val-de-Marne). Un petit coup de main permettra à l'Ardennais de gagner une fermette achetée par un prête-nom. Marché conclu. Quelques jours plus tard, le trio investit le cimetière durant la nuit et exhume d'une jardinière en marbre une boîte à outils gavée d'or. « On est rentrés dans l'appartement de Farida et on a étalé ce qui avait été trouvé, soit un grand nombre de pièces en or de deux types différents, une douzaine de lingots, trois ou quatre plus petits, et les autres d'un kilo[1] », a raconté Monique Olivier. Près de cinquante kilos de métal précieux d'une valeur de 1,6 million de francs[2] de l'époque ! En deux temps trois mouvements, l'ouvrier aux mains d'argent dissimule le butin dans des tuyaux en PVC cachés au-dessus de la porte des WC.

Michel Fourniret est gourmand. Très gourmand. « L'amitié est une chose, mais les intérêts en sont une autre[3] », expliquera-t-il plus tard avec son cynisme habituel. L'Ardennais voit grand et ne veut plus se contenter d'une petite part de l'énorme gâteau qui lui est passé sous le nez. Le 12 avril 1988, le couple se rend chez Farida Hellegouarch et lui demande de l'aider à transporter des armes dissimulées dans une ferme de Rambouillet (Yvelines). Prudent, l'Ardennais, accompagné de Monique Olivier, préfère prendre place dans la Fiat Uno de Farida. Une heure plus tard, le véhicule se gare non loin de l'ancien domicile de Michel Fourniret. Monique Olivier s'éloigne tandis que son compagnon assassine Farida Hellegouarch en lui assénant un coup de baïonnette avant de l'étrangler et de placer le cadavre dans le coffre de la voiture. Le couple enterrera sommairement le corps à quelques kilomètres de là, à la sortie d'un village, près de la route et passera ensuite tranquillement la nuit chez Farida Hellegouarch

1. Procès-verbal du 28 juin 2004.
2. Près de 245 000 euros.
3. Procès-verbal du 30 juin 2004.

avant de repartir le lendemain avec plusieurs kilos d'or. La Fiat Uno aurait été abandonnée sur le parking de l'aéroport d'Orly : un scénario destiné à faire croire à Jean-Pierre Hellegouarch que sa femme s'est envolée avec une bonne partie du butin.

Quelques jours après, la famille Hamiche s'aperçoit de la disparition de leur fille et reconstitue son emploi du temps. Le 12 avril, elle s'est rendue chez le dentiste, le 14, elle ne s'est pas présentée au parloir comme cela était prévu. Prévenu par ses sœurs, Michel Fourniret fait semblant de chercher activement la disparue. Le 26 avril, une RIF est lancée. Bien évidemment, elle n'aboutira pas.

L'Ardennais et sa complice, désormais à la tête d'une petite fortune, peuvent rentrer dans l'Yonne. Seulement, ils ignorent tout de la provenance de ce trésor. Patricia Tourancheau, journaliste à *Libération* et auteur d'un livre sur le gang des Postiches[1], révélera le 24 juillet 2004 la véritable origine de ce butin, citant notamment le témoignage de Jean-Pierre Hellegouarch, interrogé par la police judiciaire de Versailles. Le truand avoue qu'un Italien, incarcéré avec lui à Fleury-Mérogis et menacé d'extradition, lui a demandé de mettre à l'abri le trésor caché dans le cimetière. Jean-Pierre Hellegouarch ne se souvient plus du nom de cet homme. Selon la version de la journaliste, confirmée ensuite par la police, il s'agit de Gian-Luigi Esposito, un braqueur lié à l'extrême droite italienne qui s'est évadé en 1986 d'une prison romaine avec trois membres français du gang des Postiches. À l'époque, cette équipe, habillée en bourgeois, écume les banques parisiennes et ouvre les coffres des clients à tour de bras. En décembre 1986, le RAID met fin à cette épopée et interpelle la fine

1. Patricia Tourancheau, *Les Postiches, un gang des années 1980*, Fayard, 2004.

équipe. Gian-Luigi Esposito décédera à Florence en 1997. Pendant des années, ces truands se sont demandé qui avait « barboté » l'or dissimulé dans le cimetière parisien. Comme le Postiche Jean-Claude Myszka qui, selon *Libération*, « est mort à quarante-sept ans, désargenté et fou, malade de ce “trésor” perdu qu'il a pisté sans jamais en retrouver la trace[1] ».

1. *Libération* du 24 juillet 2004.

8

FABIENNE, ACCUSATION D'UN INNOCENT

Au début de l'été 1988, Michel Fourniret et Monique Olivier se demandent ce qu'ils vont faire de leur fortune. Ils se sentent à l'étroit dans la maisonnette de Saint-Cyr-les-Colons qui, de toute façon, appartient à l'ensemble des héritiers Fourniret. Après deux crimes, deux incendies et une tentative de meurtre commis en moins de cinq mois, l'Ardennais se dit qu'il vaut mieux se faire oublier quelque temps... Nostalgique de ses Ardennes natales, il décide de réinvestir le petit terrain de trois mille mètres carrés de Floing, près de Sedan, où il avait autrefois installé un atelier. Avec son sol en terre battue et ses murs en parpaings, ce petit bâtiment rudimentaire, situé au bout d'une impasse, n'a rien d'un *home, sweet home*, surtout pour accueillir le bébé à venir. Michel Fourniret installe une caravane et entame des travaux de rénovation. L'homme s'est fait réembaucher à Vrigne-aux-Bois comme tourneur-fraiseur, mais discrètement, il vend ses lingots et convertit ses pièces en or chez des numismates de Dijon ou de Bruxelles. En juillet, la vieille CX GTI blanche cédera la place à un break 405 beige doré acheté rubis sur l'ongle !

Un mois plus tard, le mercredi 3 août 1988, la voiture croise sur les routes de la Marne. À bord, l'Ardennais et sa compagne enceinte de huit mois. En fin d'après-midi, ils font une halte à Châlons-sur-Marne (devenu Châlons-en-Champagne), sur un parking de supermarché, le terrain de chasse favori de Michel Fourniret. Au même moment, Fabienne quitte les locaux de l'entreprise chimique où elle travaille. Originaire de l'Aisne, cette jolie étudiante en BTS biochimie de vingt ans a entamé depuis dix jours un stage de trois semaines dans le laboratoire de traitement des eaux de cette multinationale célèbre pour ses lessives. Après avoir passé le week-end chez ses parents, dans l'Aisne, elle a passé la nuit précédente chez son ami, un étudiant en médecine de Reims. Fabienne a glissé à ses proches qu'elle redoutait de rester seule, au cœur de l'été, dans l'immeuble désert du lycée de Châlons-sur-Marne où sa tante lui prête son logement. De surcroît, l'étudiante s'inquiète d'avoir à assumer le fonctionnement du laboratoire de traitement des eaux en l'absence de sa responsable, partie elle aussi en vacances. Fabienne se rend à son appartement, puis traverse l'enceinte du lycée. Vers 17 h 30, trois jeunes filles l'aperçoivent qui se dirige vers la sortie donnant sur l'avenue du Général-Sarrail.

Arrivée sur le parking du supermarché, elle est accostée par Michel Fourniret. Il lui demande l'adresse d'un médecin. La vue d'une femme enceinte à bord doit rassurer la jeune fille puisqu'elle accepte de monter dans la 405 pour leur indiquer la route. Le véhicule va rouler dans la campagne durant de longues minutes. « La jeune fille ne manifestait pas d'impatience, elle semblait même satisfaite que quelque chose d'inattendu arrive dans sa vie », lâchera plus tard l'Ardennais, jamais avare de provocation et de cruauté devant les policiers. L'homme prétexte ensuite une envie pressante pour arrêter le véhicule dans un chemin. Il saisit alors un pistolet d'alarme de marque Reck et force Fabienne à le suivre. Le rituel des questions reprend. Est-elle vierge ? La réponse négative énerve Michel Fourniret qui l'insulte et l'humilie. Il demande ensuite à Monique Olivier de la tenir en respect alors qu'il lui ligote les mains dans le dos. « Monique tenait l'arme d'une manière très gauche, comme une poule qui a trouvé un couteau[1] », précisera l'Ardennais, toujours ravi d'avilir sa complice. Selon ses aveux, il l'aurait forcée à vérifier si la jeune femme était vraiment déflorée. Lors de ses auditions, Michel Fourniret assurera qu'il a abusé de sa victime. Le duo repart avec son otage.

Devant les policiers belges, l'Ardennais précise cyniquement qu'il a fait croire à sa victime qu'il la ramènerait chez lui. Une perversion supplémentaire pour ajouter à sa terreur. Il aurait bandé les yeux de Fabienne avant de la faire descendre dans une clairière située sur l'immense terrain militaire du camp de Mourmelon, de saisir sa vieille canardière calibre 12 et de tirer à bout portant dans son cœur. « Comme c'était un endroit situé près d'une caserne et donc fréquenté par de nombreux militaires, en tuant cette jeune fille d'un coup de feu, Michel a voulu faire croire que c'était un militaire qui avait tué la jeune fille, expliquera Monique Olivier. C'est du moins la réflexion qu'il m'a faite[2]. » Cette dernière n'a pas bronché. « J'ai bien compris que Monique réprouvait ce que je faisais mais elle avait juste le droit de se taire[3] », ajoutera Michel Fourniret qui précise également « qu'elle

1. Procès-verbal du 3 février 2005.
2. Procès-verbal du 29 juin 2004.
3. Procès-verbal du 3 février 2005.

tremblait comme une feuille ». L'Ardennais prétendra plus tard avoir commis ce meurtre pour ne pas être dénoncé. Il fait nuit noire. Le criminel et la femme enceinte reprennent la route des Ardennes en laissant leur troisième victime derrière eux.

Le lendemain matin – le jeudi 4 août –, une collègue de Fabienne alerte son patron, étonnée de ne pas voir arriver la jeune fille, d'habitude si ponctuelle. Inquiet, celui-ci décide de se rendre au domicile de la stagiaire en compagnie d'Éric, un chimiste qui connaît l'adresse de sa nouvelle collègue étudiante. Après avoir vainement tambouriné à sa porte, les deux hommes repartent en remarquant le vélo de la jeune femme attaché au bas de son escalier et signalent cette disparition à la gendarmerie locale.

En début d'après-midi, à une vingtaine de kilomètres de là, deux militaires patrouillent dans les chemins boisés de l'immense camp de Mourmelon (Marne). Arrivés vers 13 h 40 à un carrefour de pistes au lieu-dit « la Ferme Saint-Hilaire », à trois kilomètres du village de Saint-Hilaire-le-Grand, ils distinguent un corps inanimé dans cette clairière isolée. Une jeune fille âgée d'environ vingt ans gît, couchée sur le flanc droit, vêtue d'un chemisier sans manches, déchiré et retroussé jusqu'à la poitrine. Des traces de terre sont visibles sur son jean au niveau des genoux, laissant présumer la position de la victime. Ses vêtements sont maculés de sang. Sa chaussure droite se trouve près du cou, tandis que la gauche est située à un mètre cinquante du cadavre. Sa chaînette en or, rompue, a glissé sous la nuque de la jeune fille. Les militaires remarquent également un lien plastifié de couleur noire qui entoure six fois son poignet gauche tandis que deux sillons de cordelette sont visibles sur son poignet droit.

Aussitôt, la brigade de gendarmerie de Mourmelon-le-Grand est alertée, tout comme la brigade de recherches (BR) de Châlons-sur-Marne et la section de recherches de Reims (SR), deux unités rompues aux enquêtes criminelles. « Il y avait des traces suspectes de piqûres au niveau des plis des coudes et une toute petite blessure avec un point rouge sur le sein gauche, raconte le colonel Joël Vaillant, ancien commandant de la SR et directeur d'enquêtes. Aucun médecin légiste n'était disponible, et c'est vrai que de ne pas avoir d'autopsie rapide pose quand même quelques soucis. Nous n'avons su que quelques jours plus tard qu'elle avait été tuée d'un coup de fusil. C'était vraiment surprenant, les chairs s'étaient refermées et les plombs de calibre 12 n'avaient pas traversé le corps[1]. » Sur le lieu du crime, les enquêteurs cherchent des objets personnels de la victime mais ne retrouvent ni porte-monnaie, ni trousseau de clés. À première vue, le crime a bien été commis sur les lieux.

Le rapprochement entre la disparition de la stagiaire de l'entreprise chimique et le cadavre retrouvé est rapidement effectué. En fin de journée, les gendarmes contactent le domicile familial de Fabienne. Sa sœur est mise au courant de cette disparition suspecte et décide, vers 21 h 30, de prévenir ses parents qui séjournent chez des amis en Allemagne. « Nous regardons justement de vieux films super-huit avec nos enfants âgés de quelques années, se souvient le père de Fabienne. La soirée est gaie et pleine de joyeux souvenirs. Le téléphone sonne, c'est ma fille, elle est affolée car la gendarmerie de Châlons-sur-Marne a appelé à la maison : Fabienne a disparu[2]. » Les parents apprennent qu'aucun indice suspect n'a été décelé dans le logement intact. De son côté, le petit ami de Fabienne a déjà assuré qu'il n'avait pas eu non plus de nouvelles de la jeune fille.

1. Entretien avec l'auteur.
2. Interview accordée à l'association Vies le 4 octobre 2005.

Rongé par l'inquiétude, le père de Fabienne contacte les gendarmes vers 22 heures. « Nous pensons évidemment à un accident de la route[1] », dit-il. Mais, au téléphone, l'officier ne sait pas comment avouer l'impensable. « Peu à peu, il va nous apprendre la vérité : une jeune fille a bien été retrouvée au bord du camp militaire de Mourmelon, poursuit le père de Fabienne. Les questions se bousculent : ma fille portait-elle un jean ? Oui. Tel chemisier ? Oui, etc. La jeune fille semble correspondre à Fabienne. Elle a malheureusement été tuée soit avec un grand couteau, soit avec une arme à feu. Tout bascule[2]. » Le gendarme demande alors aux parents de la victime de se présenter dès le lendemain à la brigade de Châlons-sur-Marne. « Nous sommes effondrés. Tout le monde pleure chez nos amis. Je crie : "Je vais le tuer celui-là !" raconte encore le père de la victime. Notre retour se fait avec un tas de questions : Que s'est-il passé ? Ce n'est pas possible ! Ce n'est pas vrai ! Pas à nous ! Rien ne laissait présager le moindre danger, ni à son travail, ni à son logement, ni dans le quartier, c'est incompréhensible. Fabienne n'avait que des amis, elle était si gentille, si prévenante avec nous[3]. »

Dès le vendredi, un pool d'une trentaine d'enquêteurs est à pied d'œuvre. Il étudie les pistes familiales, relationnelles, professionnelles et « travaille » sur le passé de la victime. Des proches, des amis, des employés sont entendus, tandis que les gendarmes tentent de reconstituer les dernières heures de Fabienne. Mais plus personne ne l'a vue après son départ de l'entreprise, le 4 août en fin d'après-midi. « Nous apprenons qu'un de ses collègues a signalé sa disparition, qu'il a participé aux recherches et qu'il a longuement pleuré avec sa

1. *Ibid.*
2. *Ibid.*
3. *Ibid.*

sœur et son beau-frère, par ailleurs policier au commissariat, en évoquant la disparition de l'étudiante, note Joël Vaillant. Pourtant, il ne la connaît que depuis peu. Ce comportement nous semble bizarre. Nous décidons de le placer en garde à vue à partir de samedi matin[1]. »

Domicilié à Châlons-sur-Marne depuis 1973, Éric, chimiste apprécié de l'entreprise chimique où Fabienne travaillait, est un célibataire de vingt-deux ans, solitaire, sans histoires. Selon plusieurs témoignages, « il paraissait manifester de l'intérêt pour la victime, déjeunant à sa table et la taquinant fréquemment[2] ». Interpellé, le jeune homme est amené au début du week-end dans les locaux de la brigade châlonnaise, véritable épicentre de l'enquête.

« Qu'a-t-il fait le 4 août 1988 en fin d'après-midi ? », demandent les enquêteurs. Éric assure avoir quitté son travail vers 16 h 30 et s'être rendu chez Logimarché et Carrefour pour se renseigner sur le prix des platines laser. De retour à son domicile, il a promené son chien le long du canal pendant une heure. Mais les enquêteurs doutent. Ils ont en main deux déclarations de témoins qui affirment qu'Éric leur a dit avant son interpellation avoir eu « un trou dans son emploi du temps » et « qu'il avait sa conscience pour lui ». Pourquoi des déclarations aussi énigmatiques ? Le jeune homme commence à perdre pied. Finalement, il concède qu'il n'est pas allé au Logimarché comme il l'avait déclaré quelques heures plus tôt. Et puis, c'est vrai, personne ne l'a vu en fin d'après-midi. Il a juste reçu un appel téléphonique vers 19 h 15 d'une amie qui est passée le voir un quart d'heure plus tard. La tension monte. « Il était clairement sur la défensive, il mettait deux minutes pour répondre aux questions, se souvient le

1. Entretien avec l'auteur.
2. Réquisitoire définitif de non-lieu, 11 février 1992.

major Claude Jeanguénin, l'ancien enquêteur de la SR de Reims responsable de la garde à vue. On ne le sentait pas. Quand on n'a rien à se reprocher, les réponses doivent fuser[1]. »

Tout à coup, les gendarmes remarquent des taches de sang sur son polo. « Il nous a dit qu'il se grattait des boutons, raconte Joël Vaillant. Nous l'avons fait mettre torse nu mais ceux-ci n'étaient pas visibles[2]. » Le suspect se ravise et livre deux autres versions différentes... Illico, le vêtement est envoyé au laboratoire de police technique et scientifique de Paris pour y être expertisé. À l'époque, la recherche d'ADN en matière criminelle n'est pas encore développée. Mais l'identification d'un groupe sanguin peut permettre de donner une direction d'enquête dans les meilleurs délais.

Un autre élément fait basculer la garde à vue : des traces de produits chimiques ont été trouvées sur les mains du suspect à la suite des traditionnels « tamponnements » effectués après l'interpellation. « Je reçois vers 23 heures un appel téléphonique de l'expert du labo qui nous dit : "Nous avons trouvé de l'antimoine, du plomb et du baryum, trois éléments qui rentrent dans la composition de la poudre noire, pas de problèmes vous avez le tireur", complète le major Claude Jeanguénin, aujourd'hui à la retraite. Je lui indique que le suspect est chimiste. Il nous a dit alors d'être prudent[3]. » Car Éric, lui, clame qu'il n'a pas d'arme à feu et n'a jamais tiré sur Fabienne. « On a mis une énorme pression en garde à vue, avoue franchement le militaire. On l'a harcelé de questions : Où s'est-il promené ? De quel côté du canal ? Comment était-il habillé ? Qui a-t-il croisé ? etc. On l'a poussé à bout.

---

1. Entretien avec l'auteur.
2. *Ibid.*
3. *Ibid.*

Il fallait qu'il donne le petit truc que seul l'auteur du crime connaît[1]. »

Déstabilisé, fatigué, stressé, le gardé à vue, confronté à des preuves qu'il ne comprend pas, voit le monde se dérober sous ses pieds et craque. « À un moment donné, il ne savait plus où il était, il était perdu[2] », reconnaît Joël Vaillant. « Je pense l'avoir tuée[3] », déclare soudain Éric aux gendarmes. « Il expliquait – hors procès-verbal – que son attitude du 4 août au soir était une forme d'aveu et donnait une version succincte des faits qu'il niait aussitôt[4] », écrira quelques années plus tard le substitut du procureur. À bout de nerfs, le suspect fait une crise de tétanie le dimanche, vers 7 heures du matin, et doit être hospitalisé plusieurs heures. « On s'est demandé si cette crise était réelle ou feinte[5] », glisse Joël Vaillant.

Après avoir pris des tranquillisants, Éric repart en garde à vue avec la bénédiction du procureur. Mais cette fois-ci, les enquêteurs de la SR pensent tenir un atout maître. Les taches de sang retrouvées sur le polo du jeune homme ont été analysées en urgence : elles sont du groupe sanguin A. Comme celui de la victime… Hébété, Éric n'arrive pas à expliquer ce mystère. Il se borne à répéter : « Je ne sais pas, je ne l'ai pas tuée, si je l'ai fait je ne m'en souviens pas[6]. » De surcroît, les enquêteurs sont troublés par l'attitude du jeune homme, soudain de marbre devant la photo de Fabienne alors qu'il avait fondu en larmes quelques heures auparavant.

1. *Ibid.*
2. *Ibid.*
3. Réquisitoire définitif de non-lieu, 11 février 1992.
4. *Ibid.*
5. Entretien avec l'auteur.
6. *Ibid.*

Tandis que le suspect est « sur le gril », d'autres gendarmes s'intéressent à sa 2CV bleue. Les enquêteurs ont établi un rapide calcul : le jeune homme a pu faire l'aller-retour entre Châlons-sur-Marne et Mourmelon entre 17 h 45 et 18 h 45. Ils passent le véhicule au peigne fin et y prélèvent de la terre, un cheveu, mais ne trouvent aucune trace de sang.

Présenté le lundi au juge d'instruction Monge, Éric conteste formellement avoir assassiné Fabienne : « Pour moi, je ne me souviens pas de l'avoir tuée, non[1] », répète-t-il. Il est pourtant inculpé d'assassinat. « Ces traces mystérieuses de poudre noire ont beaucoup pesé dans la décision du magistrat[2] », croit le major Claude Jeanguénin. Alors qu'il clame désormais son innocence, le jeune homme est envoyé directement à la maison d'arrêt de Châlons-sur-Marne.

Réalisée avec trois jours de retard, l'autopsie arrive enfin sur le bureau du juge d'instruction. La victime n'a subi aucune violence sexuelle et nulle trace de sperme n'a été décelée. Des coups lui ont été portés au niveau du sternum. Après avoir analysé sa blessure au niveau du sein gauche et retrouvé des plombs et la bourre en plastique du projectile dans son thorax, les médecins légistes établissent avec certitude qu'elle a été tuée par balle. Son meurtrier a tiré d'avant en arrière et de haut en bas, ce qui laisse penser que la victime pouvait être agenouillée. Une intuition renforcée par la présence de terre sur le jean à hauteur des genoux. Selon les légistes, la mort a été presque instantanée.

Mais tout le monde s'interroge sur deux étranges traces de piqûres *ante-mortem* localisées au niveau des pliures de chaque avant-bras. Le week-end précédent, Fabienne portait un chemisier à manches courtes et

1. Réquisitoire définitif de non-lieu, 11 février 1992.
2. Entretien avec l'auteur.

personne n'avait rien remarqué de suspect. L'étudiante ne se droguait pas. Les analyses toxicologiques confirment d'ailleurs les dires de ses proches. Aucune trace de stupéfiant n'est identifiée. L'enquête de routine menée ultérieurement dans le milieu des usagers de stupéfiants châlonnais restera vaine. S'est-elle alors rendue dans un laboratoire d'analyses médicales pour un prélèvement sanguin ; a-t-elle fait appel à un médecin ou à une infirmière ? Là encore, les vérifications entreprises auprès de 2 986 professionnels de santé de la Marne et de l'Aisne ne fournissent aucune piste. En revanche, une étrange seringue contenant de l'huile est trouvée lors de la perquisition menée chez Éric. Interrogé, le jeune homme affirme qu'elle lui a été fournie par sa mère et sert à l'entretien de sa bicyclette.

Les expertises sanguines démontrent dans le même temps que Fabienne n'a pas pris de barbituriques, de neuroleptiques, ou d'amphétamines. Mais un résultat trouble tous ceux qui la connaissaient : le jour de sa mort, son taux d'alcoolémie atteignait 0,32 gramme d'alcool. Les proches répètent que la jeune fille ne buvait que très rarement et de surcroît, en petites quantités. La tournée des bars de Châlons-sur-Marne, de Mourmelon et de Suippes, effectuée par les enquêteurs, n'apporte pas d'indice supplémentaire. Fabienne n'a été vue dans aucun de ces établissements. Apparemment, la jeune fille, décrite comme intelligente, douce, sérieuse, mais aussi réservée, ne connaissait pratiquement personne dans cette petite ville de province.

Au fil des jours, les auditions de témoins s'accumulent. Éric reste le suspect numéro un et la piste privilégiée. « Nous avions travaillé sur l'hypothèse d'un crime commis pas un amoureux éconduit[1] », reconnaît Joël Vaillant. Les gendarmes parviennent à établir que

1. *Ibid.*

le jour de la disparition de Fabienne, il travaillait dans un autre service et lui a rendu visite dans l'après-midi. Vêtu d'un jean et d'une chemise vert kaki, il a discuté et plaisanté avec elle avant de quitter son travail vers 16 h 15. Deux personnes affirment avoir vu à ce moment-là un jeune homme correspondant à son signalement au rayon hi-fi de Logimarché. Après être passé au magasin Carrefour, le suspect aurait donc promené son chien entre 17 h 45 et 18 h 45 le long du canal. Pendant plusieurs jours, les militaires, munis de photographies d'Éric, mettent en place des postes de contrôle et interrogent promeneurs et pêcheurs. Ont-ils aperçu ce jeune homme ? Aucune réponse positive. Dans son quartier, personne ne se souvient non plus l'avoir vu dans ce créneau horaire. En revanche, des riverains du lycée où demeurait la disparue indiquent qu'une 2CV semblable à celle d'Éric a bien stationné, par intermittence, dans une rue voisine. Dernier indice : un ami de la nièce de Fabienne raconte avoir téléphoné le 27 juillet à l'appartement du lycée. Ne reconnaissant pas sa voix, la jeune fille lui a répondu : « Allô, c'est toi Éric ? »

Persuadés de tenir le coupable, les gendarmes essaient de tisser leur toile autour du jeune homme qui apparaît de plus en plus proche de la victime. Mais l'enquête va piétiner et les expertises négatives vont peu à peu faire douter le juge d'instruction et le parquet de Châlons-sur-Marne. D'autant que certaines erreurs et approximations ne vont pas « aider à la manifestation de la vérité ». Ainsi, l'humeur vitrée de l'œil, prélevée avec trop de retard, ne permet pas de dater avec précision l'heure de la mort. Une fourchette de temps de l'ordre de quarante-cinq heures est donnée par les légistes ! Un peu plus précise, l'analyse du contenu stomacal révèle que le décès est intervenu au minimum huit heures après son déjeuner pris à la cantine de l'entreprise vers 11 h 34. Fabienne a donc pu être tuée à partir de 18 h 30. Une indication très partielle alors que personne ne l'a plus vue après sa sortie du lycée une heure auparavant. Ni les commerçants, ni les chauffeurs de bus, longuement interrogés, ne se souviennent d'elle.

Les prélèvements effectués par la gendarmerie ne sont pas non plus exempts de reproches. Le cheveu trouvé dans la 2CV ne peut être analysé : il a été aspiré avec des résidus de terre auxquels il a été mélangé... Quant au polo du suspect taché de sang, l'analyse du laboratoire de police technique et scientifique de Paris permettant d'identifier le groupe sanguin a détérioré les prélèvements. Impossible d'isoler une empreinte génétique ! Enfin, sur les étranges taches relevées sur le jean et les chaussures de l'inculpé, seules trois sont d'origine sanguine. Mais aucune comparaison scientifiquement probante avec celui de la défunte n'est possible.

De la même manière, les substances prélevées sous les ongles de la victime et la terre recueillie dans le véhicule du jeune homme ne « parlent » pas. « Les experts » butent également sur les particules suspectes identifiées sur le jean et la blouse d'Éric. Quant aux prétendus résidus de tir, la présence de particules contaminantes et la rareté de ces micropoussières empêcheront d'établir formellement qu'Éric a bien tenu une arme à feu. « Nous sommes pourtant allés sur son lieu de travail, et nous sommes certains qu'il n'a jamais manipulé ces trois produits chimiques[1] », soupire le major Claude Jeanguénin qui attend aujourd'hui encore une réponse à cette énigme.

Les gendarmes vérifieront quand même auprès des armuriers et des clubs de tir de la Marne, mais également à Rennes, où le suspect avait effectué un

1. Entretien avec l'auteur.

stage courant 1988, qu'il ne s'était procuré aucune carabine ou fusil. Selon l'expertise balistique, la jeune fille a succombé au tir d'une cartouche de calibre 12 de marque Obtur contenant des plombs de calibre 7½ fréquemment utilisés pour le ball-trap. Seulement, personne ne connaît Éric dont les comptes bancaires, épluchés avec soin, n'ont révélé aucun achat d'arme à feu.

Devenu un élément à charge central contre Éric, le polo ensanglanté va tout d'un coup perdre de son importance. Son frère Jean-Bernard affirme aux enquêteurs qu'il a porté ce vêtement avant de partir en vacances en juillet 1988. Sujet à des saignements de nez, l'homme est du groupe sanguin A+… « Pourquoi le suspect n'en a-t-il pas parlé lors de sa garde à vue[1] ? », regrette aujourd'hui le colonel Vaillant. La sœur et la belle-sœur viennent également au secours de l'inculpé. Lors de la perquisition, deux photographies sur lesquelles elle figurent ligotées ont été retrouvées. « Ce qui a jeté un léger froid[2] », se souvient encore Pierre Blocquaux, l'ancien avocat d'Éric… Mais celui-ci s'est défendu, parlant d'un simple « jeu » dont il n'avait pas eu l'initiative. Une version qui sera confirmée par les deux fausses prisonnières…

Aucun élément probant ne viendra étayer les premiers soupçons pesant sur le jeune homme emprisonné. Les investigations parallèles ne sont pas plus fructueuses. L'environnement familial passé au tamis permet juste de s'intéresser à un cousin de Fabienne. Ce chômeur dispose d'un fusil de chasse calibre 12 et de seringues lui permettant de s'injecter des doses d'insuline. Mais sa mère confirme sa présence au domicile en

1. Entretien avec l'auteur.
2. *Ibid.*

fin d'après-midi, le jour des faits. De la même manière, les auditions d'ouvriers et d'employés de l'entreprise où travaillait Fabienne, et aussi de celle située dans l'Aisne où elle avait effectué un stage en juillet, n'ouvrent aucune piste. Enfin, l'analyse des liens enserrant le poignet de la victime, couramment utilisés dans le milieu agricole, ne permet pas de les rapprocher des cordelettes trouvées dans l'abri de jardin de la tante de Fabienne.

Trois mois après son incarcération, le 8 novembre 1988, le juge d'instruction n'est plus convaincu par la culpabilité d'Éric et décide de le remettre en liberté sous contrôle judiciaire. Une décision qui ne satisfait pas le capitaine Joël Vaillant qui établit un procès-verbal de synthèse de son enquête trois semaines plus tard. Écartant l'hypothèse du crime crapuleux, le militaire pense que la victime a pris une collation avec son agresseur. « Éric apparaît comme le principal suspect, s'obstine-t-il à conclure. La mort de Fabienne est survenue cinq jours avant l'arrestation, à Mâcon, de Pierre Chanal[1], analyse aujourd'hui Gérard Chemla, l'avocat de la famille de Fabienne. La section de recherches de Reims était en échec sur cette enquête. Ils ont trop voulu trouver tout de suite. Ils sont partis bille en tête sur ce jeune homme sans se poser de véritables questions[2]. »

En tous les cas, contrairement à certains articles de presse locaux, les gendarmes n'ont jamais fait de lien entre les « disparus de Mourmelon » et la fin tragique de Fabienne. « À l'époque, nous cherchions un solitaire, adepte des techniques commando et qui

1. Renvoyé devant la justice pour avoir fait disparaître des militaires appartenant au camp militaire de Mourmelon.
2. *Ibid.*

s'attaquait aux garçons, rappelle le colonel Vaillant. Les affaires n'étaient absolument pas semblables[1]. »

En 1989, à la SR de Reims, un nouveau gradé est chargé de relire l'ensemble du dossier Fabienne. Mais cet œil neuf ne fait pas progresser l'enquête. Le contrôle judiciaire du jeune homme est levé en mars. Un non-lieu se profile. En désespoir de cause, l'avocat de la famille de la victime demande des vérifications auprès de militaires du camp de Mourmelon et auprès d'élèves de l'école d'infirmière. « D'autres pistes ne se dégageaient pas vraiment, concède Gérard Chemla, mais le but était pour moi que le dossier ne se referme pas. Comment chercher sans indice et sans lien vers une personne[2] ? »

Faute d'éléments nouveaux, un non-lieu général est ordonné en novembre 1992, conformément à l'avis du parquet et confirmé après l'appel formé par la famille de Fabienne. Le dossier est clos, et l'assassin de la jeune fille, introuvable. « Après le non-lieu définitif, j'ai écrit un courrier aux parents de la victime, leur disant que cette affaire était de celles qui laissent un goût amer dans la bouche, précise Gérard Chemla. Soit c'était Éric et il risquait après l'information judiciaire de ne plus jamais parler, soit c'était un tueur en série qu'on arrêterait peut-être à l'occasion d'un nouveau crime. Mais le mobile restait incompréhensible[3]. »

Dix-huit ans après les faits, l'ancien directeur d'enquêtes, le colonel Vaillant, aujourd'hui à la retraite après avoir occupé des postes importants au sein de la gendarmerie, ne trouve rien à redire sur la garde à vue du suspect qui a pourtant pesé lourd dans son mandat de dépôt. « Chez moi, on ne cogne jamais, soutient-il.

1. *Ibid.*
2. *Ibid.*
3. Entretien avec l'auteur.

Les gardes à vues sont serrées, c'est tout[1]. » Qu'entend-il par « serrées » ? « Nous posions des questions en allant du général au particulier, du plus simple au plus compliqué, explique-t-il. Il fallait laisser les gens s'enfermer dans leurs contradictions. Après, ils commençaient à patauger. On les bombardait de questions sans leur laisser le temps de réfléchir[2]. » Quarante-huit heures de tête-à-tête longues, très longues. Et à l'époque, aucun avocat n'avait le droit d'intervenir…

« Quand j'ai lu ce procès-verbal de garde à vue, je l'ai trouvé hallucinant, glisse Gérard Chemla. Ce sont trente-cinq pages de "pressing" dans lesquelles les gendarmes décrivent par le menu toutes les questions qu'ils posent, les attitudes du suspect, ses crises nerveuses, etc[3]. »

« Si on a bien travaillé en amont et accumulé des éléments techniques, la garde à vue, c'est la fin de l'enquête[4] », professe le gendarme qui affirme que cet homicide a été le seul à ne pas avoir été élucidé durant son commandement. Force est de constater que celle d'Éric a pourtant été initiée sur des bases très fragiles et dans les heures qui ont suivi le meurtre. Comme si les enquêteurs avaient tenté un coup de bluff faute d'avoir vraiment du jeu. « J'ai dit au juge d'instruction avoir commis une seule erreur, admet cependant le colonel Joël Vaillant. J'aurais dû demander au suspect si quelqu'un avait mis son polo et dans quel délai[5]. » Aujourd'hui, le militaire dit « se féliciter » du non-lieu ordonné par le juge. « On voit là l'importance d'avoir des magistrats qui ont du recul sur les enquêtes[6]. »

1. *Ibid.*
2. *Ibid.*
3. *Ibid.*
4. *Ibid.*
5. *Ibid.*
6. *Ibid.*

Alors qu'il se trouve en vacances en Corse durant l'été 2004, le gendarme à la retraite reçoit un appel téléphonique d'un des avocats de la famille de Fabienne. Michel Fourniret a avoué le meurtre de la jeune femme ! « Ça m'aurait gêné qu'Éric ait été condamné, concède le militaire. Je lui ai téléphoné et je lui ai dit qu'à titre personnel je lui présentais mes excuses pour ces trois mois passés en prison. Nous avons discuté et il m'a remercié. » Marié et père de deux enfants, auxquels il n'a rien dit de cet épisode douloureux et traumatisant, l'homme se tait, fuit la presse et a décidé de tirer un trait définitif sur ces quelques mois de cauchemar et sur cette garde à vue vertigineuse où lui-même en est venu à se prendre pour un meurtrier.

9

JEANNE-MARIE, UN ASSASSINAT MINUTIEUSEMENT PRÉPARÉ

Selim ! Tel est le prénom original donné par Michel Fourniret à son bébé né le 9 septembre 1988 à l'hôpital Manchester de Charleville-Mézières. Un choix étonnant qui aurait été fait en référence à Selim Zekiri, un détenu albanais et compagnon de cellule de la prison de Fleury-Mérogis. « La naissance de Selim n'était pas prévue mais Michel l'a bien acceptée, je crois qu'il devait être heureux de cette naissance[1] », explique Monique Olivier, mère d'un troisième garçon à quarante ans. Quant à son parrain, ce sera Jean-Pierre Hellegouarch, rencontré aussi à la maison d'arrêt et dont Michel Fourniret a tué la femme quelques mois plus tôt… Un nouveau-né placé sous le signe de la prison et du crime. Glaçant !

Quelques semaines après sa libération, le caïd, qui n'a trouvé que quelques poignées d'or au-dessus des WC de son appartement, se rend à Floing pour vérifier

1. Procès-verbal du 25 novembre 2003.

qu'il ne s'est pas fait « repasser » par son ancien camarade de cellule. Mais la famille Fourniret donne l'impression de vivre modestement dans ce deux pièces atelier aux allures spartiates. « Ça le prenait parfois à onze heures et demie du soir de repiquer ses choux ou ses carottes dans son jardin ou de creuser au tracto-pelle pour mettre le tout-à-l'égout[1] », s'étonne seulement son voisin. Monique, elle, s'ennuie. « Elle bougeait pas, assise à sa table, sans télé ni radio, elle buvait du café, elle attendait[2]. »

L'ouvrier n'est pas un flambeur et n'a pas de vices apparents... Il ne boit pas, ne joue pas, ne parie pas, et investit cent mille francs dans un appartement à Sedan, ce qui lui permet d'encaisser chaque mois un loyer de deux mille cinq cents francs. Il consent néanmoins à acheter une R9 à sa compagne et l'emmène quelques jours en voyage en Turquie, à Istanbul. Mais le chef d'entreprise raté rêve toujours d'un logement à la hauteur de ses ambitions. Il apprend que le château du Sautou situé à Donchéry (Ardennes), à quelques kilomètres de Sedan, est à vendre. La bâtisse est un ancien rendez-vous de chasse construit en 1870 par Georges Corneau, sénateur et fondateur du journal *Le Petit Ardennais*. Il faut emprunter des chemins boueux, défoncés, parsemés de stères de bois, et plonger au cœur d'une dense forêt de sapins pour parvenir à cette demeure située au bout d'une grande ligne droite et flanquée sur la gauche d'une maison de gardiens. Avec ses deux tours effilées et un bel escalier monumental, le château en brique rouge de deux étages impressionne. « C'est très spécial d'habiter là, au fond des bois, dans cet endroit si reculé, lugubre, brrr...[3] »,

1. *Libération* du 18 août 2005.
2. *Ibid.*
3. *Ibid.*

concède Christian Welter, maire de Donchéry. « Je pense que Michel tenait à avoir ce château car il est mégalomane[1] », souffle André Fourniret.

Fin 1988, l'agriculteur chargé des visites s'étonne de voir arriver un 405 break conduit par un inconnu mal accoutré et qui n'a rien d'un notable. Mais Michel Fourniret est prêt à payer cash. Ou plutôt... Monique Olivier. Toujours aussi prudent, l'Ardennais se sert en effet de sa compagne comme d'un prête-nom pour acheter des véhicules ou des biens immobiliers... Sage précaution lorsqu'on est recherché par la police ! Plusieurs notaires auraient refusé d'accepter ces liasses de billets sales à la provenance inconnue avant que l'un d'entre eux, copain d'école de l'Ardennais, ne finisse par acter l'achat du domaine en janvier 1989 pour 1 346 004 francs !

Michel Fourniret est ravi de cette nouvelle acquisition. Mais il est aussi très excité par une rencontre faite quelques jours plus tôt. Le dimanche 8 janvier 1989, il est à bord du train qui relie Calais à Bâle, en Suisse, et qui dessert Charleville-Mézières. « Raisons d'ordre familial », dira-t-il plus tard aux policiers. Étrange. L'Ardennais n'est pas un habitué des transports en commun. Selon cette version, il aurait repéré, en gare de Béthune, une jeune fille aux cheveux blonds entrer dans le compartiment. Avec son visage d'ange, Jeanne-Marie ne fait pas ses vingt et un ans. Fille unique, elle vient de passer deux jours chez ses parents, un couple très modeste de plus de soixante ans. Vêtue d'une longue veste jaune, d'une jupe grise et chaussée de souliers vernis, cette étudiante à l'air sage regagne Charleville-Mézières comme tous les week-ends. Dans la cité ardennaisse, elle loge au couvent des Bernardines où elle a retrouvé une religieuse rencontrée deux ans plus tôt à la gare de Lille à la faveur d'une grève.

1. Procès-verbal du 9 juillet 2003.

« J'étais en quelque sorte sa confidente, elle me considérait comme sa grande sœur[1] », dira plus tard la religieuse interrogée par les policiers. Timide et isolée, Jeanne-Marie ne se mélange pas à ses camarades de classe. Ses tenues désuètes lui valent quelques railleries. « Elle avait un côté enfantin et la pensée de l'avenir l'effrayait quelque peu, explique encore la religieuse. Elle se liait plus facilement avec les gens âgés mais avait des problèmes relationnels avec les filles de son âge[2]. »

La timide étudiante correspond parfaitement au fantasme du prédateur, toujours en quête d'adolescentes aux allures virginales. Alors que le train de 17 h 40 vient de repartir, Michel Fourniret s'approche d'elle. « J'entame la conversation, elle porte sur la foi religieuse, raconte-t-il. Je me rends compte qu'elle est fort croyante. Elle m'avait fait l'apologie du père Guy Gilbert, le prêtre des loubards[3]. » L'homme l'interroge, apprend qu'elle suit des études à Charleville-Mézières, fréquente un groupe de prières et rentre tous les week-ends chez ses parents dans le Nord. Arrivée dans la cité ardennaise, Jeanne-Marie salue cet homme apparemment si affable. « J'avais dit à Monique que j'avais rencontré une gamine marrante et sympathique, elle n'avait pas apprécié[4] », indique Michel Fourniret. Jalouse, l'épouse préfère se souvenir d'un autre détail : « Il me dit qu'elle devait être vierge car elle loge chez les bonnes sœurs[5] . »

Excité par cette première rencontre, Michel Fourniret va tout faire pour retrouver la pensionnaire du couvent. « Une matinée en semaine, sur les indications de Michel,

1. Procès-verbal du 29 juin 1989.
2. *Ibid.*
3. Procès-verbal du 30 juin 2004.
4. *Ibid.*
5. Procès-verbal du 28 juin 2004.

on s'arrange pour la croiser dans une rue de Charleville-Mézières et l'inviter à venir au restaurant à Bouillon, précise Monique Fourniret. Elle a accepté et nous avons passé ensemble quelques heures bien sympathiques[1]. » En fin d'après-midi, le couple, qui dit se prénommer Paul et Pierrette, la dépose à proximité du couvent. « Cette manœuvre était destinée à mettre la jeune fille en confiance[2] », confirme Monique Fourniret.

Peu après – au début du mois de mars –, son mari se rend à la gare un samedi matin. Mais contrairement à ses habitudes, Jeanne-Marie n'est pas sur le quai. Frustré, l'Ardennais demande à sa compagne de téléphoner au couvent pour prendre de ses nouvelles, lui soufflant de dire qu'elle s'appelle « Madame Jadot », au cas où les religieuses se montreraient trop curieuses. Ce week-end, la pensionnaire, malade, est restée chez ses parents.

Mais le samedi 18 mars, Jeanne-Marie est bien là, aux aurores, à la gare de Charleville-Mézières. Elle a emporté deux cents francs et les deux chèques bancaires que son père lui laisse au cas où elle en aurait besoin. La veille, elle a confirmé à sa mère qu'elle rentrerait pour le week-end. « Elle était normale, elle n'était pas dépressive, confirme son amie religieuse. Il m'a même semblé qu'elle était particulièrement joyeuse sans que j'en connaisse la raison[3]. » Celle-ci se souvient aussi que l'étudiante devait prendre le train de 10 heures, mais qu'au dernier moment, elle a décidé de prendre celui de 5 h 39. « En effet, sa mère lui a téléphoné le vendredi soir et lui a précisé que son père n'était pas bien, se rappelle-t-elle. Je suppose qu'elle devait arriver plus tôt à cause de cela. Jeanne-Marie

1. *Ibid.*
2. *Ibid.*
3. Procès-verbal du 29 juin 1989.

avait précisé avant de partir qu'elle rentrerait le dimanche soir vers minuit[1]. »

Alors qu'elle patiente sur le quai, la jeune fille aperçoit Michel Fourniret. « Elle a été surprise et ravie de me voir, j'ai pu la persuader assez facilement de ne pas prendre son train, mais plutôt de m'accompagner jusqu'à chez moi pour lui présenter Moli[2], après quoi nous la conduirions à sa destination[3] », indique l'Ardennais. Confiante, la pensionnaire monte dans le 405 break où attend Monique Fourniret. Très vite, le trio regagne la petite maison atelier de Floing. « Elle semblait contente d'être là ; pour ma part, j'étais beaucoup moins à l'aise, je savais ce qui allait arriver à cette jeune fille, témoigne l'épouse du tueur en série. J'ai pourtant rien fait pour empêcher que cela se passe[4]. »

Selon Michel Fourniret, Jeanne-Marie aurait pris place dans le canapé de la pièce principale. « C'est une jeune fille semblant âgée de quatorze ou quinze ans à la maturité d'esprit juvénile, précise-t-il. J'aborde avec elle le sujet de la virginité, elle me dit qu'elle a un petit copain à Paris avec qui elle a eu des relations sexuelles. Je lui dis qu'elle n'est pas sérieuse et donc je ne vois pas pourquoi elle ne peut pas m'accorder ses faveurs[5]. » Selon son épouse, Michel Fourniret lui aurait fait visiter la maisonnette avant de brusquement la plaquer sur le lit de la chambre. Comprenant qu'elle est tombée dans un piège, la jeune fille se débat et tente de s'enfuir. « Il lui disait de se tenir tranquille, il la traitait de putain ou de petite salope, rapporte Monique Fourniret. Généralement, il tenait ces propos quand il

1. *Ibid.*
2. Son chien.
3. Procès-verbal du 30 juin 2004.
4. Procès-verbal du 28 juin 2004.
5. Procès-verbal du 30 juin 2004.

apprenait que la jeune fille n'était plus vierge[1]. » Dans la bagarre, l'étudiante casse accidentellement un carreau de la fenêtre de la chambre. Plaquée au sol, elle hurle pour alerter les voisins. « Michel Fourniret me demande d'aller chercher quelque chose pour la faire taire[2] », complète son épouse. Selon ses premiers aveux, elle aurait ramené une bande adhésive d'Elastoplast, mais ne se rappelle plus comment elle a été appliquée sur sa bouche. « Je me souviens que Jeanne-Marie ne bougeait plus au moment où elle a été bâillonnée, je pense qu'elle venait de mourir étranglée[3]. »

L'Ardennais saisit le corps de sa victime et l'installe dans le bac à douche de la maison. Le couple se met ensuite en route pour leur propriété du Sautou. Pendant quelques heures, Michel Fourniret creuse quelques tranchées destinées au passage de câbles électriques ou à l'évacuation des eaux usées. Dans la soirée, il fait un aller-retour à Floing pour récupérer le cadavre. Jeanne-Marie est jetée dans l'un de ces trous avec ses vêtements et son porte-monnaie avant d'être ensevelie au cœur de cette forêt de sapins lugubre.

À deux cents kilomètres de là, la famille de Jeanne-Marie est inquiète. Celle-ci n'est pas arrivée à la gare de Béthune comme cela était prévu. Durant tout le week-end, ses parents se rongent les sangs et se demandent ce qui est arrivé à leur seule enfant. Les religieuses confirment qu'elle a été amenée à la gare. Mais la pensionnaire devait prendre une correspondance à Lille. A-t-elle fait une mauvaise rencontre ? Le lundi 20 mars, le commissariat local est alerté, tout comme celui de Charleville-Mézières. Un message interne est diffusé aux services de police de la région. « Le problème, c'est qu'à

1. Procès-verbal du 28 juin 2004.
2. *Ibid.*
3. *Ibid.*

Charleville, nous n'avions pas de cadre juridique, rappelle Pascal Drapier, ex-policier du commissariat ardennais, aujourd'hui à la retraite. C'était une recherche administrative. Un jeune enquêteur et moi-même avons travaillé sur ce dossier mais on nous rappelait qu'il y avait d'autres affaires urgentes aux yeux du parquet[1]. » Comme cela était alors courant, les disparitions de jeunes majeurs sont négligées. En l'absence d'indices criminels, ces affaires sont rapidement étiquetées « fugues ». Un moyen facile de s'en débarrasser…

« Il aurait fallu très vite prendre le train, distribuer des photos de Jeanne-Marie, regrette aujourd'hui l'ancien policier. C'est un journaliste qui a pris l'initiative de diffuser des avis de recherche, notamment à la gare, vers le 10 avril. Nous, au début, nous étions assez réservés sur la diffusion dans les médias d'une photo. On craint toujours qu'en cas de séquestration, cela pousse le ravisseur à faire n'importe quoi[2]. »

Au fil des semaines, les parents de Jeanne-Marie comprennent que la justice les traite avec légèreté. Ils embauchent un détective privé pour tenter de récolter des indices et des renseignements sur la disparition de leur enfant. « Un mois après la disparition, j'ai quand même fait une perquisition illégale au couvent dans la chambre de Jeanne-Marie où j'ai trouvé un agenda, avoue encore Pascal Drapier. Cet agenda nous a donné plusieurs pistes[3]. » La pensionnaire a en effet conservé ce cadeau publicitaire de couleur rose offert par une Caisse d'épargne du Pas-de-Calais pour y noter ses courses et ses rendez-vous. Le samedi 18 mars, jour de sa disparition, elle a noté : « Prendre le train à 10 heures,

1. *L'Ardennais* du 26 mars 2002.
2. *Ibid.*
3. *Ibid.*

aller au Furet[1], prendre mon jogging violet. » Au dimanche 19 mars est stipulé : « Revenir minuit. » Dans la semaine qui suit, d'autres rendez-vous (dont une soirée en discothèque) ont été inscrits, preuve que Jeanne-Marie n'envisageait sans doute pas de disparaître aussi brusquement. L'étudiante se réjouissait également d'effectuer un stage près de Londres à partir du 15 mai dans une école tenue par des sœurs bernardines.

Après avoir demandé une RIF, les parents de Jeanne-Marie comprennent qu'il faut mettre la pression sur l'institution judiciaire. Ainsi, ils déposent plainte avec constitution de partie civile au tribunal de grande instance de Béthune le 11 mai 1989. Une information judiciaire pour « séquestration de personne » est confiée au juge Chalbos. Conscient de la gravité de l'affaire, ce dernier saisit le Service régional de police judiciaire (SRPJ) de Lille (Nord) qui succède au commissariat de Charleville-Mézières. Un premier message de recherches est diffusé à tous les services de police nationaux puis étendu à la Belgique *via* Interpol. La disparue est également inscrite au Fichier des personnes recherchées (FPR). En septembre, sa photo, son signalement précis et sa formule dentaire font l'objet d'une « circulaire » de recherches adressée là encore aux commissariats français. Enfin, plusieurs appels à témoin sont diffusés dans la presse locale et nationale (*L'Union*, *L'Ardennais*, *Nord Matin*, *La Voix du Nord*, *France Soir*). Cette mobilisation amène certaines personnes à signaler qu'ils l'ont vue en train de mendier à Lille, Paris ou encore dans le train Paris-Charleville. Des témoignages qui, après vérification, s'avèrent fragiles et contradictoires.

Les policiers découvrent que l'étudiante avait pris un rendez-vous avec deux médecins. « Jeanne-Marie aurait-elle pu se suicider suite à une maladie grave,

1. Grande librairie lilloise.

ignorée de son entourage, une grossesse non désirée, un syndrome dépressif[1] ? », s'interrogent-ils. Mais, sans trahir le secret médical, les docteurs assurent que la consultation envisagée ne peut avoir de rapport avec la disparition de leur patiente dont les deux comptes bancaires n'ont enregistré aucun mouvement depuis le 18 mars 1989.

Dans le même temps, les enquêteurs passent au crible les objets et documents laissés par la disparue. Les numéros de téléphone inscrits dans son agenda sont identifiés. Les policiers s'intéressent notamment à un certain Khivil Z., domicilié à Nouzonville. Une ville où, selon une sœur de la congrégation des bernardines de Péruweltz (Belgique), radiesthésiste amateur, Jeanne-Marie a disparu dans le secteur des « immigrés » avec un camarade de classe. Finalement, la piste Khivil Z. se « dégonfle ». Ce garçon n'est que le frère de deux élèves du lycée Sévigné et amies de Jeanne-Marie.

Après avoir épluché son agenda, les enquêteurs sont intrigués par la découverte d'une étrange feuille de cahier scolaire comportant un plan avec l'indication : « 69, rue Voltaire, maison de brique rouge ». Après vérification, cet immeuble de quatre appartements se situe à Charleville-Mézières. Et là encore, c'est une simple amie de la disparue qui occupe l'un de ces logements.

Le cercle familial et relationnel ne mène nulle part. Les policiers de la PJ n'avancent pas. À l'automne 1989, ils vont sérieusement se demander si la disparue n'a pas été séduite par un gourou quelconque. « Le mysticisme, la naïveté, le profil psychologique de Jeanne-Marie en faisaient une proie idéale pour les sectes religieuses[2] », écrira plus tard un inspecteur lillois dans le

1. 14 août 1991.
2. *Ibid.*

procès-verbal de synthèse adressé au juge d'instruction. L'hypothèse sectaire est étudiée avec d'autant plus d'attention qu'une étrange fugue survient en octobre. Fille d'un restaurateur de Troyes (Aube), Nadia, dix-huit ans, s'évapore du jour au lendemain, sans laisser d'adresse. Quelques jours après, elle est localisée, seule, dans la capitale. Ramenée *manu militari* par son père, la « fugueuse » conte une histoire troublante. En juin 1989, elle dit avoir rencontré dans le restaurant familial un couple d'une quarantaine d'années. Parents de deux filles, Didier et Christine lui révèlent qu'ils sont missionnaires et qu'ils vont régulièrement en Inde aider les déshérités. Dans les semaines suivantes, une correspondance s'engage. « J'avais fait à l'école un exposé sur l'aide humanitaire, je me suis décidée à devenir missionnaire, expliquera plus tard Nadia aux policiers. Dans une de leurs lettres, le couple disait vouloir me revoir. J'ai voulu les voir tout de suite[1]. » Étrangement, les membres de « Missionnaires internationals » [sic] n'ont laissé qu'une poste restante en guise d'adresse. Perdue en région parisienne, Nadia ne les retrouvera pas. En revanche, les policiers chargés de la disparition de Jeanne-Marie mettent rapidement la main sur ce couple discret, inconnu de la justice. Domiciliés à Gonesse (Val-d'Oise), Christine et Didier expliquent qu'ils sont très croyants et n'appartiennent qu'à un simple « groupement de personnes partageant les mêmes idées[2] ». Des personnes qui font du porte-à-porte et vendent des cassettes de chants religieux pour glaner quelques billets et pièces de monnaie…

Vérification faite, les « Missionnaires internationals » s'avèrent inoffensifs et ne ressemblent guère à des kidnappeurs d'adolescentes. Immense déception à la PJ

---

1. Procès-verbal du 28 février 1990.
2. Procès-verbal du 1er mars 1990.

lilloise. Car, de toutes les pistes potentielles, c'est celle d'un mystérieux couple qui reste la plus prometteuse au bout de plusieurs semaines d'investigations. La religieuse proche de la disparue s'est en effet souvenue d'un épisode-clé survenue dans la vie si tranquille de la jeune fille. En janvier 1989, cette dernière lui confie qu'elle a rencontré un homme dans le train Calais-Bâle. « Elle avait échangé des idées avec lui et s'était aperçue qu'il avait le même idéal, se souvient la religieuse. Il lui avait affirmé : "C'est rare de voir des jeunes encore comme vous." Cet homme voulait qu'ils fassent plus ample connaissance et désirait qu'elle vienne les visiter à leur domicile. Jeanne-Marie pensait qu'ils habitaient un genre de ferme dans la région de Sedan, mais à la campagne[1]. » Les policiers se montrent intéressés par ce récit ; la religieuse rassemble ses souvenirs. Selon elle, la femme de l'inconnu l'attendait sur le quai de la gare de Charleville-Mézières vers 19 h 30. Jeanne-Marie discute alors avec le couple et leur propose de venir au monastère. D'après la religieuse, l'homme et sa compagne auraient remis à plus tard cette invitation lancée spontanément de bon cœur : « Non, non, nous sommes très croyants et nous irons voir les petites sœurs, nous leur porterons du jambon[2]. » La religieuse s'étonne encore de l'engouement soudain de l'élève pour ce couple : « Cette rencontre avait particulièrement emballé Jeanne-Marie. Dans les semaines qui ont suivi, elle attendait avec impatience un coup de téléphone[3]. » Justement, huit jours avant la disparition de la pensionnaire, la religieuse intercepte une communication téléphonique. « Une voix féminine, douce et presque mielleuse m'a demandé : "Jeanne-Marie n'est

1. Procès-verbal du 29 juin 1989.
2. *Ibid.*
3. *Ibid.*

pas là[1] ?" », relate la sœur qui lui signalera que la jeune fille est malade et qu'elle est restée chez ses parents. « La dame m'a demandé si elle serait présente la semaine suivante[2]. » Intriguée, la religieuse tente de connaître l'identité de son interlocutrice. « Elle m'a répondu : "Mme Jadot." J'ai alors posé la question : "À quel titre téléphonez-vous ?" Je pense qu'il m'a été répondu : "Nous avons fait sa connaissance et nous sommes devenus ses amis." La conversation s'est arrêtée là[3]. » À l'époque, les centraux téléphoniques ne gardent pas de trace des communications.

Les policiers voudraient en savoir plus sur ce couple fantôme. Jeanne-Marie n'a-t-elle pas donné de prénom, d'adresse, de numéro de téléphone ou d'indices permettant de les retrouver ? Malheureusement, la religieuse n'a pas de renseignements supplémentaires qui puissent accélérer les investigations. Elle ne se souvient que d'un simple détail : « Jeanne-Marie m'avait une fois dit que ses amis de la campagne ne possédaient pas de téléphone "officiel" pour avoir la paix[4]. »

Sans autre indice, les policiers s'intéressent au fichier des abonnés de France Télécom pour retrouver les mystérieux « Jadot ». Dans les départements du Nord et des Ardennes, ce nom est assez répandu. La SNCF est également requise pour savoir si des voyageurs répondant à ce patronyme empruntent cette ligne ferroviaire du nord de la France. Plusieurs dizaines d'individus, dont un résidant en Belgique, sont ainsi identifiés. Un croisement avec les fichiers policiers est effectué. Perquisitions et gardes à vue se succèdent. Les emplois du temps sont vérifiés, les proches sont interrogés. Mais à

1. *Ibid.*
2. *Ibid.*
3. *Ibid.*
4. *Ibid.*

l'arrivée, aucun de ces véritables « Jadot » n'est susceptible d'avoir croisé Jeanne-Marie dans le train. Lucides, les enquêteurs savent que ces investigations ont sans doute été effectuées en pure perte, l'interlocutrice mystérieuse ayant sans doute livré un faux nom. Mais, faute de piste sérieuse, la PJ se doit de « fermer des portes ».

« On n'a pas suffisamment cherché du côté de la gare et du train », regrette aujourd'hui Me Didier Seban, l'avocat de la famille. Ce dossier n'a pas été traité à fond. Cela reflète le traitement accordé à l'époque à ce genre de disparitions[1]. » Un an avant le non-lieu, ordonné le 9 juillet 1992, le procès-verbal de synthèse adressé par les policiers au juge Chalbos dressait un constat lucide des investigations menées. Les enquêteurs ne savent toujours pas où la jeune femme a été tuée ni dans quelles circonstances. « Jeanne-Marie est-elle encore vivante ? écrivait le chef d'enquête. On conçoit mal cependant qu'elle ait pu laisser dans une inquiétude cruelle ses parents et les religieuses pour lesquelles elle éprouvait une affection certaine[2]. » Le policier reconnaissait que la piste du couple « Jadot » restait la plus prometteuse. « On imagine alors Jeanne-Marie victime d'une perversion quelconque : ses auteurs ayant éprouvé le besoin de faire disparaître les traces d'une manière criminelle. »

1. Entretien avec l'auteur.
2. PV 83, 14 août 1991.

10

ELISABETH, UN MEURTRE SOUS CONTRÔLE JUDICIAIRE

Un crime de plus ! Et, cette fois encore, Michel Fourniret n'est ni inquiété, ni même soupçonné pour l'enlèvement et le meurtre de Jeanne-Marie. Désormais, l'Ardennais fait dans la journée du montage hydromécanique dans une petite entreprise de Floing. Mais, le soir, il enfile sa veste en cuir noir et avale seul des kilomètres sur les routes de la région au volant de son break 405. Madame garde le bébé, Monsieur est en chasse, seul. Comme autrefois lorsqu'il s'amusait au voleur poursuivi par les gendarmes. Le 16 juin 1989, vers 21 h 30, il va une fois de plus rejouer ce scénario qu'il affectionnait tant au début des années 80. Le break est à l'arrêt, à un feu, dans une rue de Verdun. Il aperçoit une conductrice arrêtée sur la file voisine, descend et s'approche de son véhicule. « Vous avez déjà vu ça », lui dit-il en dégainant un revolver. Effrayée, Fabienne, vingt ans, secrétaire à Vitry-le-François, lui répond qu'elle n'a pas d'argent. « Ça ne m'intéresse pas, je suis recherché par la police et je cherche un otage », lui répond l'Ardennais. Il force alors la jeune femme à le suivre jusqu'à son véhicule. Mais, contre toute attente, l'homme monte dans sa 405, démarre et laisse en plan sa victime incrédule... Pourquoi ? Personne ne le saura jamais.

Onze jours plus tard, rebelote. Cette fois-ci, c'est Évelyne, trente-trois ans, une infirmière domiciliée en Suisse, qui, vers 0 h 40, aperçoit une 405 garée au milieu de la route à Bethelainville. Elle ralentit. Un homme s'approche et lui demande du gasoil. Évidemment, elle n'en a pas. Michel Fourniret sort alors son arme de poing et exige de l'argent. Effrayée, la conductrice s'affole. Là encore, l'agresseur fait mine de réfléchir, rengaine son revolver et repart tranquillement à bord de son automobile...

Dans les deux cas, les victimes ont noté l'immatriculation de leur agresseur. Retrouver la 405 sera alors un jeu d'enfant pour les gendarmes qui interpellent sa propriétaire, Monique Olivier. Celle-ci essaiera de leur faire croire que son compagnon est resté avec elle. Lui tentera d'impliquer un ancien détenu de Fleury-Mérogis, prénommé Jean-Pierre, qui est noir... Reconnu par ses victimes, Michel Fourniret se moque-t-il des magistrats de Verdun ? Que cherche-t-il réellement en perpétrant de fausses agressions sur les routes du département avec un véhicule reconnaissable ? Prend-il un plaisir pervers à jouer au chat et à la souris avec les autorités, lui qui a déjà quatre meurtres à son actif ?

De leur côté, les juges de Verdun ont-ils noté que cet individu armé est sous le coup d'un sursis avec mise à l'épreuve dans le cadre de sa condamnation de 1987 ? Laissé libre, Michel Fourniret ne fera l'objet que d'un simple contrôle judiciaire ordonné... en novembre 1989. Interdiction de rencontrer les victimes et de quitter les Ardennes. De toute façon, les virées nocturnes prennent fin début juillet. L'homme a loué un fourgon pour aller chercher des meubles à Rambouillet, ainsi que son fils Nicolas invité pour les vacances. Le 5, la camionnette a un accident à Rethel. Michel Fourniret est sérieusement blessé et doit se faire placer une broche à la jambe gauche. Vexé, ce père bouffi d'orgueil interdit à son fils d'appeler sa mère pour la prévenir.

Cette sortie de route intervient alors que le couple Fourniret a décidé d'officialiser leur union. Un mariage « express » est effectué à la mairie de Floing le 28 juillet 1989. Lui est en costume bleu ciel, elle est en tailleur noir, une couleur de circonstance. Les rares témoins sont surpris par la froideur de la cérémonie et le manque d'affection des mariés.

En attendant d'aménager au Sautou, les Fourniret font tout pour se fondre dans le paysage. Pourtant, la richesse subite de l'Ardennais a sans doute éveillé les jalousies. Et un gentil informateur a déjà alerté la police locale sur le profil atypique du nouveau châtelain. Le 1er août 1989, la brigade frontalière mobile de la police de l'air et des frontières (PAF) rédige une note d'information dont l'objet est : « Sympathisants fortunés du groupe dissous Action directe. » Et d'expliquer que le service s'intéresse au « train de vie » de Michel Fourniret qui vient de dépenser 1 500 000 francs. Selon les policiers, l'Ardennais aurait également hébergé dans l'Yonne Jean-Pierre Hellegouarch, connu pour être un proche d'Action directe. Évidemment, les fonctionnaires ne comprennent pas pourquoi le couple continue d'habiter une triste maison de trente mètres carrés alors qu'il est propriétaire d'une superbe bâtisse. « Des allées et venues assez fréquentes ont pu être observées à l'approche du château et il n'est pas exclu que des personnes y habitent en permanence (Olivier Monique ayant été vue achetant de la nourriture et différentes boissons alcoolisées en quantité assez importante...), peut-on lire dans le rapport. La surveillance du château est globalement assez difficile du fait de son isolement, de la proximité de la frontière franco-belge, de la présence de chien et des accès privés. » Conclusion des limiers de la PAF, Fourniret a été pris en main par des membres d'Action directe ! Leurs supérieurs leur auront peut-être fait remarquer qu'un pavillon de chasse ne constitue pas une « planque » des plus discrète pour des terroristes…

Le criminel sexuel est donc dans le collimateur des policiers locaux qui l'imaginent en terroriste ! Ils s'intéressent à ses allées et venues, mais personne ne sait qu'une jeune femme est déjà enterrée sur les quinze hectares de la propriété. Personne ne sait qu'en décembre 1989, une autre victime l'y rejoindra. Le 20 décembre, le couple, accompagné de leur bébé, se rend en voiture à Bruxelles pour changer des pièces d'or chez un numismate. Sur le chemin du retour, il fait un crochet par Namur et rôde dans les rues de Saint-Servais, une commune de la banlieue. Selim, un an, babille dans le couffin, sur la banquette arrière. Placé sous contrôle judiciaire, Michel Fourniret n'a pas le droit de quitter le territoire français. Est-ce justement pour narguer la justice française qu'il est venu commettre son prochain crime sur le territoire belge ? Ou simplement pour brouiller les pistes ? Le trio a pourtant pris place dans la R9 immatriculée dans les Ardennes françaises. Plutôt voyant pour un kidnapping.

Dans l'après-midi, l'Ardennais repère une adolescente blonde qui marche le long du mur du cimetière. « Cette jeune fille s'arrête devant une maison dans laquelle elle rentre rejoindre une camarade, ce que j'en déduis car un peu plus tard je remarque que les rideaux sont agités, probablement par jeu par les deux jeunes filles[1] », explique Michel Fourniret qui gare alors

1. Procès-verbal du 30 juin 2004.

son véhicule près du pavillon. Âgée de douze ans, Elisabeth est venue jouer chez une ancienne copine d'école qu'elle n'a pas vue depuis longtemps. Une autre adolescente devait se joindre à elle mais s'est finalement désistée. Vers 18 h 55, l'écolière décide de rentrer chez elle. Elle n'a que quatre cents mètres à faire pour rejoindre le domicile de sa mère où elle vit avec son frère de quatorze ans. « C'était une petite fille prudente mais elle ne voulait pas qu'on la ramène chez elle, se souvient son père, aujourd'hui artiste-peintre. Les parents de sa copine auraient pourtant dû le faire[1]. »

Elisabeth fait quelques pas et tombe sur l'Ardennais venu en voiture à sa rencontre. L'homme lui demande si elle ne connaît pas un docteur pour son enfant. Elle indique alors l'adresse de son médecin de famille et monte tranquillement à bord du véhicule pour montrer le chemin. Confiante, elle s'assoit à côté du bébé. La R9 démarre et prend la direction de la frontière française. L'enfant réalise soudain ce qui lui arrive et supplie Michel Fourniret de la ramener chez elle. Son kidnappeur s'énerve et la menace.

Arrivé dans leur maison de Floing, il attache son otage au lit de sa chambre et saoule l'enfant au vermouth avec l'aide de sa compagne. Cette dernière procède également à la toilette intime d'Elisabeth à sa demande. Lors de ses interrogatoires, l'Ardennais contestera l'avoir violée, contrairement aux déclarations de son épouse.

Le lendemain matin, la petite fille est transportée au château du Sautou. Fourniret aurait alors tenté d'abuser d'elle une seconde fois. « Il fallait que je mette fin à cette situation insensée que j'avais moi-même créée, il

1. Entretien avec l'auteur.

était impossible qu'Elisabeth reste vivante, elle aurait pu bien sûr me dénoncer[1] […] », avouera-t-il.

Interviewée par la télévision belge (RTBF) dans le cadre du documentaire « Victimes en série », la mère d'Elisabeth, a tenu à rapporter la suite des aveux de Michel Fourniret pour montrer l'étendue de sa cruauté. « Je lui ai dit : "Maintenant, c'est fini", je lui ai mis un sac de plastique transparent sur la tête, je pouvais voir la détresse dans ses yeux et l'angoisse dans ses yeux, elle continuait à me regarder, puis comme ça prenait trop de temps, j'ai décidé de l'étrangler… Puis ce n'est pas facile, vous savez d'étrangler… Il y a les soubresauts du corps, ça prend du temps… » La mère de la victime poursuit : « Puis il l'a mise dans un surgélateur et quand on lui demande : "Combien de temps après avez-vous enterré Elisabeth ?", il dit : « Je ne sais pas, elle n'était pas tout à fait prise…" » Comme Jeanne-Marie, la jeune Belge est donc jetée dans un trou creusé à la hâte.

De l'autre côté de la frontière, la famille d'Elisabeth est aux cent coups. La veille, son frère est rentré de son examen de géographie au lycée et a trouvé beaucoup de monde chez lui. Sa sœur a disparu. Le quartier est passé au peigne fin, la police est alertée. Rien. Personne ne croit à une fugue. « Elisabeth était plus jeune que moi, mais elle était déjà mûre de caractère, explique son frère. C'était une petite fille extrêmement prudente et raisonnable. Pas du tout du genre à traîner dans la rue ou à ne pas respecter les consignes de sécurité. Il était impossible qu'elle se fût exposée stupidement à des rencontres potentiellement dangereuses avec des inconnus[2] ». Le père d'Elisabeth se souvient d'une enfant « extravertie, heureuse de vivre,

1. Procès-verbal du 30 juin 2004.
2. *Ciné-Télé Revue* du 23 septembre 2004.

qui avait reçu une éducation religieuse et aimait le sport. Elle aimait les beaux livres et voulait devenir juge[1] », ajoute-t-il.

Faute d'indices et de pistes, les enquêteurs belges pensent trouver la clé de cette disparition dans le cercle familial. « Au fil du temps, on a ressenti une sorte de pression malsaine de certains policiers, assure le frère d'Elisabeth. Leur enquête, ils la faisaient à la maison ! Je veux dire qu'ils passaient plus de temps chez nous qu'ailleurs. De toute évidence, il s'agissait de nous tester, de chercher des contradictions dans ce qu'on pouvait déclarer. On était les principaux suspects[2] ! » Une suspicion vécue comme un calvaire par la mère de la victime : « J'étais la coupable et pour ça, ils avaient inventé les choses les plus aberrantes, jusqu'à dire qu'Elisabeth avait été enceinte, qu'elle s'était fait avorter, qu'elle était morte pendant son avortement, rapporte-t-elle. Ça sortait d'absolument nulle part, ça sortait des numéros de téléphone que j'avais donnés. J'avais appelé la clinique Sainte-Elisabeth, un dermatologue, un gynécologue, qui était pour moi, pas pour Elisabeth, et bon voilà : des choses les plus banales sortaient les choses les plus extravagantes à mon sujet[3]. » Et d'ajouter : « J'avais expliqué que mon fils faisait du skate-board avec les Albanais [...] et c'était devenu "Elle a vendu sa fille aux Albanais"... C'était n'importe quoi, et je pense que c'est tellement difficile à croire que c'est encore une insulte supplémentaire. On est dans une telle détresse, on est attaqué de toutes parts[4]... »

Les mois, les années vont passer. Les parents d'Elisabeth se raccrochent à tout et n'importe quoi. « Nous

1. Entretien avec l'auteur.
2. *Ciné-Télé Revue* du 23 septembre 2004.
3. « Victimes en série », RTBF, 2005.
4. *Ibid.*

avons vérifié la plus petite information, se souvient son père qui avoue avoir failli sombrer dans l'alcoolisme. Je suis allé dans une carrière désaffectée avec un médium qui la voyait sous des plaques en fer, j'ai suivi un policier habillé en civil dans un camp de gitans où ma fille avait été soi-disant aperçue, énumère-t-il. On m'a dit qu'elle était séquestrée près de la gare de Perpignan. Une dame a assuré l'avoir reconnue dans le public de l'émission de télé "Ça se discute[1]." » Évidemment, toutes ces pistes ne tiennent pas la route.

En 1996, la mère d'Elisabeth est l'une des principales instigatrices de la grande « marche blanche » de Bruxelles. Trois cent mille personnes descendent dans la rue pour rendre hommage aux victimes de Marc Dutroux et dénoncer les dysfonctionnements du système judiciaire belge. Lorsque Elisabeth disparaît, le tueur en série est en prison. Mais son nom va resurgir un an plus tard lorsque Jean-Marc Houdemont, un cinéaste présenté comme un pédophile notoire, annonce qu'il a des révélations à faire sur l'enlèvement de la petite Namuroise. L'homme trouve pourtant la mort dans un accident de la circulation classé en suicide. On se souvient alors qu'il a habité dans le quartier où a disparu la jeune fille et que son chalet, situé près de Beauraing, a brûlé deux mois après sa disparition. Étrange. Chargé de l'affaire Elisabeth, le juge Comeliau inculpe la compagne du cinéaste en mars 1997 et tente de faire parler cette femme qui a autrefois connu Michelle Martin, l'épouse de Dutroux. Elles fréquentaient un presbytère du village du Hainaut où se trouvait une caravane appartenant au kidnappeur. L'avocat de la famille demandera l'analyse des cheveux retrouvés dans la maison de Marc Dutroux à Marcinelle. Mais, évidemment, l'hypothèse de l'implication de proches

1. Entretien avec l'auteur.

du pédophile belge ne sera jamais validée. En franchissant la frontière, Michel Fourniret a semé les enquêteurs sans laisser la moindre trace. Comme le dit le père d'Elisabeth : « Fait-on vraiment attention à une enfant qui monte dans une auto où se trouvent un couple avec un bébé[1] ? »

---

1. *Ibid.*

11

Natacha, LE MILITANT BRETON SE SUICIDE

À la fin du printemps 1990, la vie de château commence ! Sans transition, le couple troque l'atelier en parpaings pour le pavillon de chasse en brique rouge. Sarah, quinze ans, la baby-sitter, n'en revient pas. « Passer de Floing au Sautou avec de nouveaux meubles, une chaîne hi-fi dernier cri, un salon en cuir neuf, et une machine à coudre que madame Fourniret m'a dit avoir de sa mère, m'a choquée, raconte-t-elle. Je me suis dit que les Fourniret avaient économisé beaucoup en vivant chichement à Floing pendant de nombreuses années[1]. » Pour une fois, l'Ardennais a vu grand et a décidé d'avoir du personnel !

La jeune fille est chargée de surveiller « Choupy », comme elle le surnomme. « Michel Fourniret tenait à ce que je dorme dans la chambre de Selim pour m'en occuper vingt-quatre heures sur vingt-quatre[2] », complète

1. Procès-verbal du 9 juillet 2004.
2. *Ibid.*

l'adolescente, obligée de partager un petit lit avec son fiancé, jardinier. Car l'Ardennais a aussi embauché quelqu'un pour l'aider à remettre en état cette gigantesque sapinière de plusieurs hectares. Une présence qui l'aura dissuadé de s'intéresser de trop près à sa jeune employée… Cette dernière se souvient de sa patronne qui « ne faisait pas grand-chose, un peu de sport, un peu de ménage, un peu de cuisine. Je pense que mon rôle était de tenir compagnie à madame Fourniret qui aurait pu s'occuper de l'enfant. C'était une bonne mère pour Selim, elle était tendre avec lui[1] ». Selon l'adolescente, « Michel Fourniret dirigeait la maison, décidait des achats, me payait, madame était discrète et soumise[2] ».

Les rares familiers sont invités à venir admirer l'immense demeure dont seul le premier étage est occupé. « Il en était très fier, cela correspondait à sa revanche sur la vie[3] », se souvient Nicole, son ex-femme. Anne et Marie-Hélène, les deux premières filles, séjournent quelques jours et ont le droit de tirer avec la carabine de papa… Un ouvrier, ancien collègue de Fourniret, passe avaler quelques crêpes et écluser quelques bières : « Comme ce n'est pas un homme à rouler des mécaniques, je ne voyais pas bien l'utilité d'une telle demeure, se souvient-il. C'est quand même retiré. Là-bas, quand il fait noir, il fait noir[4]. » Et de s'interroger : « Ça m'étonnait que lui, l'économe, l'homme de tous les calculs, fasse une telle dépense. C'est tout de même pas commun d'acheter une demeure pareille, de payer l'entretien et le chauffage, ou alors faut avoir de l'argent facilement[5]… » Après avoir retapé les

1. *Ibid.*
2. *Ibid.*
3. Procès-verbal du 8 juillet 2003.
4. *Libération* du 18 août 2005.
5. *Ibid.*

canalisations d'eau et le toit, Michel Fourniret envisage de construire un imposant portique à l'entrée de la propriété traversée par un cours d'eau. Il a aussi prié les chasseurs, habitués à se donner rendez-vous au Sautou, de changer leurs habitudes…

Nouvelle demeure, nouveau véhicule ! Le prudent Michel Fourniret en aura souvent… Cette fois-ci, il investit dans un fourgon C15 Citroën blanc et emmène femme et enfant se promener à Ostende, en Belgique.

Le 28 juin, la gentille famille a des sueurs froides. La police tambourine aux aurores. A-t-on enfin débusqué le couple auteur de cinq enlèvements et meurtres de jeunes femmes ? Non, la prestigieuse section antiterroriste (SAT) de la brigade criminelle de Paris est venue fouiller le pavillon de chasse de l'Ardennais, « l'ami » de Jean-Pierre Hellegouarch. Chargé d'une information judiciaire ouverte en 1989 pour « infraction à la législation sur les armes, détention d'explosifs, recel de vols, falsification de documents et association de malfaiteurs », le juge parisien Laroche se demande si le château n'est pas un repaire de terroristes. « Nous avons fouillé partout mais nous n'avons trouvé aucune arme ni au Sautou ni dans sa maison de Floing, témoigne aujourd'hui Marcel Molinet, ancien commandant de la police judiciaire de Reims. Fourniret boudait parce qu'on avait abîmé une frisette lors de la perquisition. Sa garde à vue durant vingt-quatre heures s'est déroulée sans encombre. Il avait une tête de pépère bien tranquille. On lui aurait donné le bon Dieu sans confession. Quand je pense que l'on est passé à côté de deux cadavres[1]… ! »

Conscient d'être surveillé, Michel Fourniret retourne chez son ex-femme à Clairefontaine et lui demande un petit « blanchiment »… Il ouvre sous son nez une valise

1. Entretien avec l'auteur.

bourrée de billets, la prie de bien vouloir encaisser l'argent, et repart avec un chèque de cinquante mille francs émis par la Caisse d'épargne des Yvelines !

À cette occasion, l'homme est sorti du département des Ardennes, ce qui lui est interdit. Il n'en a cure ! Le 14 août, il nargue une fois de plus les autorités en rééditant dans le département de la Marne l'une de ses agressions routières kamikazes. Ce matin-là, Florence, une étudiante de vingt-trois ans, roule entre Reims et Soissons et aperçoit un fourgon dont les feux de détresse clignotent. Un homme lui fait signe de s'arrêter. « Je lui dis : "Vous êtes en panne ? Vous voulez que je vous amène à Fismes ?" Il me répond : "Non, c'est juste pour vous enculer[1]." » Choquée, la conductrice démarre sur les chapeaux de roue et se réfugie chez les gendarmes. Quelques instants plus tard, elle manque tomber à la renverse en voyant l'homme au C15 entrer dans la brigade ! Sûr de lui, Michel Fourniret se laisse tranquillement placer en garde à vue et explique benoîtement qu'il a eu « une impulsion, l'envie de créer un contact, mais qu'à aucun moment il n'a voulu mettre cela à exécution[2] ». Florence, finalement, ne porte pas plainte… En consultant son fichier Judex, l'officier de police judiciaire remarque, tout de même, que l'Ardennais est sous le coup d'un contrôle judiciaire. « Je n'y pensais plus[3] », rétorque l'intéressé qui précise qu'il est allé dans les Yvelines et a passé des vacances en Belgique et à Gérardmer (Vosges) ! La déclaration sera classée dans un procès-verbal de renseignement judiciaire et l'homme, déjà impliqué dans deux affaires similaires, quitte la brigade sans être inquiété…

1. Procès-verbal du 14 août 1990.
2. *Ibid.*
3. *Ibid.*

Fin 1990, la justice française se souvient enfin des Fourniret. Le 20 novembre, le couple comparaît à 14 heures devant la troisième chambre correctionnelle du tribunal de grande instance de Nantes. Il aura fallu trois ans aux magistrats pour juger une affaire où les coupables avaient été surpris en train de brûler les tableaux d'André, le premier compagnon de Monique Olivier... Michel Fourniret demande à son avocat sedanais de les assister. Mais les explications du couple ne convainquent pas les juges. L'Ardennais, toujours sous le coup d'un sursis avec mise à l'épreuve, n'est condamné qu'à quatre mois de prison ferme, sa femme écopant de la même peine, avec sursis. Le jugement n'est pas immédiatement exécutoire et le couple a, en outre, la possibilité de faire appel. Sans demander leur reste, Monique et Michel Fourniret décampent. Aucun gendarme, aucun policier ne les recherchera par la suite pour faire appliquer cette décision de justice bienveillante[1].

Le lendemain de l'audience, les Fourniret reprennent la route, accompagnés de leur chien. Ils ont renvoyé leur baby-sitter et confié Selim à une voisine. En fin d'après-midi, le fourgon stationne sur le parking bondé de l'hypermarché Leclerc à Rezé (Loire-Atlantique), dans la banlieue de Nantes. Arc-bouté contre son volant, Michel Fourniret épie les anonymes venus faire leurs courses vers 17 heures, ce mercredi 21 novembre. Il repère alors une jeune fille brune aux yeux bleu clair, qui marche d'un pas rapide. Natacha, une adolescente de treize ans, accompagne sa demi-sœur et sa mère. Arrivée à la porte de la grande surface, cette dernière s'aperçoit qu'elle a oublié son porte-monnaie. Elle demande à sa fille, élève en classe de quatrième, de retourner chercher l'argent. Natacha rechigne mais n'a

1. Un tiers des peines de prison ne sont jamais exécutées.

que cinq cents mètres à faire pour regagner l'appartement. Lorsqu'un inconnu lui demande l'adresse d'un médecin, l'adolescente n'est pas effrayée. Apercevant Monique Fourniret assise à l'avant du C15, elle accepte de monter dans le véhicule et de les conduire jusqu'au cabinet médical.

Le fourgon de la mort part à l'opposé, en direction des plages. « Voyant que nous prenions une autre route, la jeune fille a commencé à paniquer et à s'énerver, raconte Monique Fourniret. Elle a sans doute voulu descendre, mais Michel roulait assez vite et elle a pris peur et a dû se calmer. Cependant, elle traitait Michel de tous les noms[1]. » Désormais, l'épouse du tueur connaît la suite du scénario. « J'étais moi-même énervée, angoissée par cette situation, je savais ce qui allait se passer. Je ne pouvais rien faire pour l'arrêter, "le train était lancé[2]." » Alors que la nuit est déjà tombée, le fourgon s'arrête dans un chemin de terre isolé. Docile, la femme descend et s'éloigne. Comme d'habitude, l'Ardennais veut absolument savoir si sa victime est vierge. « Elle m'a dit que toutes les filles de sa classe l'étaient[3] », avoue-t-il. Il aurait ensuite commencé à la déshabiller avant qu'elle ne se mette à pleurer. Ce qui, selon ses déclarations, l'aurait arrêté dans son élan : « Si elle m'avait résisté, cela aurait signifié pour moi un combat dans lequel je me serais engagé pour la pénétrer, mais ses larmes et sa vulnérabilité ont supprimé chez moi toute envie et m'ont fait retomber sur terre[4]. » Sa femme affirmera pourtant le contraire. D'ailleurs, l'agresseur, qui se dit touché, n'a pas relâché Natacha. Il saisit un poinçon cruciforme de quinze cen-

1. Procès-verbal du 13 juillet 2004.
2. *Ibid.*
3. Procès-verbal du 30 juin 2004.
4. *Ibid.*

timètres dans sa trousse à outils et lui perfore lentement la cage thoracique à deux reprises avant de l'étrangler.

Quand Monique Fourniret revient vers le véhicule, elle aperçoit le cadavre enveloppé dans un sac de couchage rouge. Le duo reprend la route, puis gare le C15 sur un parking de Brétignolles-sur-Mer, à soixante-dix kilomètres au sud de Nantes. Michel Fourniret s'empare du cadavre et disparaît dans un petit chemin en direction de la plage « La Rochelle ». « Il est revenu un quart d'heure après, se souvient sa femme. Il m'a dit qu'il avait nettoyé le corps de la jeune fille et qu'il l'avait jetée dans les dunes[1]. » Le manteau et le tee-shirt de la victime seront ensuite abandonnés dans une poubelle, au bord de la longue route qui mène le couple vers sa base de repli ardennaise, loin, très loin des lieux du crime. Le sac de couchage sera lavé à grande eau. Économes, les Fourniret ne jettent rien, pas même ce linceul de fortune qui finira plus tard dans la chambre d'amis de leur maison belge…

À Rezé, la nuit est longue. La mère de Natacha a alerté le commissariat local vers 19 heures après avoir attendu sa fille en vain. Sa demi-sœur, fournit tout de suite un témoignage capital : elle pense avoir vu l'adolescente, vêtue de son manteau violet, monter à bord d'un fourgon blanc. « Très vraisemblablement, Natacha a suivi quelqu'un qui lui était familier[2] », dira plus tard un haut responsable policier. Les enquêteurs vont donc privilégier cette piste et « travailler » l'entourage familial. Mais les vérifications d'emplois du temps et les auditions ne donnent rien. Tout comme les appels à témoin. Les policiers savent désormais que Natacha, qui n'a jamais fugué, est une « adolescente vivant près de sa mère et de sa petite sœur Davina, paraissant

1. Procès-verbal du 13 juillet 2004.
2. *France Soir* du 26 novembre 1990.

secrète sinon renfermée et ne fréquentant pas de petit copain[1] ».

L'angoisse de la disparition sera très vite remplacée par la douleur de la mort. Le corps de Natacha est découvert par un promeneur, le 24 novembre, vers 15 heures, sur la plage de Brem-sur-Mer (Vendée), derrière une dune. Son visage et ses jambes sont couverts d'ecchymoses, ses poignets laissent deviner des traces de liens et sa cage thoracique a été perforée. Vêtue d'une jupe noire, la victime, qui a séjourné dans l'eau, a encore un petit ruban bleu marine accroché dans ses cheveux. Mais son manteau, sa culotte, ses collants et ses chaussures ont disparu. Une première autopsie conclura à un viol avant qu'une expertise d'anatomo-pathologie ne certifie en janvier qu'il n'y a pas eu défloraison. Alors que les policiers nantais sont déjà saisis de l'affaire, le juge Pierre Petriat fait entrer les gendarmes de la brigade de recherches des Sables-d'Olonne dans la danse. Une « cosaisine » plutôt rare mais qui signifie que la justice « met le paquet » sur l'enquête.

À Rezé, huit jours plus tard, la « crime » du commissariat de Nantes croit avoir trouvé l'ouverture. Natacha serait montée dans le fourgon d'une connaissance. À deux pas de chez elle travaille Jean Groix, un vétérinaire de quarante ans. L'homme possède une camionnette Mercedes blanche. Interrogé une première fois dans le cadre de l'enquête de voisinage, l'homme a assuré qu'il ne côtoyait pas l'adolescente. Pourtant, celle-ci était déjà venue lui vendre des jus de fruits au bénéfice de son école. « Son comportement avait d'ailleurs paru bizarre, au lieu de les [les élèves] recevoir gentiment, il les avait questionnées et culpabilisées, écrivant même un mot au directeur d'école, explique

1. *Ibid.*

un enquêteur. De plus, il avait affirmé ne jamais stationner son fourgon Mercedes sur le trottoir côté mairie, ce qui se révélait inexact[1]. » Inconnu des services de police, Jean Groix est connu pour être un militant de l'Union démocratique bretonne (UDB). Ses deux garçons fréquentent l'école Diwann. « Il appartenait à la tendance nationaliste et prônait le dialogue, assure Alan Coraud, l'un de ses amis, ancien porte-parole du Mouvement d'insoumission bretonne (MIB). Il croyait à la lutte électorale, pas à la lutte armée[2]. » Après avoir obtenu un bon score au scrutin de 1985 dans le canton d'Aigrefeuille, lui et sa femme, également vétérinaire, avaient décidé de s'installer en ville en 1989 et d'investir dans l'immobilier.

Le 29 novembre, les policiers font une descente surprise et lui demandent de s'expliquer sur ses contradictions. L'homme au collier de barbe se montre très nerveux lorsque les enquêteurs commencent à perquisitionner le rez-de-chaussée. Il se met à trembler quand les policiers trouvent au premier étage un appartement fermé avec une clé enfoncée à l'intérieur de la serrure. Ces derniers enfoncent la porte et découvrent trois hommes. L'un est déjà en train d'enjamber la rambarde, prêt à se jeter dans le vide. Deux pistolets 9 mm et un pistolet-mitrailleur seront saisis sur ces inconnus à l'accent ibérique, détenteurs de faux papiers espagnols. La cuisine, elle, est transformée en atelier de confection d'engins explosifs ! Les policiers y découvrent notamment une roquette antichar, des cordons détonants, seize détonateurs, une grenade artisanale, etc.

L'analyse des empreintes digitales des interpellés confirmera la première hypothèse : trois militants de

1. Procès-verbal du 26 novembre 1991.
2. Entretien avec l'auteur.

l'organisation séparatiste basque ETA se cachaient chez Jean Groix ! Joseba Koldobika Begoña Ibarra, dit « Gregorio », vingt-sept ans, formateur en matière d'armement et d'explosifs, et deux « stagiaires », Teodoro Meabe Derteano, vingt-huit ans, et Pedro Mariñelarena Imaz, vingt-sept ans, étaient chargés de reconstituer le commando Navarra – l'un des plus sanglants de l'ETA –, récemment démantelé. À l'issue de leur procès, le premier militant sera condamné à huit ans de prison, le second à sept ans, et le troisième, séropositif, mourra du sida en 1993.

L'inculpation de Jean Groix pour « association de malfaiteurs en relation avec une entreprise terroriste » et sa participation présumée dans le réseau d'hébergement de la structure de « réserve » de l'organisation basque en Loire-Atlantique, mis en place depuis 1986, fait l'effet d'une douche froide. « Le mouvement politique breton était faible, personne n'a soutenu cet homme généreux[1] », regrette Alan Coraud, l'un des rares, à l'époque, à avoir pris publiquement sa défense. Ce dernier croit, aujourd'hui encore, que l'affaire Natacha a servi à discréditer la cause bretonne. Cet épisode conforte en tout cas les magistrats et les policiers antiterroristes qui savent que les indépendantistes basques et bretons travaillent main dans la main.

Mais le vétérinaire est-il impliqué dans le meurtre de l'adolescente ? Du sang a été trouvé dans son fourgon. « C'était quelqu'un d'économe qui transportait lui-même les animaux morts au centre d'équarrissage, explique Alan Coraud. Dans sa penderie, il y avait aussi des vêtements tachés de sang, ajoute-t-il. Il les portait lors d'un grave accident et avait tenu à les conserver en souvenir[2]. » Incarcéré depuis deux mois à Fresnes

1. Entretien avec l'auteur.
2. *Ibid.*

(Val-de-Marne), Jean Groix se pend dans sa cellule à l'aube du 28 janvier 1991. Sans laisser d'explications. « Son compagnon de cellule le décrira comme un être secret, refusant tout dialogue par peur d'être espionné[1] », note un rapport policier. « Cet acte ne permet pas cependant d'extrapoler car il est logique d'admettre que Groix, personnage introverti, n'a pas supporté sa solitude alliée à son échec sur tous les plans[2]. » D'après son avocat, Me François Parent, le vétérinaire « vivait très mal l'enfermement, il avait besoin d'espace ». Selon lui, « le juge d'instruction avait tout de suite exclu sa participation dans l'affaire Natacha » et son geste désespéré serait plutôt lié à un « problème relationnel avec son épouse[3] ».

Finalement, les analyses confirmeront la provenance animale des taches de sang retrouvées dans son fourgon. Mais un an après, les policiers nantais doutent encore de l'innocence de Jean Groix : « Si aucun élément objectif ne le met directement en cause, si aucun témoignage ne vient conforter cette possibilité, s'il n'est pas connu comme pervers sexuel, il reste que son attitude a été ambiguë, qu'il était installé à quelques mètres du domicile de Natacha et qu'il n'y a aucun témoin de son emploi du temps entre 17 h 20 (départ d'une cliente) et 18 heures (arrivée de son assistante et d'un dernier client) ; de plus, le chien de recherche perd toute trace à l'entrée de l'immeuble de Natacha, soit à quelques mètres de l'entrée principale de son cabinet[4] », écrivent-ils au juge.

En marge de la piste Groix, les policiers s'intéresseront également à la mère de Natacha, ancienne

1. Procès-verbal du 26 novembre 1991.
2. *Ibid.*
3. Entretien avec l'auteur.
4. Procès-verbal du 26 novembre 1991.

employée d'une école communale et victime d'une ex-collègue de travail : une obscure rivalité aurait amené cette dernière à lui administrer une forte dose de somnifères dans son café. Mise à la retraite, la dame irascible aurait juré de se venger. Mais de là à tuer la fille de son ancienne collègue…

Tout comme les policiers, les gendarmes de la BR s'intéresseront à des pervers sexuels de la région et auront un excellent réflexe en comparant la liste des propriétaires de fourgons C15 et Talbot avec celle d'anciens délinquants sexuels. Mais leur recherche se limitera aux véhicules de Vendée et de Loire-Atlantique. Ils ne peuvent deviner que la camionnette des criminels est immatriculée dans les Ardennes…

Un appel à témoins sera lancé en 1993 lors de l'émission « Témoins numéro 1 ». Durant les années suivantes, on étudiera également les parcours meurtriers de Francis Heaulme, Christian Van Geloven ou encore Francisco Arce Montes. Un service de police national, la 5e division de la Direction centrale de la police judiciaire (DCPJ), reprendra le dossier et creusera la piste d'un parent de Natacha, dont le comportement est ambigu. « L'enquête a été bien faite, elle est partie dans toutes les directions[1] », concède Me Dominique Raimbourg, l'avocat de la famille de la victime. Dans toutes les directions, sauf dans la bonne, celle qui menait à plusieurs centaines de kilomètres de là, à Michel Fourniret. L'Ardennais et sa femme ont laissé derrière eux une sixième victime. Un crime qui, par ricochet, a poussé un innocent au suicide.

1. Entretien avec l'auteur.

12

CÉLINE, MEURTRE EN SOLO

Jusqu'à présent, il avait eu une chance insolente. Mais au début de l'année 1991, Michel Fourniret perd la main. Après une condamnation prononcée à Nantes, l'heure des comptes a sonné. Le fisc est le premier à montrer la note. En découvrant que Monique Olivier, secrétaire au chômage, a déboursé près de 1 400 000 francs pour l'acquisition du château du Sautou, les contrôleurs des impôts s'étranglent. Michel Fourniret a eu beau leur expliquer qu'il avait beaucoup économisé lorsqu'il était à son compte à Clairefontaine, ils n'ont pas hésité à lui notifier un redressement de six cent cinquante mille francs en raison de l'origine douteuse des fonds !

Un autre créancier s'est mis en tête de récupérer son argent : Jean-Pierre Hellegouarch a entendu dire que son ancien compagnon de cellule aurait répandu de méchantes rumeurs sur son compte auprès des enquêteurs de la « crime » de Paris. Il apprend également que « cet imbécile heureux qui s'est accroché à lui », comme il le décrira plus tard aux policiers, vit comme un pacha dans un château des Ardennes. Il lui sera aisé de comprendre que son ancien « pote » a barboté une bonne partie du magot… Au printemps, le Breton improvise une descente officieuse au château du Sautou. Michel Fourniret, apercevant une voiture inconnue, vient à la rencontre de son propriétaire. Le braqueur a la mine des mauvais coups et l'Ardennais, qui n'a jamais été un téméraire, préfère s'échapper en quatrième vitesse. « Sachant que Jean-Pierre Hellegouarch est, dans son genre, quelqu'un de droit, le fait de laisser Selim et Monique avec lui ne représentait aucun autre danger qu'une grande frayeur[1] », dira sans rire le trouillard, rappelant que le Breton est le parrain de son fils.

Ce que Me Maurice Missistrano, l'avocat du braqueur traduit crûment par : « Il était venu pour le tuer et il l'a manqué de très peu[2]. » Jean-Pierre Hellegouarch tombe sur Monique Fourniret, seule avec son enfant de trois ans. « Hellegouarch m'a alors menacée en me plaçant une arme à feu sur la tempe, avouera-t-elle. Il venait pour Farida et pour réclamer son argent. Il a même fait la remarque qu'on avait pu acheter ce château avec son argent[3]. » La mère de famille nie avec force. Le téléphone sonne. Son courageux de mari est au bout du fil. « Hellegouarch m'a mis le pistolet sur la tempe en me disant : “Si c'est Michel, fais attention à ce que tu vas dire.” L'interlocuteur était Michel qui, la première fois, m'a dit que je ne risquais rien, la seconde fois, qu'il ne reviendrait pas. Hellegouarch a emmené la télévision, une chaîne hi-fi, en me disant qu'il fallait que je lui téléphone dès que je saurais où était Michel, que si je ne le disais pas, j'y passerais aussi[4]. »

1. Procès-verbal du 30 juin 2004.
2. Entretien avec l'auteur.
3. Procès-verbal du 28 juin 2004.
4. *Ibid.*

Évidemment, personne n'a jamais recontacté le Breton qui, de toute façon, avait d'autres chats judiciaires à fouetter et n'a donc pu mettre sa vengeance à exécution. Les Fourniret, sous le coup de la frayeur, font leurs valises et courent se mettre à l'abri à quarante kilomètres de Sedan, à Gedinne (Sart-Custinne, Belgique) et achètent à la hâte une petite maison insalubre d'un étage. Celle-ci est mise au nom de Selim. Une mesure de prudence supplémentaire ? « Michel a eu des enfants de ses précédents mariages, il voulait que la maison revienne à Selim[1] », croit plutôt Monique Fourniret.

Fini le château du Sautou ! Il sera revendu en 1993 par le même notaire, ce qui permettra à l'Ardennais de récupérer quatre cent cinquante mille francs ! Place à une modeste demeure en pierres grises et au toit d'ardoises. Interrogé plus tard sur ce déménagement, Michel Fourniret soutiendra avec le plus grand sérieux qu'il avait « le désir de rester dans les Ardennes, dans une zone plus rurale et conforme aux origines de la famille. En quelque sorte, également, je voulais tirer un trait sur mes antécédents[2] ». Voilà qui est sans doute plus juste…

En franchissant la frontière, le criminel pensait-il se refaire une « virginité judiciaire » ? À Verdun, les juges se souviennent enfin qu'ils ont un inculpé dans la nature, mis en cause dans deux agressions de jeunes femmes, et qui ne respecte pas les termes de son contrôle judiciaire. Le 13 mai, l'Ardennais est convoqué à 14 h 30 dans le bureau du juge Brigitte Garrigue pour se justifier sur les menaces proférées avec une arme à l'encontre d'une infirmière de Béthelainville deux ans auparavant. Après avoir attendu tout l'après-midi, la

1. Procès-verbal du 8 juillet 2003.
2. Procès-verbal du 30 juillet 2003.

magistrate finit par comprendre que l'on se moque d'elle. Un mandat d'arrêt est enfin délivré. Les gendarmes locaux enquêtent, mais ne trouvent pas le suspect. Il se fait surprendre dans la matinée du 13 juin 1991 alors qu'il traverse la frontière au niveau de Fromelaine. Interpellé par la police aux frontières (PAF), l'Ardennais est cette fois-ci jeté en prison à Bar-le-Duc (Meuse). Le 3 juillet, il est condamné par le tribunal de grande instance de Verdun à six mois de prison dont quatre mois avec sursis pour l'agression de Fabienne qui a eu lieu deux ans plus tôt. La cour d'appel de Nancy confirmera ce jugement. Le 18 décembre 1991, la seconde affaire de Béthelainville est examinée par les juges de Verdun qui lui infligent cette fois-ci quinze mois de prison dont six mois avec sursis et mise à l'épreuve. « Vu le caractère très particulier des infractions, Michel Fourniret a l'obligation de se soumettre à une mesure d'examen psychiatrique, de traitement et de soins même sous le régime de l'hospitalisation », indique le jugement. Grâce à la confusion des peines, l'Ardennais sort de prison le 18 janvier 1992 après sept mois d'incarcération. Et l'injonction de soins ? Tout le monde l'oubliera…

Le réfugié criminel regagne la Belgique, sa nouvelle patrie d'adoption. Contrôlé par le fisc, le couple Fourniret ne roule plus sur l'or, même s'il a thésaurisé les dernières pièces du trésor des Postiches enterrées dans leurs domiciles successifs. Le couple doit donc trouver un moyen légal de gagner de l'argent. Sur les conseils de son mari emprisonné, Monique Fourniret a demandé l'appui du bourgmestre de Gedinne pour créer une entreprise de transport baptisée Sartaxi. Finalement, le projet n'aboutit pas. Heureusement…

L'ancien ouvrier décide alors de devenir exploitant forestier et réalise quelques travaux d'élagage et d'écorçage. Le fidèle tracto-pelle est rapatrié de France. Le nouveau propriétaire s'attelle à remettre sur pied la maison délabrée. La façade est ravalée, les pièces réaménagées, un garage est construit pour abriter le fourgon blanc. « Un travail de titan, selon Louis, son voisin, ingénieur à la retraite. Il était doué d'une force et d'un courage incroyables. Il a tout rebâti lui-même sans l'aide de personne[1]. » Le couple vit en marge et ne se mêle guère à la vie communale. « Nous étions assez isolés, ou plutôt, nous nous sommes de plus en plus isolés au cours du temps, reconnaît Monique Fourniret. Mon mari n'aimait pas, en fait, que nous sortions. Au début, j'ai fréquenté une chorale à Anloy et des activités dans le village. En fait, il ne nous interdisait pas d'y aller, mais ce qui posait problème, c'est qu'au retour, nous étions sujets à toutes sortes de remarques désagréables de sa part[2]. »

Ayant décidé de renouer le contact, André, le frère de Michel Fourniret, est l'un des rares à fréquenter le couple. « Je pense qu'il me vouait du respect en raison du fait que j'étais son aîné et de ma réussite sociale, reconnaît-il. Je n'hésitais donc pas, moi, à m'opposer à lui[3]. » Pendant cinq ans, ce responsable commercial d'une société de Donchéry s'occupera même des finances de la famille en France à la demande de son frère. « Le train de vie de Michel et de Monique n'était pas ostentatoire, pas de voitures chères, pas de meubles, pas de vêtements, pas de vacances, ils gagnaient peu et dépensaient peu[4] », dit-il aux policiers français. Ceux-ci lui font remarquer que leurs différents comptes sont pourtant loin d'être vides et s'étonnent des cent mille francs placés sur le livret de Caisse d'épargne de Selim.

1. *Libération* du 2 juillet 2004.
2. Procès-verbal du 25 novembre 2003.
3. Procès-verbal du 9 juillet 2003.
4. *Ibid.*

André se souvient des quatre cent mille francs hérités à la mort de leur mère et de leur sœur, et d'un chèque de cent mille francs provenant soi-disant d'un héritage de Monique.

Chaque mois, le frère de Michel Fourniret vient leur rendre une visite à Sart-Custinne. « Je me suis mis dans la peau de quelqu'un qui se devait de les aider[1] », explique-t-il aux enquêteurs de la PJ de Reims à qui il avoue aussi qu'il ne tenait pas à ce que l'ancien délinquant sexuel soit au contact de ses petits-enfants... « En même temps, je voulais être présent et surveiller que son fils Selim ne souffre pas trop du comportement parfois violent de son père. En fait, je tenais à me comporter comme un grand frère afin de faciliter la réinsertion de Michel[2]. »

Une mission difficile, très difficile... Durant le week-end des 7 et 8 août 1993, Michel Fourniret mène un raid solitaire en France contre les locaux de la police de l'air et des frontières (PAF) à Givet (Ardennes), le service qui l'a interpellé deux ans plus tôt... Il cambriole les bureaux et dérobe six revolvers Manurhin spécial police F1 et une paire de menottes. Vu la facilité avec laquelle ce vol a été commis, les enquêteurs se demandent si l'un des fonctionnaires n'est pas complice. Un sous-brigadier fortement endetté et porté sur l'alcool sera placé en garde à vue, mais les investigations n'aboutiront pas.

L'une des armes dérobées réapparaît pourtant un an plus tard. Le 13 juillet 1994, un inconnu découvre un sac sur le parking de l'hôpital l'AZ-VUB à Jette (Belgique) et le rapporte à l'accueil. Celui-ci contient l'un des Manurhin de la PAF, la paire de menottes, mais également des liens, un ruban adhésif grande largeur ainsi

1. *Ibid.*
2. *Ibid.*

qu'un slip d'enfant. Autrement dit, tout le nécessaire pour kidnapper une personne, plus cet étrange sous-vêtement. Michel Fourniret s'apprêtait-il à enlever une infirmière ? Bien sûr, à l'époque, aucun indice ne conduit à l'Ardennais et l'enquête de la police belge menée à la demande du juge de Charleville-Mézières, chargé d'élucider le vol des armes, reste en suspens.

En revanche, c'est bien le Français qui, le 19 janvier 1995 vers 17 heures, entre dans le salon d'une toilet-teuse pour chiens de Jambes, près de Namur (Belgique). Depuis un an, Joëlle reçoit régulièrement des appels téléphoniques anonymes d'un homme qui lui profère des menaces de viol et d'agression, mais elle ne sait pas qu'elle est aussi épiée. La jeune femme blonde, au visage juvénile, s'apprête à quitter son local quand l'Ardennais encagoulé et armé d'un Manurhin 357 Magnum fait irruption. Il lui ordonne de s'allonger et saisit ses clés pour fermer le magasin. Affirmant être poursuivi par la police, Michel Fourniret baisse les stores et éteint la lumière. Il tente sans succès de la menotter puis lui lie les mains dans le dos avec son écharpe. Après avoir caressé sa poitrine, le Français lui ordonne de le supplier de lui « faire un petit plaisir ».

Jetée dans l'arrière-boutique, Joëlle est contrainte de se déshabiller tandis que son agresseur baisse son pantalon. « Elle a alors eu un réflexe de protection, elle lui a crié qu'elle était enceinte, raconte Vincent Durtette, son avocat. Cette idée lui est venue car l'une de ses amies avait récemment fait une fausse couche[1]. » Décontenancé, Michel Fourniret se rhabille et insulte sa victime qu'il menace de kidnapper avec sa voiture. Alors qu'elle se débat, il lui enfonce une mandarine dans la bouche, lui frappe la tête sur le rebord de la douche et lui plaque un pistolet sur la tempe. Simulant

1. Entretien avec l'auteur.

des douleurs au ventre, Joëlle lui demande d'appeler des secours. L'Ardennais réplique qu'il vient de tuer un policier et qu'il reviendra si elle porte plainte.

Avant de fuir, il s'empare d'argent en espèces, de chèques, de pièces d'identité et de deux cartes bancaires appartenant à sa victime à qui il demande de répéter plusieurs fois le code secret. « Un quart d'heure après, il est à un distributeur automatique de billets et tente de retirer de l'argent, indique Vincent Durtette. Il fait preuve d'une sérénité absolue[1]. » Alertés, les policiers locaux ne retrouveront jamais le voleur. « Joëlle a été très affectée par la violence verbale dont elle a été victime et elle a longtemps dû arrêter son activité[2] », ajoute son avocat. Terrorisée et durablement traumatisée, la toiletteuse pour chiens est restée cloîtrée chez elle deux ans et demi et a dû suivre un lourd traitement psychiatrique et psychothérapeutique. Si Monique Fourniret, mise au courant de cette agression, n'avait pas dénoncé son mari en 2004, ce dernier n'aurait sans doute jamais été identifié.

Le 29 décembre 1995, le téléphone sonne chez les Fourniret. L'Ardennais décroche. Effondrée, Nicole, sa deuxième femme, lui apprend la mort de leur fils Nicolas. Âgé de vingt-quatre ans, le jeune homme a été victime d'un accident du travail. Employé en contrat de formation dans une entreprise du Mesnil-Bérard (Orne), il a été pris dans une broyeuse. Michel Fourniret saute dans son véhicule et arrive chez son ancienne épouse. « Je me souviens qu'il a même dormi sur le paillasson et le lendemain matin, il est parti avec moi pour Le Mesnil-Bérard[3] », raconte-t-elle. Le choc est rude pour l'Ardennais qui ne veut montrer aucune faiblesse. « Pour la mort

1. Entretien avec l'auteur.
2. *Ibid.*
3. Procès-verbal du 8 juillet 2003.

de son fils, Michel n'a pas pleuré, mais il a culpabilisé face à cette mort[1] », pense Monique Fourniret.

Après l'enterrement de Nicolas, Michel Fourniret rentre en Belgique. Le 18 avril 1996, les autorités de ce pays vont pour la première fois s'intéresser à lui. Ce jour-là, les gendarmes de Saint-Hubert (Belgique) sont appelés pour mettre fin à une sombre querelle qui oppose le Français au responsable d'un cirque. À l'époque, chacun accuse l'autre de détenir l'un des Manurhin volés à Givet. L'arme sera restituée à la PAF. L'Ardennais ne sera jamais inquiété dans cette affaire qui s'apparente à une vente d'armes ayant mal tourné. Étonnant ! Le juge de Charleville-Mézières ignorait-il son passé de délinquant et les kidnappings perpétrés dans les années 80 sous la menace d'un pistolet ou d'une fausse fiole de vitriol ? Ne savait-il pas qu'une autre arme dérobée à Givet avait été retrouvée à Bruxelles avec du matériel destiné à l'enlèvement d'une personne ?

La police judiciaire de Reims ainsi que la police de Dinant effectuent tout de même une perquisition chez lui. Mais celle-ci ne donne rien. Étonnant, là encore ! Car l'Ardennais n'a pas vraiment l'air de cacher le petit arsenal qu'il possède. Ainsi, lors d'un déjeuner, durant l'été 1996, il ne se fait pas prier pour montrer à l'un des convives deux pistolets automatiques et l'un des Manurhins volés à la PAF soigneusement rangés dans une boîte sous l'établi de l'atelier. « J'ai remarqué qu'elles étaient dans un état de propreté remarquable, assure Fabien, qui a récemment rencontré l'Ardennais dans une clinique de Givet. Fourniret se vantait de les nettoyer régulièrement à l'aide d'un kit spécial. Il m'a précisé qu'il en possédait d'autres et que si je désirais les voir, il me faudrait lui consacrer une journée car elles n'étaient pas là. Il m'a laissé entendre que ces armes se

1. Procès-verbal du 25 novembre 2003.

trouvaient assez loin de Sart-Custinne[1]. » Passionné par la chasse, le Français possède également trois fusils. Avec assurance, il explique au jeune homme le processus de fabrication de munitions, l'ajout de verre pilé pour aggraver les blessures et prétend savoir comment acheter des armes sous le manteau. « Michel était fidèle à lui-même, à savoir vantard et qui aimait avoir un auditoire, poursuit le jeune homme. Il nous racontait ses différents boulots, ses capacités à changer la vie des gens en inventant des machines de plus en plus perfectionnées[2]. » L'invité est impressionné par l'outillage de qualité entreposé dans l'atelier. L'Ardennais est fier de montrer des photos des maisons qu'il rénove dans la région, sa nouvelle activité. « Four-mi rénovation », tel est l'irrésistible jeu de mots qu'il a choisi pour baptiser son entreprise… « Du gros œuvre au parachèvement, étude et réalisation », a-t-il inscrit sur sa carte de visite. En guise de logo, Michel Fourniret, qui adore dessiner d'étranges insectes en tout genre, s'est représenté en fourmi souriante chaussée de bottes, affublée de lunettes et poussant une brouette. Son plus gros contrat se signera à Bougnimont où il installe une caravane sur le chantier. Sa femme et son fils viennent y passer quelques week-ends. Si la « fourmi » est consciencieuse, elle est aussi trop lente et la cliente se plaindra des retards survenus lors de ces deux années de chantier…

Lors de ce fameux déjeuner de l'été 1996, la mère de Fabien se souvient des deux bouteilles de rosé qu'elle a apportées et qui n'ont pas été ouvertes. « Il nous a servi du vin de sa cave qui était tiède, se rappelle-t-elle. Il était mal éduqué[3]. » Fabien, lui, n'a pas oublié Murphy, le fils aîné de Monique Fourniret, en

1. Procès-verbal du 21 août 2003.
2. *Ibid.*
3. Procès-verbal du 20 août 2003.

vacances à Sart-Custinne. Lors de ce repas, ce dernier lui confie éprouver de la « haine » pour son beau-père et lui demande s'il ne peut pas mettre son tracto-pelle en panne… Ambiance !

Lorsque les filles de Michel Fourniret sont de passage, c'est au tour de Monique d'être dans le collimateur. « Il était humiliant quand ses filles venaient à la maison, mais uniquement à ces moments, raconte-t-elle en citant une anecdote : Une de ses filles avait fait un dessin caricatural de moi, me représentant avec des cornes. Michel et ses filles se sont fait des gorges chaudes de la chose. Quand ses filles venaient à la maison, j'étais véritablement considérée comme la bonne. Je trouvais humiliant d'être considérée comme cela, surtout de la part de jeunes filles d'une vingtaine d'années. Michel était également parfois caustique sur mon langage et les mots que j'utilisais[1]. »

Obligée de travailler pour renflouer les caisses, Monique Fourniret devient garde-malade et s'occupe d'une dame âgée. Son mari, de son côté, n'a pas réussi à développer son activité de rénovation immobilière. Il reprend son bleu de travail et devient ouvrier intérimaire pour des entreprises de Hautes-Rivières, Vrigne-aux-Bois et Vivier-au-Court. L'homme a troqué son fourgon C15 contre un C25 qu'il a baptisé « Jojo ». Le midi, il y mange souvent seul, à l'écart des autres employés. Quelques jours après une mission d'intérim, l'un de ses patrons reçoit une lettre anonyme signée « l'homme en bleu ». L'auteur indique n'avoir pas été employé à sa juste valeur. Le responsable de la société pense alors à cet étrange Michel Fourniret avant de jeter ce courrier à la poubelle…

Au début de l'année 2000, l'Ardennais est de nouveau en chasse. Le 12 février, vers 9 h 15, il remarque

1. Procès-verbal du 25 novembre 2003.

Sandra à la gare de Gedinne, une adolescente de quatorze ans qui s'apprête à prendre le train pour se rendre chez ses grands-parents. Il l'aborde, prétextant chercher une fillette de six ans. « Quand il a su que j'allais à Saint-Hubert, il m'a proposé de m'y conduire, soutient-elle. Il a ajouté : "Si tu viens avec moi, je te donnerai dix mille francs et te procurerai un bon travail." Il tenait la porte de la gare et m'a secouée, de plus en plus agressif. Je me suis dégagée. Justement, mon train arrivait[1]. » La jeune fille parvient à bon port et raconte sa mésaventure. Elle porte plainte, mais la description de l'homme est trop vague et ne permet pas de retrouver sa trace. En 2003, la mère de Sandra indiquera que Michel Fourniret était un client régulier de la station-service qu'elle avait gérée à Pondrome (Belgique) de 1989 à 1996…

Sandra a sans doute eu beaucoup de chance. Céline, dix-huit ans, elle, ne parviendra pas à échapper aux griffes de l'Ardennais. Le mardi 16 mai 2000, cette élève de terminale « économique et sociale » à Charleville-Mézières quitte son lycée vers 17 h 30. Elle vient de « plancher » pendant plus de trois heures sur le sujet n° 1 de l'épreuve de bac blanc de philosophie : « Y a-t-il une servitude volontaire ? » Élève moyenne, la lycéenne travaille avec ardeur en vue de l'examen de fin d'année. Décrite comme timide et réservée, Céline, qui a un frère de quatorze ans, fréquente très peu ses copines de classe en dehors de ses cours. On ne lui connaît pas de petit copain. Comme à son habitude, la jeune fille brune regagne la maison de ses parents située dans une zone boisée dominant la Meuse. Michel Fourniret l'aborde. Selon ses aveux, l'homme aurait d'abord repéré dans le secteur un utilitaire Peugeot dont il projetait de voler le pare-choc pour

1. *La Dernière Heure* du 16 juillet 2004.

remplacer le sien endommagé… Apercevant la jeune fille, il aurait alors pris un morceau de papier avant de lui parler. « Je l'ai interpellée en feignant de lire une adresse sur mon papier, en lui demandant la direction de Montcy-Saint-Pierre, indique-t-il. Pour faire plus crédible et comme mon C25 est immatriculé en Belgique, j'ai exagéré mon accent belge et mes difficultés de prononciation[1]. » Céline mord à l'hameçon et monte dans le fourgon. Quand elle referme la porte de « Jojo », elle ne sait pas qu'un fil électrique gainé condamne la poignée intérieure. Selon ses déclarations, l'Ardennais aurait roulé en direction de la Belgique. Prise au piège, la lycéenne aurait « marqué une résignation totale ».

Devant les policiers dinantais, le Français a pris un plaisir sadique à refaire les dialogues qui auraient eu lieu dans l'utilitaire. Il aurait conseillé à sa victime de lui demander poliment de lui faire l'amour. Pour la contraindre à ce cérémonial, il aurait menacé de la rendre aveugle en l'aspergeant de vitriol. Il lui aurait aussi demandé si elle était vierge avant de pratiquer des attouchements et de la violer sur la banquette. « Je garde un doute, je ne suis pas sûr de l'avoir déflorée[2] », soufflera-t-il aux enquêteurs avec sa précision clinique. Michel Fourniret aurait ensuite ordonné à sa victime de s'asseoir sur le plancher du véhicule afin de la cacher aux yeux des automobilistes. Après un moment, il se serait arrêté dans un petit chemin. Il aurait alors saisi sous son siège une ficelle bleue utilisée pour les ballots de foin et l'aurait étranglée vers 20 heures. Il serait reparti sur la route avant de trouver quelques minutes après un autre chemin forestier. Après avoir garé son C25, il a alors déposé le corps sur un talus, au milieu d'un massif végétal, sous des sapins.

1. Procès-verbal du 1er juillet 2004.
2. *Ibid.*

La nuit tombe. L'Ardennais regagne son domicile vers 22 heures et confie à son épouse avoir retrouvé le sac en bandoulière bleu de Céline, oublié sur le plancher de son fourgon. Il montre ce trophée macabre à sa femme. « Je pensais avoir touché au but[1] et je voulais le lui faire savoir[2] », expliquera-t-il. « Il avait l'air souriant et satisfait, il semblait fier de lui[3] », complète Monique Fourniret. Parmi un agenda, une trousse, des livres de philosophie et un parapluie, le tueur découvre les photos du voyage scolaire que la lycéenne aux cheveux courts a effectué aux États-Unis. Avec plaisir, il montre un à un tous ces clichés à sa femme avant de jeter le sac dans la cheminée. « Michel n'est pas fétichiste, il ne garde pas de souvenirs de ses victimes à un quelconque endroit[4] », précise son épouse. Il n'est pas fétichiste mais prudent. Le lendemain, il prendra un plaisir supplémentaire à lui demander de jeter l'armature du parapluie et la tige de l'agenda dans une poubelle en bord de route. Toujours aussi dévouée pour accomplir ces basses œuvres, la fidèle Monique Fourniret s'exécutera sur un parking de Beauraing.

Lorsqu'il apprend la disparition de Céline, son père part avec des amis dans Charleville-Mézières à la recherche de la lycéenne. Des camarades de classe sont contactées mais n'ont aucune idée de l'endroit où elle peut être. Le lendemain, le commissariat de la ville amorce une enquête et « privilégie la thèse de la fugue[5] ». Une hypothèse à laquelle ne croient pas les proches de la disparue : « Ma fille est très solitaire, très

1. La virginité *(N.d.l.A.)*
2. Procès-verbal du 1er juillet 2004.
3. *Ibid.*
4. *Ibid.*
5. Procès-verbal de la PJ de Reims du 28 octobre 2001.

réservée, déclare son père. Ce n'est pas une aventurière. Elle était un petit peu stressée par la perspective du bac mais elle voyait l'avenir sereinement. Elle s'était inscrite en BTS à Reims[1]. » Ce dernier assure que lorsqu'il l'a déposée devant le lycée à 13 h 45, sa fille « n'avait ni papiers, ni argent. Pas même une carte téléphonique. Elle essayait de nouvelles lentilles de contact et n'avait pas pris ses lunettes. Elle était vêtue légèrement. Tout cela me fait dire qu'elle n'avait rien prémédité. Il y a une incohérence dans tout cela. Quelque chose n'est pas logique[2] ». Le père de Céline obtient d'utiliser les voitures de l'entreprise pour la diffusion des avis de recherche de sa fille. Trois sites Internet sont créés, six mille affichettes sont distribuées, la Meuse est draguée. Durant deux mois, ces efforts s'avéreront vains.

Le 22 juillet 2000 vers 14 heures, trois cueilleurs de champignons découvrent le cadavre d'une jeune fille dans le bois belge de Sugny, situé à quatre cents mètres de la frontière française. Méconnaissable, le corps, sans bras, a été dépecé par les animaux de la forêt. La victime porte encore ses vêtements dont son pantalon « corsaire », boutonné. Il sera impossible de déterminer si un viol a été perpétré. Il faudra identifier les vêtements et pratiquer une analyse anthropologique pour certifier l'identité de Céline. La police fédérale de Dinant entame ses investigations tout comme le Service régional de police judiciaire (SRPJ) de Reims, saisi par le juge Pascal Préaubert. L'enquête change de braquet. Équipés d'un logiciel d'analyse criminelle, les policiers français passent au tamis le quartier où a disparu la lycéenne et entendent les trois cents employés

1. *Le Parisien* du 17 juillet 2000.
2. *Ibid.*

de l'usine Deville située sur le parcours de la lycéenne. Les communications téléphoniques passées depuis les cabines publiques ou depuis des téléphones portables sont recensées. Les listes des personnes hébergées dans les hôtels, les foyers, les campings sont analysées. Les procédures judiciaires et les mains courantes locales sont décryptées. Ainsi, une adolescente de quinze ans, demeurant dans le quartier du mont Olympe, raconte qu'elle a été attaquée le même jour que Céline vers 17 h 30 sur les bords de Meuse. L'homme a tenté de pratiquer des attouchements avant d'être mis en déroute par ses cris. La vie de la famille de Céline est décortiquée. Mais l'absence de conflits éloigne la thèse de la fugue.

Une adolescente perturbée qui se faisait passer dans la région pour Céline est elle aussi entendue et priée de ne plus « polluer » l'enquête. Un amoureux éconduit de la victime est également interrogé. Enfin, l'un des cueilleurs de champignons ayant découvert le cadavre est soupçonné en raison d'un emploi du temps incohérent. Vérification faite, ce jeune homme s'approvisionne en cannabis aux Pays-Bas et a tenté de dissimuler aux policiers ces allers-retours…

À l'issue d'une importante enquête menée durant un an, les policiers de Reims rendent à la fin de l'été 2001 au juge Pascal Préaubert une première copie bien pessimiste : « En l'absence d'un quelconque élément de départ d'enquête, nous ignorons la façon dont Céline a été enlevée. Nous ignorons si elle a été séquestrée. Nous ignorons les causes exactes de la mort. Nous ignorons si elle a été tuée sur place ou transportée. Nous ignorons enfin le nombre et le mobile du ou des auteurs[1]. »

1. Procès-verbal de la PJ de Reims du 28 octobre 2001.

13

MANANYA,
UN PIÈGE À DOUBLE DÉTENTE

Que fait Michel Fourniret de ses après-midi ? Durant les années 2000-2001, personne ne le sait véritablement. L'ouvrier est alors responsable de l'entretien des machines électromécaniques dans une entreprise de Hautes-Rivières. Il y a même décroché un contrat à durée indéterminée, mais ce travailleur courageux a demandé à travailler à mi-temps, le matin. L'homme a beaucoup de temps libre… et ne rend de comptes à personne. « À la maison, on ne posait pas de questions à mon père, c'est lui qui parlait s'il le voulait, assure Selim. Mon père ne donne jamais son emploi du temps à ma mère. Quand il s'en va, il ne dit jamais où il va, avec qui et combien de temps. Mon père se déplace toujours avec son fourgon quand il est seul[1]. »

Sa femme, qui prend sa 206 pour aller garder une personne âgée, à Hulsonniaux, ignore donc tout des activités de son époux. « Avec le caractère de Michel,

1. Procès-verbal du 14 août 2003.

cela n'était pas toujours facile de savoir quelque chose, précise-t-elle. Si je posais des questions, il arrivait qu'il s'emporte et qu'il me fasse comprendre qu'il ne voulait pas répondre. Lorsqu'il était vexé, voire en colère, il arrivait qu'il ne me parle pas pendant trois jours. Il pouvait se montrer blessant dans ses répliques. Je lui ai déjà dit que ses termes me faisaient l'effet d'une paire de gifles. Il ne s'est jamais montré violent avec moi, ni avec Selim. Ses termes pouvaient parfois me faire pleurer. Après quelques jours, Michel regrettait et il m'en faisait part. C'était un colérique mais il savait reconnaître ses torts[1]. » Pour se faire pardonner, l'Ardennais offre parfois quelques roses cueillies dans le jardin... Son mari n'était pas un dragueur invétéré. « En ma présence, il ne regardait pas les autres femmes, dit-elle. Selon elle, il me reprochait un peu d'embonpoint ; il me conseillait de faire de l'activité physique. Il avait à mon égard des principes bien établis : il aimait les cheveux longs mais attachés en queue de cheval ou en chignon avec le cou dégagé[2]. » Aux dires de son épouse, Michel Fourniret aurait eu un comportement sexuel « normal ». « Rien ne m'a jamais choquée, assure-t-elle aux policiers belges. Je n'ai jamais remarqué de lectures "spéciales" ou qu'il possédait des livres à caractère pornographique, voire même pédophile ou même qu'il visionnait des films du même type[3]. »

Pourtant, au fil des années, la vie commune va devenir un bagne dont il est difficile de s'évader. « Natouchka », comme il l'appelait affectueusement à leurs débuts en référence à de prétendues origines russes, est redevenue Monique, son souffre-douleur. « Ma vie avec Michel Fourniret a été tout sauf heureuse, reconnaît-elle.

1. Procès-verbal du 8 juillet 2003.
2. Procès-verbal du 25 novembre 2003.
3. Procès-verbal du 8 juillet 2003.

Ça n'a pas été ce que j'avais imaginé quand je l'ai rencontré. Il ne m'a jamais battu mais il avait une telle façon de se comporter avec moi que je lui étais totalement soumise. Je ne l'ai jamais quitté parce que je ne sais pas où aller. Je ne sais pas ce que je serais seule avec Selim[1]. » À l'issue d'une scène de ménage violente, Monique Fourniret ose pourtant s'enfuir avec son fils durant quarante-huit heures. Son mari signale sa disparition à la gendarmerie de Gedinne et la fugueuse, livrée à elle-même, rentre vite au bercail...

« Michel était égoïste, ajoute-t-elle. Ce n'était pas un sentimental, du moins, il ne montrait pas ses sentiments, soit envers moi, soit envers Selim, ce que Selim lui a reproché[2]. » Interrogé par les policiers, le jeune garçon confirme : « [...] il n'y a pas une très bonne entente entre moi et mon père. Je ne sais pas ce qu'il me reproche mais on ne peut pas parler avec lui. Par exemple, quand il a une activité comme le bricolage ou le jeu d'échecs électronique, si je viens pour lui poser une question ou lui demander quelque chose, je sais qu'il ne me répondra pas ou qu'il va me disputer[3]. » L'adolescent livre aux policiers rémois un petit aperçu du climat familial. « Mon père est autoritaire et nous le craignons. Les seuls moments où nous discutons, c'est quand nous sommes à table, et encore, c'est surtout lui qui parle et nous qui écoutons. Il lui arrive de lancer des plaisanteries, mais lorsque c'est l'inverse, il n'aime pas du tout[4]. » Pas question non plus de toucher aux outils de l'atelier. Selim se souvient encore de la seule gifle jamais reçue après l'emprunt de deux ou trois d'entre eux. Il évite aussi le grenier où son père a

---

1. Procès-verbal du 6 août 2003.
2. Procès-verbal du 25 novembre 2003.
3. Procès-verbal du 14 août 2003.
4. *Ibid.*

caché son Riot Gun derrière une armoire. « En réalité, je ne connais pas vraiment mon père car c'est un homme avec lequel je ne dialogue pas, qui est sévère et qui me fait un peu peur[1] », résume Selim. « Il aurait voulu avoir un père plus proche, plus copain qu'un père qui était davantage orienté vers le travail[2], confirme sa mère. Michel n'avait pas vraiment la fibre paternelle à l'adresse de son fils. Michel faisait souvent état de son passé où il avait dû se débrouiller tout seul. »

Exigeant avec lui-même, le tyran familial impose également une discipline de fer à son fils, un élève médiocre qu'il va parfois chercher à la sortie de l'école. « Selim ne disposait pas d'argent de poche, précise sa mère. Michel disait que nous habitions la campagne et que, de ce fait, Selim n'était pas tenté[3]. » Le garçon a quand même le droit de faire du tir à l'arc ou du jiu-jitsu, un art martial d'origine japonaise. Le lundi soir, son père le conduit aux entraînements à Givet et patiente dans son fourgon avec son jeu d'échecs électronique. « Michel lui a confié qu'il avait appris des prises semblables aux commandos, note Monique Fourniret. Michel éprouvait beaucoup de fierté d'avoir servi au sein des commandos[4]. » Au même moment, Monique suit ses cours de gymnastique et tente encore de plaire à son mari.

Mais les Fourniret vivent en marge et ne reçoivent pas d'amis. « Nous n'en avons pas, précise la mère de famille. Mon fils n'a pas d'ami non plus, à notre grand regret. À part quelques contacts familiaux, nous ne fréquentions personne. Selim et moi aurions aimé participer aux activités des gens du village, mais Michel ne

---

1. *Ibid.*
2. Procès-verbal du 25 novembre 2003.
3. Procès-verbal du 5 août 2003.
4. Procès-verbal du 25 novembre 2003.

voulait pas sortir. Il ne nous empêchait pas de le faire, mais nous nous rendions bien compte qu'il n'était pas enthousiaste à cette idée. Si nous participions à quelque chose, Michel nous faisait comprendre qu'il n'approuvait pas[1]. » Néanmoins, la famille prendra part à une chasse au trésor dans un bois avec le comité culturel de Rienne. Et Monique Fourniret et son fils fréquentent la bibliothèque de Charleroi ou le bibliobus.

Durant le week-end, les Français font des promenades en forêt ou flânent dans des brocantes. Les vacances sont rares. Au volant de « Jojo », l'Ardennais consent à aller voir la famille de sa femme en Bretagne ou dans la région nantaise. Le fourgon a été aménagé en mobil-home de fortune. Parents et enfant dorment sur des coussins. En avril 2001, la famille visite des châteaux dans la vallée du Rhin en Allemagne. Il est vrai que l'Ardennais a dû se rendre dans la région de Stuttgart pour récupérer une pièce de machine destinée à l'usine où il travaille. « Michel n'aime pas partir longtemps, précise sa femme. Au bout de trois jours, il perd patience et préfère revenir dans son atelier ou sa maison[2]. » Est-ce la « chasse » qui taraude l'Ardennais jamais rassasié ? À peine rentré d'Allemagne, il va « flasher » sur Anne-Catherine le 19 avril. La jeune femme pousse son vélo dans une côte, elle rentre chez elle à Han-sur-Lesse. Il lui propose de l'aider et insiste lourdement pour la ramener. Elle prend peur et court chez les gendarmes pour porter plainte contre cet homme menaçant. « Si tu avais vu ses yeux effrayants ! » confiera-t-elle à son père. Son numéro de plaque d'immatriculation ayant été relevé, les enquêteurs retrouvent facilement le Français. Celui-ci jure la main sur le cœur qu'il ne voulait que dépanner Anne-Catherine.

1. Procès-verbal du 8 juillet 2003.
2. *Ibid.*

D'ailleurs, il indique que durant la même journée, il a transporté une autre jeune femme, Véronique, rencontrée à un arrêt de bus et l'a amenée à Chanly. « C'est un homme très sympathique », témoignera-t-elle (*cf.* chapitre 14). Pour toute sanction, le Français sera simplement interdit de séjour à Han-sur-Lesse… Le père de la jeune fille optera pour une justice plus expéditive. Croisant par hasard le Français dans les rues de Gedinne quelques mois plus tard, il lui mettra son poing dans la figure…

Anne-Catherine, traumatisée, a peut-être échappé au pire. Quinze jours après, Michel Fourniret est en maraude près de la médiathèque de Sedan où il est déjà venu avec femme et enfant. Il sait que l'endroit est fréquenté par des collégiennes et des lycéennes. Parmi elles, Mananya, treize ans. Native de Thaïlande, cette ravissante adolescente brune à la peau mate, est scolarisée en sixième à Sedan. Le samedi 5 mai 2001, cette bonne élève décide de se rendre à la médiathèque pour préparer un devoir sur des peintres. Alors que ses parents et sa sœur sont partis faire des courses à Charleville et en Belgique, Mananya arrive vers 15 heures à la médiathèque et repart seule deux heures après. Sur le chemin du retour, elle tombe nez à nez avec Michel Fourniret. Si l'on en croit ses déclarations, l'Ardennais aurait déjà fait la connaissance de la collégienne quelques semaines plus tôt. L'homme aurait été séduit par cette adolescente remarquée place Nassau, à Sedan. « La simplicité de son attitude, de son aspect ont attiré mon attention, expliquera-t-il. Je pense que je n'aurais pas été mû par le même moteur s'il s'était agi d'une personne vulgaire ou maquillée[1]. » Il l'accoste et lui demande de lui indiquer une destination. Celle-ci aurait accepté de monter dans son fourgon et l'aurait

1. Procès-verbal du 1er juillet 2004.

accompagné jusqu'à une zone pavillonnaire proche de Sedan. « Dans le coin de campagne où nous étions, j'avais tout loisir de faire quelque chose si je le souhaitais, dira Michel Fourniret. Cela n'a pas été le cas. Je suis revenu sur mes pas et je l'ai raccompagnée jusque devant mon domicile, un immeuble ancien avec un porche, et je l'ai remerciée de m'avoir piloté[1]. »

Ayant mis Mananya en confiance, l'Ardennais revient donc le samedi 5 mai 2001 et l'aperçoit sur le chemin de la médiathèque. Il décide alors de l'attendre et l'abordera à sa sortie. « Elle m'a reconnu, assure-t-il. Je lui ai dit que j'avais un fils qui était seul, qui n'avait pas d'ami et qui serait heureux de faire sa connaissance. J'ai ajouté que je serais heureux de rencontrer ses parents pour demander la permission de les présenter[2]. » Selon lui, la collégienne aurait été réticente à le suivre. Michel Fourniret aurait alors décidé de partir. Faut-il vraiment le croire lorsqu'il avoue aux policiers belges que « cette manœuvre a eu l'effet de lui faire changer radicalement d'attitude ? Sa réaction a été surprenante : elle a obliqué en direction du fourgon et, sans même me regarder, elle a pris place à l'intérieur[3] ». Comme Céline un an auparavant, l'adolescente monte à l'intérieur du fourgon piégé. Selon son ravisseur, l'utilitaire aurait pris tout de suite la direction de la Belgique. Michel Fourniret aurait expliqué à son otage qu'il voulait d'abord lui présenter son fils. Arrivé au poste de frontière, il lui aurait précisé qu'il n'était pas assuré pour le transport des passagers et l'aurait forcée à s'accroupir sur le plancher du véhicule. La question rituelle sur la virginité lui est alors posée. La collégienne aurait répondu qu'elle était trop jeune pour avoir déjà eu des relations

1. *Ibid.*
2. *Ibid.*
3. Procès-verbal du 1er juillet 2004.

sexuelles. Comme avec Céline, l'Ardennais lui aurait ordonné de le prier de faire l'amour. « Il aime qu'on le supplie, expliquera sa femme. Il m'est déjà arrivé de me mettre dans cette situation de supplication pour avoir un rapport sexuel. Cette simple mise en scène suffisait à lui apporter du plaisir. Cela correspond à sa personnalité. Michel est un homme qui est certain de sa supériorité. Il est d'une suffisance sans limite. Je suis presque certaine que, dans sa tête, il pense que ses victimes étaient demandeuses et satisfaites des rapports qu'il leur a imposés[1]. »

Aux enquêteurs, le kidnappeur a avoué avoir trouvé un chemin dans un bois de Nollevaux (Belgique) proche de la frontière et, après avoir garé son véhicule, tenté de ligoter Mananya à un lit de camp placé à l'arrière du fourgon. Alors qu'il commençait à la déshabiller, celle-ci se serait vigoureusement débattue et il l'aurait étranglée à mains nues sans la violer. L'homme a ensuite déposé le corps de sa victime dans la sapinière proche d'un renfoncement de terrain naturel surplombant un sentier coupe-feu. Il l'a ensuite recouvert avec un sac en plastique et jeté de l'humus et des aiguilles de sapin pour le dissimuler. Après avoir repris la route du domicile familial, Michel Fourniret se serait ensuite débarrassé du pantalon, des chaussures, de la culotte et du sac de l'adolescente dans une poubelle située en bord de route. Arrivé chez lui, il raconte par le menu ce nouveau crime à sa femme.

Pendant ce temps, une autre mère de famille cherche désespérément sa fille. Après avoir prévenu le commissariat de Sedan vers 21 heures, la mère de Mananya parcourt les rues de la ville. Le lendemain, elle et ses proches entreprennent de retrouver Mananya qui était attendue la veille à 17 heures et qui n'avait

1. Procès-verbal du 28 juin 2004.

jamais fugué auparavant. Dans les jours qui suivent, les berges de la Meuse, les forêts, les points d'eau environnant la cité sont fouillés et sondés. Les appartements situés dans le quartier de la disparue sont perquisitionnés par la police judiciaire de Reims saisie par le juge Patrice Lachapelle de Charleville-Mézières. Une vaste enquête de voisinage est menée sur les différents itinéraires situés entre son domicile et la médiathèque. Les squats, bâtiments abandonnés, les caves et les greniers sont également passés au peigne fin. Un numéro vert est mis en place tandis que des appels à témoins sont placardés dans les rues. « Elle n'a pas pu fuguer, déclare sa mère. Elle évitait de parler aux gens qu'elle ne connaissait pas. Elle marchait toujours la tête baissée. Quand elle sortait au McDo, elle était forcément accompagnée. Et si elle était en retard, elle prévenait tout le temps[1]. »

Comme le veut la procédure, la PJ essaie de récolter le maximum d'indices pour « figer » les lieux et le moment de la disparition de Mananya. Le trafic des appels de téléphones portables de la zone est analysé, tout comme le listing des opérations effectuées dans les différents distributeurs automatiques de billets.

Autre procédure : une perquisition de routine est menée dans l'ancien hôtel particulier où Mananya occupe un logement modeste et vétuste avec sa mère et sa sœur, âgée de quinze ans. Les deux filles dorment dans la même chambre et aucune trace de violence n'est décelée dans l'appartement. Des vêtements sont quand même saisis pour être analysés.

Par la même occasion, les enquêteurs se penchent sur la vie tumultueuse de toute la famille. Ayant rencontré un Ardennais lors de vacances en Thaïlande en 1993, la mère de Mananya épouse ce nouvel amour

1. *Le Parisien* du 16 mai 2001.

deux ans plus tard et vient vivre à Sedan avec ses deux filles. Mais le Français vend son commerce de glaces et repart en Asie avec sa famille pour y faire fortune. L'aventure tourne court en 1999 ; les parents de Mananya décident alors de revenir en France. Du jour au lendemain, le nouveau mari de la mère de Mananya abandonne femme et enfants. Au même moment, la sœur de Mananya, treize ans, accouche d'un garçon qu'elle a eu avec un adolescent thaïlandais… Sans emploi et sans ressources, la mère des deux filles se met alors en ménage avec un restaurateur de la région. Mananya ne semblait pas trop affectée par cette vie familiale agitée. Décrite comme discrète et réservée, l'adolescente aimait l'escalade et rêvait d'être hôtesse de l'air. « Elle est très sélective, elle a une meilleure amie et deux ou trois copines, c'est tout, précise sa mère. Elle aime rester dans l'appartement à faire ses devoirs et regarder la télé[1]. »

Après quelques semaines, les enquêteurs ne trouvent pas de piste dans la sphère familiale. L'hypothèse d'un retour forcé en Thaïlande est même examinée, mais les deux filles ne connaissaient pas leur père naturel. Chaque minute qui passe est un supplice supplémentaire pour la mère de Mananya qui ne sait plus à quel saint se vouer : « Depuis la disparition de ma fille, je ne m'endors jamais avant deux ou trois heures du matin, avoue-t-elle. Je guette le bruit de la clé dans la porte, persuadée que Mananya va rentrer. Oui, je crois encore à la possibilité d'une fugue organisée et je chasse de mon esprit les pires hypothèses. Je me joue un peu la comédie mais que puis-je faire d'autre[2] ? »

Au fil des mois, des agresseurs sexuels, des exhibitionnistes sont interrogés par les policiers. En

1. *Le Parisien* du 24 juillet 2001.
2. *Ibid.*

février 2002, un pseudo-écrivain belge, déjà connu pour des vols et des escroqueries et demeurant dans la région, est placé en garde à vue. Il aurait été aperçu avec une jeune fille ressemblant à Mananya. Mais, comme tous les autres, il est finalement mis hors de cause.

Le 1er mars 2002, le téléphone sonne à la PJ de Reims. Le patron de la police fédérale de Neufchâteau, en Belgique, prévient ses homologues que des restes d'un corps de sexe féminin ont été trouvés la veille, non loin de la RN 89 à Nollevaux. Venu inspecter une sapinière, un propriétaire forestier a buté sur la partie supérieure d'un crâne humain sur un chemin coupe-feu. Un peu plus haut, sur le terrain pentu, les policiers découvriront un « scalp » complet constitué de longs cheveux noirs et divers ossements humains dont ceux de membres inférieurs. Ils trouvent également une barrette à cheveux, un pull-over noir, une montre et un caraco rouge.

Lorsque, le lendemain, la mère de Mananya reconnaît à la gendarmerie de Bouillon (Belgique) le sous-vêtement que sa fille lui avait emprunté, la montre de sport et la bague, elle a du mal à admettre la mort de sa fille. « Tout était dans des sacs plastique sans pouvoir les toucher car il y a peut-être des traces de son assassin, raconte-t-elle. C'était difficile car nous étions comme les spectateurs de sa vie[1]. »

Bouddhiste convaincue, la Thaïlandaise a longtemps posé des bâtons d'encens sur le rebord de sa fenêtre pour communiquer avec son enfant et lui prépare encore des repas. « Je refuse d'accepter que ce soit Mananya qui a été retrouvée, ajoute-t-elle. Je crois qu'elle est toujours vivante. J'attends toujours[2]. »

---

1. *Le Parisien* du 8 mars 2002.
2. *Ibid.*

Quatre jours après, Brice, son compagnon, lance un appel lucide et désespéré lors d'une conférence de presse à Sedan : « Cela fait aujourd'hui dix mois que Mananya a disparu. Dix mois d'enfer où on se demandait si elle était séquestrée, battue ou pire, morte. Aujourd'hui, un autre enfer commence avec cette question qui nous hante. Quel malade a pu faire du mal à cette enfant ? Nous pensons à Céline, tuée dans les mêmes circonstances en mai 2000. C'est peut-être le même auteur. Je vous en supplie, ne laissez pas vos enfants sortir seuls[1]. » À ses côtés, la mère de Mananya pleure. Dans la salle, le père de Céline, lui aussi, ne peut contenir son impatience : « Cela fait vingt-deux mois que nous attendons une issue, dit-il. J'ai toujours pensé que les auteurs de ces actes odieux étaient les mêmes[2]. » Et de déplorer qu'une cellule Mananya-Céline n'ait pas été créée pour accélérer l'enquête.

Saisie des deux dossiers, la PJ de Reims – tout comme son homologue belge – a pourtant mobilisé toutes ses forces et fait un premier parallèle entre ces deux crimes. Plusieurs points communs sautent aux yeux : deux victimes françaises jeunes et sans histoires ont été kidnappées dans deux villes voisines durant l'après-midi et retrouvées en Belgique dans des zones boisées distantes de trente kilomètres. À chaque fois, aucun témoignage crucial ne permet d'amorcer véritablement les investigations. Mieux, un sac poubelle et des liens bleus de botteleuse ont été retrouvés sur les deux scènes de crime !

Des liens de botteleuse bleus ? Prévoyant, Michel Fourniret en a toujours sous le siège de son fourgon au cas où… « Ils servaient pour lier les sacs-poubelle notamment, mais aussi d'autres choses, dira Monique

1. *Le Figaro* du 6 mars 2002.
2. *Ibid.*

Fourniret. Il est vrai que Michel nouait de façon spéciale les sacs-poubelle[1]. » En mai 2001, l'Ardennais ne change rien à ses habitudes. Alors que les policiers belges et français travaillent sur le meurtre de Céline et que la disparition de Mananya mobilise la PJ de Reims à quelques kilomètres de chez lui, l'homme continue d'avaler de l'asphalte avec « Jojo ». Toujours aussi instable, il vient de trouver un nouvel emploi de contremaître dans une scierie située à Marloie et Vivy. Il faut dire que l'ancien ouvrier exhibe un CV de deux pages. « De la blouse blanche à la salopette : une carrière de passion », a-t-il écrit. « Pas ingénieur, mais ingénieux », a-t-il ajouté avec son sens de l'humour dévastateur. À la rubrique personnalité, il a inscrit : « Aime que la barre soit "au-dessus" ; imaginatif, tenace, infatigable. » Après une blessure à la main qui lui vaut un arrêt de travail d'un mois, l'Ardennais quitte l'entreprise en septembre suite à un désaccord avec le patron. Mais il retombe sur ses pieds au printemps 2002 en devenant professeur intérimaire d'électromécanique en troisième année secondaire à l'institut Saint-Joseph de Saint-Hubert. « Il a rempli ses missions éducatives, cotait ses élèves, fréquentait la salle des profs, assure le directeur de l'établissement. Son travail n'a suscité ni plainte ni réclamation de la part de ses collègues, de ses élèves et de leurs parents[2]. »

Pour décrocher ce poste, l'Ardennais a encore une fois trompé son monde. Il a fourni un dossier de candidature impeccable avec des attestations de ses anciens employeurs et un « certificat de bonne vie et mœurs » réglementaire. Depuis 1962, ce document administratif belge est exigé dans de très nombreuses procédures (demandes de crédits, de prêts, par exemple)

1. Procès-verbal du 25 novembre 2003.
2. *La Dernière Heure* du 10 juillet 2004.

et s'avère obligatoire pour accéder à certaines professions (chauffeurs de taxi, infirmières, policiers, enseignants, etc.). Il permet à un employeur de vérifier si son futur employé a déjà été condamné. Ce document est délivré par les communes belges qui obtiennent du ministère de la Justice un extrait du casier judiciaire central du candidat. Le bourgmestre (le maire) peut de surcroît porter une appréciation complémentaire avant de délivrer ce précieux sésame. Après le traumatisme de l'affaire Dutroux, les parlementaires belges ont durci le dispositif en 1997. Les candidats à un emploi de proximité avec des jeunes (éducateurs, protection de l'enfance, enseignants, etc.) doivent disposer du « certificat de bonne conduite, vie et mœurs », « modèle 2 », qui fait état d'un extrait du casier judiciaire encore plus complet où sont mentionnées plus de condamnations que ce n'est d'ordinaire le cas. En outre, des investigations complémentaires (visites à domicile, enquêtes de voisinage, etc.) peuvent être également menées par les services de police, jugés parfois trop inquisiteurs.

Mais, en l'absence d'une véritable interconnexion des casiers judiciaires européens, le certificat belge ne comporte pas les peines prononcées hors des frontières à l'égard de ressortissants étrangers. Une faille savamment exploitée par l'Ardennais qui s'est donc présenté blanc comme neige devant ses employeurs. « Le certificat de bonne vie et mœurs de Fourniret était vierge ! On était loin de se douter de son passé judiciaire français. Nous l'avons engagé en toute bonne foi[1]. » Guy Lallemand, le maire de Gedinne, regrette lui aussi de n'avoir pas été alerté sur les antécédents pénaux du Français. Car, au début de l'année 2002, la commune a recruté par l'intermédiaire de l'Agence locale pour l'emploi (ALE) l'Ardennais et sa femme pour surveiller en

1. *La Dernière Heure* du 15 octobre 2003.

alternance la cantine scolaire municipale... Du pain bénit pour cet homme autoritaire qui se montrait très dévoué. « Pas une seule absence à signaler, dira plus tard la directrice de l'école communale. Et c'est ce qui fait précisément peur à retardement, c'est ce comportement calme, jamais excessif, intelligent[1]. » La responsable ajoutera qu'il l'avait trouvé trop zélé. « Il avait demandé à participer aux concertations pédagogiques du lundi. J'avais dû lui expliquer que ça ne concernait pas la surveillance de midi. Quinze jours avant l'enlèvement, il m'avait demandé de lui remettre le trousseau des clés de l'école. Soi-disant pour mieux gérer le va-et-vient des enfants aux toilettes pendant le temps de midi. J'avais refusé[2]. » Son épouse, elle, n'a pas laissé de souvenirs impérissables. « Elle était fort taiseuse, précise la directrice de l'école. Toujours le regard fuyant, timide, pas bien dans sa peau[3]. »

Rusé, Michel Fourniret peaufine donc son personnage d'homme policé et sans histoire qui rend de menus services aux personnes âgées. « Il s'était inscrit à l'opération "Place aux enfants" et, dans ce cadre, en tant que directeur d'une petite entreprise, la Four-mi, il avait reçu de nombreux jeunes[4] », ajoute le bourgmestre de Gedinne. Évidemment, le Français n'a dit à personne que Four-mi a été fermée en 1999...

À l'issue de ces missions ponctuelles, l'Ardennais se retrouve au chômage au début de l'été 2002. Cent cinquante mille francs et une maison située à Villes-sur-Lume tombent brusquement dans son escarcelle. Rongée par l'alcool, sa sœur Huguette est passée dans l'autre monde. Elle lui lègue sa vieille masure. Michel Fourniret envisage de la retaper avant de la

1. *Ibid.*
2. *France Soir* du 4 juillet 2003.
3. *Ibid.*
4. *La Dernière Heure* du 15 octobre 2003.

louer. Mais il étoffe aussi son garage. « Jojo » va avoir un petit frère, « Jumpy », un utilitaire Citroën qui va remplacer la 206 blanche de Monique… On se demande bien pourquoi la garde-malade a besoin d'un tel véhicule… Michel Fourniret aurait-il envie d'un « fourgon-doublure » pour enlever une nouvelle jeune fille ?

Le mardi 3 décembre, le voilà de nouveau sur les nationales, pressé de rejoindre la région parisienne. L'Ardennais vient d'apprendre que Anne, sa fille préférée, a donné naissance à Léa à la maternité de Rambouillet. Une visite de quelques heures. En juillet 2003, le grand-père criminel n'hésitera pas à jurer sur la tête de cet enfant qu'il n'a pas tué Céline… En attendant, la jeune maman hérite de cinq cents euros pour cette naissance. Un geste rare. Car l'Harpagon ardennais n'a pas l'habitude de distribuer des billets. Ses jumelles se souviennent seulement de dix louis d'or offerts à chacune au milieu des années 90. Un argent de poche insolite dont elles sont loin d'imaginer l'origine…

En février 2003, c'est l'autre sœur, Marie-Hélène, une dessinatrice en bâtiment âgée de trente et un ans, qui a l'honneur de voir son papa. Accompagné de sa femme et de son fils, ce dernier est passé la prendre dans les Yvelines pour fêter le départ à la retraite de Georges Catoire, l'un de ses anciens employeurs, à la salle des fêtes de Martizay (Indre-et-Loire). Un brin sentimental, Michel Fourniret est toujours resté attaché à cette entreprise et à Roger, l'un de ses anciens collègues de travail. Deux ans plus tôt, il était déjà venu voir son copain en Indre-et-Loire avec Monique, Selim et leur berger allemand baptisé avec un brin d'humour noir « Flica »… Les Fourniret avaient alors tenu à dormir dans leur fourgon aménagé. La fille de Georges Catoire dira avoir été frappée par l'ancien ouvrier qui « parle beaucoup de lui et s'écoute parler. C'est une personne qui écrase sa famille. Il veut dominer. Il faut une forte personnalité pour s'affirmer en sa compagnie et je pense que ni sa femme Monique, ni son fils Selim n'en avaient assez[1] ».

Ce vendredi 21 février 2003, la famille rencontre donc les anciens collègues de l'Ardennais et accepte de dormir à l'hôtel de la Promenade à Yzeures-sur-Creuse. Au moment du dîner, les Fourniret s'installent à une table, un peu à l'écart. Marie-Hélène en a gros sur le cœur et s'accroche avec son père qui se montre méprisant envers les fonctionnaires. « Elle lui a reproché tout ce qu'il leur avait fait, tout le mal, toutes les humiliations, raconte Monique Fourniret. C'est parti dans un flot de paroles, à table devant tout le monde. Elle a fondu en larmes. Michel n'a pas eu le temps de la faire taire. Sur le moment, il s'est trouvé surpris, puis très crispé. Il ne m'a rien dit, mais je sais qu'il détestait l'image qu'il pouvait donner de lui à ce moment-là[2]. » Pour sa femme, « la soirée a été gâchée et Michel était très contrarié car il aime toujours se montrer sous son meilleur jour quand il y a un auditoire. Le trajet du retour s'est fait sans un mot et nous n'avons plus eu de nouvelles de sa fille[3] ». Interrogée par les policiers de Reims, Marie-Hélène relatera cette scène et qualifiera son père de « dément » sans plus de précisions. Le 19 février 2006, cette célibataire dépressive, sans enfant, s'est suicidée dans son appartement de Meulan en mélangeant alcool et médicaments.

Deux mois après cet esclandre familial, les Fourniret décident de partir une semaine en voyage organisé en Tunisie en avril 2003. Mais un problème de formalités les empêche de prendre l'avion au Luxembourg. La famille se replie sur la côte belge et, à défaut de soleil,

1. Procès-verbal du 5 août 2003.
2. Procès-verbal du 6 août 2003.
3. *Ibid.*

Selim se console en faisant du char à voile. Son père a la tête ailleurs. Au chômage, il a désormais tout son temps pour « chasser » ou « draguer », comme il le dit parfois avec son humour pervers à sa femme. Le jeudi 26 juin 2003, en début d'après-midi, elle le voit monter une fois de plus dans son C25 cabossé et rayé. Elle dira plus tard qu'il devait aller dans une brocante de Ciney pour s'occuper de la vente des meubles hérités de sa sœur. Mais cette fois-ci, l'Ardennais ne rentrera pas : l'adolescente enlevée par le « chasseur » a pu s'échapper du fourgon prison. Du haut de ses treize ans, Marie-Ascension vient de faire tomber un *serial killer* qui, depuis seize ans, a échappé avec une chance insolente aux autorités françaises et belges. Ce jeudi 26 juin 2003, ils ne sont que deux à connaître ces terribles secrets, Michel et Monique Fourniret. Le premier va partir en prison. La seconde, elle, va rester seule avec son fils. Très seule. Trop seule.

14

La descente aux aveux

« Dès le début de l'été 2003, le parquet de Dinant et le juge Claude ont eu la conviction que nous n'étions pas en présence d'un petit délinquant, mais d'un criminel d'envergure[1]. » Selon Arnould d'Aspremont-Lynden, procureur du roi, la justice et la police belges font le maximum pour démasquer Michel Fourniret et cherchent à savoir s'il n'est pas impliqué dans d'autres meurtres ou enlèvements, notamment ceux de Céline et de Mananya, kidnappées à Charleville-Mézières et Sedan, et retrouvées mortes en Belgique à quelques kilomètres de chez lui. Rompu aux affaires criminelles, le commissaire Jacques Fagnart, cinquante-trois ans, patron du Service judiciaire d'arrondissement (SJA) de Dinant, prend l'enquête en mains. Ancien de la brigade des stupéfiants et de la « crime » de Charleroi, ce solide gaillard à la moustache grisonnante passe pour avoir un caractère trempé. Face à lui, Michel Fourniret va pourtant se révéler être un suspect coriace. Cette

1. Entretien avec l'auteur.

fois-ci, l'Ardennais a de l'expérience et ne s'effondre pas en garde à vue comme en 1984, lorsqu'il avait avoué spontanément une série d'agressions sexuelles en région parisienne. Avec plusieurs crimes sur la conscience, il sait désormais qu'à soixante et un ans, il est bon pour la prison à vie. Après tout, il n'est incarcéré que pour une tentative d'enlèvement et les policiers n'ont trouvé chez lui que des armes de poing volées à la police française il y a trop longtemps… L'addition pénale risque de ne pas être trop salée. Durant l'été 2003, Michel Fourniret fait donc du tourisme judiciaire chez les policiers belges et le juge Claude. Il raconte sa vie et assure que, non, vraiment, il n'a rien à voir avec les meurtres de Céline et de Mananya… À défaut d'avoir des preuves, les policiers n'ont que des indices et des présomptions. Plutôt maigre pour faire avouer le suspect !

Au début du mois d'août, le SJA établit pourtant une sacrée biographie de Michel Fourniret, qui va servir de base à l'enquête. À partir des documents saisis chez l'Ardennais et des informations puisées dans différents fichiers, les enquêteurs réalisent une photo détaillée de son parcours et de ses activités. Mariages, adresses, problèmes judiciaires, activités professionnelles, tout y passe. Les agendas, les cartes de vœux et les courriers ont été épluchés, tout comme les tickets d'achat de carburant utilisés dans les stations-service… Les policiers découvrent ainsi qu'en vingt ans, l'Ardennais a acheté une vingtaine de véhicules dont beaucoup ont été mis au nom de sa femme…

Côté français, le juge d'instruction Pascal Préaubert et la police judiciaire de Reims ne sont pas en reste. Dans les semaines qui suivent son arrestation, les enquêteurs entendent sa famille, ses amis, ses relations. « Je dois avouer que, depuis qu'il n'est plus à la maison, c'est plus facile à vivre avec ma mère, même si les perquisitions et le regard des autres sont durs à supporter », concède Selim. Pourtant son père ne l'oublie pas… « Il m'a écrit pour me dire tout ce que je devais faire comme travaux à la maison mais il n'a eu aucun mot pour m'expliquer pourquoi il était en prison[1]. »

Déjà isolés à Sart-Custinne, l'adolescent et sa mère sont mis au ban de la cité belge après la tentative d'enlèvement de Marie-Ascension. Une nuée de journalistes tourne autour de la maison et espère décrocher interviews et témoignages. Monique Fourniret téléphone à André, son beau-frère, et lui demande de l'aide. Celui-ci lui propose de l'héberger dans sa maison de campagne. Finalement, elle opte pour un déménagement discret dans un camping de Heer-Agimont. Elle enterre dans un bosquet du domaine de Mont-de-Meuse trois sacs plastique contenant 197 pièces d'or (vingt-cinq mille euros) que son mari avait dérobées à Farida Hellegouarch…

Monique Fourniret semble tout d'abord décidée à faire équipe avec son mari qu'elle visite en prison et résolue à porter leur terrible secret. Pourtant, elle va peu à peu lâcher du lest au fil des mois sous les coups de butoir successifs et réguliers des policiers français et belges, comme ce 5 août 2003. Interrogée au commissariat de Sedan par la PJ de Reims, elle reconnaît que son époux est un « homme qui ne s'est jamais guéri de sa passion pour les jeunes femmes ou les jeunes filles[2] ». Quant à cette fortune soudaine qui leur tombe du ciel, elle admet avoir cru « aux économies d'une vie » réalisées par son mari mais admet « que c'était comme avoir gagné au Loto ». Il est 23 h 30, la garde à vue n'en finit pas, la fatigue se fait sentir, Monique Fourniret parle déjà depuis onze heures. « Concernant

1. Procès-verbal du 14 août 2003.
2. Procès-verbal du 5 août 2003.

l'enlèvement des deux jeunes filles, je pense que mon mari est capable de l'avoir fait, mais je ne dispose d'aucun élément permettant de l'infirmer ou de l'affirmer », lâche-t-elle avant de révéler qu'il est rentré mystérieusement tard le soir de l'enlèvement de Mananya.

Mieux, l'épouse va alors donner des détails inédits sur la fameuse « jeune fille au pair » aperçue durant un été à Sart-Custinne. Après avoir interrogé les voisins, les policiers belges savent en effet qu'une adolescente a gardé le jeune Selim. Certains évoquent une jeune fille avec des cheveux blonds coupés au carré, âgée de quinze ou seize ans, sans accent notable. Selon la rumeur, elle se serait prénommée Delphine et serait arrivée d'un foyer versaillais… « On sait qu'elle était fan de Michel Berger et qu'elle avait été très affectée par la mort du chanteur français, ce qui nous permet de situer son passage chez Fourniret en 1992, indique Arnould d'Aspremont-Lynden, le procureur du roi de Dinant. Elle serait restée de quatre à cinq semaines. Au total, quatorze personnes dont les Fourniret reconnaissent l'existence de cette adolescente[1]. »

Celle-ci a notamment été aperçue lors de la grande fête des Pyramides organisée chaque année au mois d'août à Gedinne. « La fille au pair ramenée de France a rencontré à la fête du village un garçon de son âge, ont certifié d'anciens voisins. Ils sont sortis ensemble. Fourniret a piqué une colère monstre et l'a enfermée. On ne l'a plus jamais revue[2]. » Selon les rumeurs, Monique Fourniret aurait dit à une voisine que leur baby-sitter se serait enfuie durant la nuit.

Cuisinée par les policiers rémois, la mère de Selim confirme qu'elle devait aider son mari à rénover la maison et qu'il a décidé de recruter une adolescente

1. Entretien avec l'auteur.
2. AFP du 17 avril 2005.

belge pour leur fils. Il aurait passé des petites annonces et son épouse serait allée la chercher. Où ? Elle ne sait plus. Son âge ? Dix-huit ans, sans doute. Combien était-elle payée ? Aucune idée. Non, Monique Fourniret se souvient simplement d'une fille « ni pulpeuse ni Lolita[1] ». En revanche, elle n'a pas oublié ses cris poussés dès la seconde nuit après son arrivée. Réveillée en sursaut, elle se serait précipitée dans la chambre de la jeune fille fermée à clés. Celle-ci, vêtue de sa chemise de nuit, lui aurait ouvert la porte et la mère de famille aurait découvert son mari nu. « Il était passée par l'extérieur à l'aide d'une échelle qu'il avait posée à l'aplomb de la fenêtre de sa chambre », précise-t-elle. Selon sa version, Michel Fourniret ne se serait pas excusé et aurait ensuite nié l'épisode. Sa femme aurait ramené la jeune fille qui n'aurait pas porté plainte. Pourquoi Monique Fourniret a-t-elle relaté cet épisode peu glorieux pour son mari ? A-t-elle lancé un leurre pour égarer juges et policiers sur une piste ancienne et difficile ?

Quoi qu'il en soit, les soupçons sur l'Ardennais se renforcent au fil des mois. En septembre 2003, il est inculpé pour la tentative d'enlèvement de Sandra, quatorze ans, le 12 février 2000 à la gare de Gedinne. « Il conteste avoir voulu l'enlever, assure Me Bernard Castaigne, son avocat. Il est rare que Michel Fourniret fasse preuve de violence pour forcer quelqu'un à le suivre. Le scénario est toujours très important dans le mode opératoire[2]. » Effectivement, les policiers dinantais comprennent que le Français aborde sans complexes et souvent avec gentillesse des jeunes filles croisées au hasard. Comme Véronique, une habitante de Rochefort âgée de seize ans, qui leur raconte comment elle a vu sa camionnette blanche s'arrêter à sa hauteur en 2001

1. Procès-verbal du 5 août 2003.
2. Entretien avec l'auteur.

alors qu'elle attend le bus. Michel Fourniret lui propose de la déposer quelque part. La jeune femme réalise qu'elle est la seule à qui il fait cette proposition, mais comme elle le trouve « très sympathique[1] », elle monte à ses côtés. Le conducteur lui pose beaucoup de questions. « Sur le ton de l'humour, il m'a même demandé si j'avais déjà eu une expérience sexuelle. J'ai répondu : "Oui.[2]" » Elle ajoute également une phrase qui fait froid dans le dos : « Il m'a aussi proposé de me revoir et de me ramener à Chanly tous les mardis. » Michel Fourniret n'est-il pas revenu parce que Véronique disait ne plus être vierge ?

Les policiers, eux, remarquent que l'Ardennais semble libre les mardis, jour de la semaine où a disparu Céline. De surcroît, une relation de Michel Fourniret a assuré qu'il cueillait souvent des champignons et donc qu'il connaissait très bien les bois environnants où furent retrouvées les deux Françaises assassinées.

Mais les enquêteurs ont surtout compris qu'il fallait accroître la pression sur sa femme. Le 25 novembre, elle est cette fois-ci dans les locaux de la police de Neufchâteau. Cinq policiers la travaillent au corps, notamment au sujet de la mystérieuse baby-sitter dont le visage poupin est apparu quelques jours plus tôt lors de l'appel à témoins lancé sur RTL-TVI. Cette fois-ci, elle reconnaît qu'elle avait peur que son époux ait une liaison avec une fille jeune. « Mon mari m'a directement rétorqué que j'étais jalouse[3] », avance-t-elle. Fouillant dans sa mémoire, elle aura quelques « flashes » : la jeune fille aurait pu se prénommer Delphine, parlait français et aimait les chevaux. Importunée par son mari le soir du bal de Gedinne, Monique Fourniret l'aurait

1. Procès-verbal du 18 septembre 2003.
2. *Ibid.*
3. Procès-verbal du 25 novembre 2003.

tout de suite raccompagnée en empruntant l'autoroute en direction de Bruxelles et l'aurait laissée sur une place dans une ville après lui avoir payé un café. Les policiers sont sceptiques sur ces maigres indices qui ne leur permettent pas de progresser. Ils se demandent si l'épouse de l'Ardennais n'a pas une mémoire à géométrie variable. « C'est une personne très dure à interroger, confirme Philippe Morandini, le substitut du procureur du roi de Dinant. Il faut lui poser plusieurs fois la question. On dirait qu'elle macère ses réponses. C'est une personne qui réfléchit très longtemps avant de parler[1]. » Face aux policiers, elle admet être entièrement soumise à son mari et s'interroge sur les meurtres de Céline et Mananya. « Je ne sais pas comment je peux faire pour vivre et comment j'ai pu vivre avec ces doutes, dit-elle. Je me trouve un peu inconsciente et je pense avoir fait preuve de bêtise dans un tel contexte[2]. »

Alors que sa femme est à Neufchâteau, Michel Fourniret est en train d'écrire depuis sa cellule. En bon joueur d'échecs, il a décidé de tenter un « coup » pour retourner la situation à son avantage. Le 25 novembre 2003, il adresse un courrier à Michel Collin, le correspondant du quotidien *L'Ardennais-l'Union* à Givet (Ardennes). La missive est intitulée : « Lettre à baby-sitter 1993 », un nom de code donné par les policiers et la presse à cette jeune fille qui serait en réalité venue un an auparavant chez le couple. En quelques lignes, il demande à la disparue de se manifester car « l'absence d'écho à l'appel à témoins diffusé par les médias suscite une agitation contraire à votre droit de vivre libre et sereine[3] ». « VOTRE SILENCE FAIT GRAND BRUIT », a-t-il écrit en majuscules. Et

1. Entretien avec l'auteur.
2. Procès-verbal du 25 novembre 2003.
3. *Libération* du 5 juillet 2004.

d'affirmer que les policiers se demandent si « la jeune fille au pair venue au bal en plein air sous les lasers ne se trouve-t-elle pas six pieds sous terre ? ». Suit une gerbe de compliments indigestes à propos de son dévouement. « Votre présence a donné au gamin le bonheur d'exister, ajoute-t-il, toujours aussi lyrique. Tout cela n'est pas rien dans la vie d'un petit bout de chou. » Après avoir sorti les violons, Michel Fourniret a imaginé l'un de ces scénarios dont il est le seul à avoir le secret pour la pousser à le recontacter. Il lui rappelle qu'elle a acheté à la brocante locale un animal en peluche à Selim. « Vous n'avez pas oublié le nom dont vous avez baptisé cette grosse peluche, demande-t-il. Il vous est facile de donner signe de vie. M. Collin, neutre en sa qualité de journaliste, accepte d'être porte-parole. Dites-lui le nom de la peluche, s'il vous plaît (comme si vous parliez à Clark Kent alias Superman). C'est entendu ? D'avance merci. » Prévenu, l'avocat de Michel Fourniret n'aura pas à jouer les messieurs-bons-offices. Car cette lettre étonnante, renvoyée en décembre et janvier, n'a jamais été publiée par le quotidien…

Incarcéré, l'Ardennais reçoit pour seule visite celle de sa femme. Elle lui parle de la pression policière toujours plus forte et relate les interrogatoires dont elle est l'objet. Elle évoque notamment les enquêtes sur Céline et Mananya. « Une seule fois, nous avons abordé le sujet au parloir, dit-elle. Il m'a dit qu'il n'avait rien à voir avec cela et, pour moi, le message était clair : cela signifiait que je devais me taire[1]. » Conscient d'être surveillé, le détenu fait attention à ce qu'il dit. Le couple possède un code pour évoquer les pièces d'or du trésor des Postiches : ils parlent des « petits » ou des « brunos » !

1. Procès-verbal du 22 juin 2004.

Après un passage au camping, Monique s'installe dans un deux-pièces à Waulsort et s'occupe de Selim, élève médiocre inscrit en troisième professionnelle à l'institut Notre-Dame de Gedinne. « Elle marchait toujours en regardant par terre, témoigne Léon Monsieur, l'un de ses voisins. Elle ne disait jamais bonjour. Je ne la voyais que le matin et le soir lorsqu'elle sortait son chien. On se disait entre voisins qu'elle avait l'air bizarre[1]. » Bénéficiaire de l'aide sociale, Monique Fourniret suit une formation pour travailler dans le tourisme. À la fin du printemps 2004, elle contacte le syndicat d'initiative de Hastière pour un stage de trois semaines. « J'ai vu arriver une femme assez quelconque qui m'a raconté qu'elle avait eu une vie très difficile, qu'elle était séparée de son mari et qu'elle tenait absolument à s'en sortir[2] », raconte Jean Ricard, le président de l'organisme, qui accepte de la prendre au début du mois de juillet.

Mais Monique Fourniret est sous pression. Depuis juin 2003, elle a été entendue à plusieurs reprises, parfois sous hypnose, parfois avec l'aide du détecteur de mensonges. Une nouvelle perquisition a lieu chez elle le 19 mai. Son mari a compris qu'elle était sur le point de craquer. Une fois encore, il joue un coup désespéré destiné à détourner les enquêteurs de leur cible. Il rédige un texte intitulé « Suite à l'audition de Monique à Neufchâteau[3] » où il indique avoir révélé à sa femme : « [...] dans les années 80, j'avais attenté à la vie d'un frère d'une loge maçonnique et ministre de l'Économie, je crois, dont le corps fut retrouvé près de Rambouillet, dans un étang, "suicidé". » Michel Fourniret, impliqué dans l'affaire Robert Boulin ! Quel aveu ultime ! Cela fait

1. *Le Nouvel Observateur* du 5-11 août 2004.
2. *Ibid.*
3. Procès-verbal du 22 juin 2004.

des années que l'on s'interroge sur l'étrange suicide en 1979 du ministre du Travail de Valéry Giscard d'Estaing et voilà que l'Ardennais reconnaît spontanément avoir trempé dans cette affaire politico-criminelle qui s'est déroulée à côté de chez lui !

Le mardi 22 juin 2004, le commissaire Fagnart, assisté d'une femme inspecteur principal, agite le document sous le nez de Monique Fourniret. Cette histoire ne lui dit rien et ce pétard mouillé, digne d'un « barbouzard de série B », pourrait surtout prêter à rire. Mais en ce début d'après-midi, l'épouse de l'Ardennais n'a pas le cœur à rigoler. Cette fois-ci, ça y est, elle cède. « Je suis maintenant décidée à vous dire la vérité, annonce-t-elle. Depuis près d'un an, je vis très mal ce qui se passe, étant donné que je sais des choses et que, par peur d'être considérée comme sa complice, je ne l'ai jamais dénoncé [...] Ce que je vais vous dire ne s'invente pas[1]. »

Pour camper le personnage, elle explique d'abord comment son mari, toujours obsédé par les vierges, partait « chasser » ou « draguer ». « Je ne pouvais pas m'opposer à lui, explique-t-elle. Quand il revenait, il avait l'habitude de me raconter ce qui s'était passé[2]. » Et Monique Fourniret de préciser comment son époux cherche à aborder les jeunes filles et prend du plaisir à essayer de les faire monter dans son véhicule. « Pratiquement à chaque fois, ces rencontres consistaient en une conversation au cours de laquelle il tentait de séduire la jeune fille, ce qui lui suffisait[3]. » Mais, selon elle, un « besoin absolu de relations sexuelles avec une jeune fille vierge » l'a emporté à deux reprises. Voilà pourquoi Céline et Mananya sont mortes. Après avoir

1. Procès-verbal du 22 juin 2004.
2. *Ibid.*
3. *Ibid.*

évoqué rapidement ces deux crimes, Monique Fourniret assure avoir des remords de s'être tue. « Lui-même ne m'a jamais menacée de quoi que ce soit si je parlais[1] », ajoute-t-elle. L'épouse zélée vient donc d'avouer. Mais elle vient aussi de mentir. Car elle assure que son mari n'a jamais tué d'autre jeune fille.

À 16 h 05, elle est dans le bureau du juge Claude en présence notamment d'un lieutenant du SRPJ de Reims. Les Belges ne chôment pas : Monique Fourniret doit réitérer ses aveux devant un magistrat, ce qui permettra d'éviter toute accusation éventuelle de brutalité policière. Elle confirme. Et précise même que son mari n'a pas pu violer ses deux victimes. « Il m'a bien dit que le fait de se trouver en présence de filles vierges l'avait privé de ses moyens[2] », lâche celle qui reconnaît être « complice » et « coupable ».

Six jours passent. Ces premiers aveux ne « fuitent » pas dans la presse. Une belle performance ! Le lundi 28 juin, en fin de journée, Monique Fourniret est de nouveau face au commissaire Fagnart. Un inspecteur belge, un commandant et un lieutenant de la PJ de Reims sont aussi de la partie. La nuit va être longue, très longue. La femme de l'Ardennais n'a pas tout dit. Avant de déballer ce qu'elle a sur le cœur et sur la conscience, elle précise qu'elle a d'abord révélé la vérité à son fils au sujet de son père. « Selim n'a pas eu de réaction évidente en tout cas, précise-t-elle. Il ne m'a rien reproché et n'a pas fait de commentaire. C'est vrai que c'est dans sa nature, il est peu expressif[3]. »

Que dire face à une telle monstruosité ? Comment ne pas être écrasé ? Car Monique Olivier va en quelques

1. *Ibid.*
2. *Ibid.*
3. Procès-verbal du 29 juin 2004.

heures tracer le portait d'un véritable tueur en série ! « Depuis le début de notre vie commune, fin 1987, à ma connaissance il a tué au moins six femmes[1] », avoue-t-elle aux policiers. Outre Céline et Mananya, son mari aurait tué Farida Hellegouarch en région parisienne, Elisabeth à Namur ainsi qu'une prénommée Isabelle dans l'Yonne et une jeune fille de Charleville. Après avoir téléphoné à leurs collègues français, les policiers lui soufflent qu'il s'agit sans doute de Jeanne-Marie et d'Isabelle. Tout au long de la soirée, l'épouse de l'Ardennais va détailler ces six crimes. Elle confirme également que son mari a bien tenté d'enlever une infirmière à Bruxelles où avait été retrouvé le revolver de la PAF avec du matériel servant à un kidnapping. Dérangé par un gardien, il aurait été forcé de s'enfuir. En revanche, elle maintient qu'elle a bien ramené vivante la fameuse jeune fille au pair.

Abasourdis par ces révélations, les policiers lui demandent pourquoi elle n'a rien dit depuis seize ans. « Michel m'avait dit que si je parlais, il me dénoncerait comme complice, explique-t-elle alors qu'elle avait dit le contraire six jours auparavant. J'ai eu peur de me retrouver aussi en prison. À partir de là, j'étais tombée dans son piège et j'étais contrainte à accepter tout ce que j'ai vécu avec lui sans jamais le dénoncer[2]. » Comment a-t-elle réagi après le premier meurtre et comment a-t-elle pu avoir un enfant du criminel ? interrogent logiquement les enquêteurs. « J'ai eu peur qu'il fasse la même chose avec moi[3] », répond-elle, précisant qu'elle ne savait où s'enfuir et que « la naissance de Selim n'était pas voulue par [elle] ». Monique Fourniret parle. Elle boit de l'eau mais n'a pas faim. Nul besoin

1. Procès-verbal du 29 juin 2004.
2. *Ibid.*
3. *Ibid.*

de docteur durant la garde à vue. Juste d'un médicament pour la tension.

À minuit, les policiers lui conseillent de vraiment tout dire. De ne rien oublier…

Nouvel effort, nouvelle confession. La route de l'horreur semble sans fin. « Mon mari a tué deux autres jeunes filles et même un homme sur un parking d'autoroute[1] », dit-elle en substance. Là encore, elle ne se souvient même pas des noms de Natacha, poignardée à mort dans la région nantaise et de Fabienne, abattue à Mourmelon. En revanche, elle n'a pas oublié les circonstances de ces kidnappings. Tout comme elle se souvient de ce VRP de l'autoroute sur qui Michel Fourniret avait fait feu. Mais ils n'ont jamais su s'il était vraiment mort. Avant d'en terminer, la mère de Selim donne d'autres précisions sur les meurtres de Jeanne-Marie et Isabelle. Pour cette dernière, elle admet que c'est elle qui, en tant que conductrice, a servi à mettre en confiance la victime, un « détail » oublié dans sa première version…

Il est 4 h 30, ce 29 juin 2004. Monique Fourniret signe un long procès-verbal de dix-sept pages tachées de sang et de malheur. Mais la Française n'a pas encore tout dit. Six heures plus tard, elle est face au juge Claude dans son bureau. Et là, elle colle un nouveau meurtre sur le dos de son mari : celui de la jeune fille au pair ! Sans livrer plus de détails sur son identité, elle certifie qu'il l'a étranglée après avoir tenté d'abuser d'elle dans la chambre après ce fameux bal des Pyramides à Gedinne. Il aurait ensuite ficelé le cadavre avant de le charger dans le C25 et de partir l'enterrer dans un bois de Felenne. « Je sais que je mérite d'être emprisonnée[2] », souffle-t-elle au juge Claude qui

1. *Ibid.*
2. *Ibid.*

l'inculpe pour non-assistance à personne en danger et la fait incarcérer.

Pourquoi a-t-elle brusquement avoué ? « C'est une femme très intelligente, très calculatrice, qui s'est dit qu'elle était dans la nasse et n'avait plus de marge de manœuvre », analyse Yves Charpenel, ancien procureur général de Reims, qui a longtemps supervisé cette affaire côté français. Elle s'est dit, si je coopère, ma responsabilité en sera atténuée. Ses aveux sont loin d'être spontanés[1]. » La lourde condamnation, quelques jours avant, de Michelle Martin, l'épouse de Marc Dutroux, aurait également pesé dans la décision de Monique Fourniret. Des micros placés dans la cellule de rapprochement familial de la prison de Dinant ont aussi joué un rôle important dans ce brusque revirement. Les enquêteurs auraient ainsi récolté des indices importants à l'occasion d'une dispute du couple Fourniret et s'en seraient servi pour la pousser à avouer. « Je n'ai jamais vu d'écoutes dans la procédure belge ou française[2] », s'étonne Richard Delgennes, l'un des avocats de Monique Fourniret. Selon lui, sa cliente aurait vidé son sac car « elle en avait marre que Michel Fourniret dise qu'il allait ressortir. Elle ne voulait pas que la vie reprenne comme avant[3] ». Incarcéré depuis un an, l'Ardennais multipliait les demandes de remise en liberté et risquait effectivement d'être relâché dans l'attente d'un simple procès correctionnel. « Les écoutes n'ont pas été l'élément déclenchant, répond simplement Arnould d'Aspremont-Lynden qui ne tient pas à s'étendre sur ce point sensible. Monique Fourniret a senti que l'étau se resserrait. Ç'a été un travail de longue haleine de la faire douter. Elle a été peu à peu

1. Entretien avec l'auteur.
2. *Ibid.*
3. *Ibid.*

prise dans ses contradictions et les policiers n'ont pas lâché. Quant à ses motivations profondes, on ne les connaît pas[1]. »

Après la femme, le mari. Le mercredi 30 juin 2004, le commissaire Fagnart s'attend à jouer une partie difficile face à un Ardennais froid et hautain, arc-bouté depuis un an sur ses dénégations. Son épouse n'a-t-elle pas déliré ? N'a-t-elle pas alourdi l'addition pour se venger de lui ? Toujours très calme, le Français, aux cheveux et à la barbe grisonnants, est amené vers 8 h 30 dans les locaux du SJA de Dinant pour être interrogé. Ce matin, il a entendu à la radio que son nom était cité dans plusieurs affaires d'enlèvements et de meurtres de jeunes filles. Les enquêteurs lui expliquent que sa femme l'a « balancé ». Contre toute attente, Michel Fourniret va « s'allonger », comme disent les policiers. Mieux, il dit calmement n'éprouver aucune rancœur à l'égard de sa femme. « Une des qualités de mon épouse est qu'elle ne triche pas, confesse-t-il, grand seigneur. Les pressions que vos services ont exercé sur elle depuis le début de l'enquête l'ont amenée à faire ces déclarations qui sont en quelque sorte libératoires pour elle, libératoires à mon égard vis-à-vis du despotisme tyrannique que je lui ai imposé depuis que nous vivons ensemble. Elle n'avait pas le choix de refuser ce que je lui imposais et donc l'acceptait par instinct de survie[2]. »

Acculé, Michel Fourniret avoue une première série de six meurtres : Elisabeth, Farida Hellegouarch, Jeanne-Marie, ainsi que trois jeunes filles tuées à Nantes, Mourmelon et dans la région d'Auxerre dont le criminel dit ne pas connaître le nom. Froidement, le Français égrène lentement chacun de ces crimes en livrant des détails dans son style boursouflé si

---

1. *Ibid.*
2. Procès-verbal du 30 juin 2004.

particulier. À chaque fois, il précise s'il y a eu viol ou non. Il conteste parfois certaines précisions faites par sa femme. Ou se trompe lorsqu'il assure avoir seulement étranglé Natacha alors que celle-ci a été aussi poignardée. L'homme essaie aussi de faire croire qu'il a traité ses victimes avec déférence et que, devant leur opposition, il a été malheureusement forcé de les supprimer... Il précise également qu'il a enterré Jeanne-Marie et Elisabeth dans son ancienne propriété du Sautou et jeté le corps d'Isabelle dans un puits du département de l'Yonne. Globalement, ses aveux recoupent ceux de sa femme. L'Ardennais reconnaît également avoir tiré sur un représentant de commerce sur une autoroute entre 1988 et 1989 et agressé une toiletteuse pour chiens à Jambes en 1995. En revanche, il nie avoir tué la jeune fille au pair, Estelle Mouzin, enlevée à Guermantes en janvier 2003 (*cf.* conclusion), ainsi que Céline et Mananya. Le Français croit-il échapper à la prison à vie en n'avouant que des crimes anciens qu'il croit prescrits ? Confronté aux indices récoltés par les policiers, il finit par céder le lendemain et reconnaît également les meurtres des deux Françaises kidnappées à Sedan et Charleville-Mézières, en 2000 et 2001. Après avoir cru pouvoir se sortir d'une situation difficile, Michel Fourniret doit s'avouer cette fois-ci échec et mat.

Mais la partie est loin d'être finie. Après plus d'une dizaine d'années d'attente et d'angoisse, le choc est rude pour les familles d'Isabelle, de Jeanne-Marie et d'Elisabeth, portées disparues. « Le père[1] de Jeanne-Marie a appris la mort de sa fille au téléphone, ça l'a mis à genoux pendant trois jours, regrette Marie-Claude Perotin, une responsable associative qui l'a soutenu. Aucune aide psychologique ne lui a été proposée. Cet homme ne parle plus depuis longtemps. En 2002, nous

1. Âgé de quatre-vingt-cinq ans.

avions participé à une émission de télévision et lancé un appel à témoins. Il espérait retrouver sa fille vivante. Quand j'évoque Jeanne-Marie, il se met simplement à pleurer[1]. »

Des fouilles doivent donc être organisées au plus vite pour permettre à tous ces parents et proches de faire enfin leur deuil. Concernant l'Auxerroise, Michel Fourniret se souvient simplement avoir roulé dans la nuit « pendant plusieurs dizaines de kilomètres » au nord-est de Saint-Cyr-les-Colons et jeté le corps « dans un puits de dispersion à la masse[2] » situé près d'un transformateur électrique en brique rouge désaffecté. Ces indications sont trop imprécises pour amorcer des recherches. En revanche, l'Ardennais a avoué avoir enterré la jeune fille de Béthune et la Namuroise près de la maison du gardien au château du Sautou. Le 3 juillet, une pelleteuse est de nouveau à pied d'œuvre dans son ancienne propriété. « Il nous avait fait un plan au mètre près mais, pendant huit heures, nous n'avons rien trouvé, rapporte Yves Charpenel. Il a fallu lui donner du Monsieur Fourniret et là, il a dit qu'il fallait continuer de tel côté[3]. » « Il jouait les vedettes et il se foutait de notre gueule, dit en termes plus crus un enquêteur présent sur place. Sa femme, elle, était dans une voiture et racontait avec froideur et sans émotion ce qui s'est passé[4]. »

Après avoir laissé les policiers patauger, l'Ardennais livre enfin des renseignements exacts. Les ossements des deux jeunes filles sont à l'arrière du château, enfouis à deux mètres cinquante sous terre, près du portique des enfants… Le crâne de Jeanne-Marie est

1. Entretien avec l'auteur pour *France Soir* du 8 avril 2005.
2. Procès-verbal du 30 juin 2004.
3. Entretien avec l'auteur.
4. *Ibid.*

retrouvé dans un sac plastique maintenu par deux nœuds. Deux bandes de type Elastoplast sont disposées en croix au niveau du nez et de la bouche et sont recouvertes d'une bande Velpeau. Une robe, des chaussures noires, une veste en peau de mouton, un pull, un soutien-gorge, une écharpe fossilisés sont également dégagés de la terre, tout comme le squelette d'une enfant de douze ans. À côté, les enquêteurs extraient un portefeuille contenant la carte d'identité d'Elisabeth. « La police belge me téléphonait tous les quarts d'heure et me tenait au courant de l'avancée des fouilles, raconte son père. Je ne voulais pas y aller. Ma fille a eu une mort laide. On m'a proposé de reconnaître le corps. Mais reconnaître quoi ? Je ne voulais pas garder cette dernière image d'elle[1]. »

Quelques jours plus tard, Jeanne-Marie est enterrée à Béthune en présence de son père. Deux chaînes de télévision belges ont retransmis les obsèques d'Elisabeth auxquelles participaient plusieurs milliers de personnes le 24 juillet à Namur. « Un opératragi-comique[2] », souffle aujourd'hui son père, les yeux mouillés, qui espérait plus de sobriété. Devant le petit cercueil blanc, surplombé de roses immaculées, sa mère a lu *Le Chant de la nuit* qui, dans la tradition des Indiens navajo, est censé restaurer l'harmonie quand un acte répréhensible a été commis. Un texte d'une grande émotion clos par cette dernière phrase : « Tout est fini dans la plénitude. »

1. *Ibid.*
2. *Ibid.*

15

LES GENDARMES ENQUÊTENT EN CACHETTE

Michel Fourniret a-t-il avoué tous ses crimes ? Au début de l'été 2004, la question travaille les magistrats, les policiers et les médias qui s'interrogent sur ce « Dutroux français ». Décrit comme un expert dans l'art de la manipulation, l'homme ne garde-t-il pas encore quelques secrets, attendant le moment opportun pour lâcher certaines révélations et jouir de leurs effets ? « Off[1] », tous les acteurs du dossier judiciaire répètent que l'homme a sans doute d'autres morts sur la conscience et qu'il aurait sévi entre 1992 – date de sa dernière sortie de prison – et 2000, huit années vierges de tout crime. Mais reste à le vérifier et surtout à le démontrer ! Et pour cela, il faut refaire le film, le « cueillir » à sa sortie de Fleury-Mérogis un matin d'octobre 1987, le suivre dans sa voiture, à ses domiciles, au travail, avec sa femme, afin de déterminer s'il n'a pas laissé derrière lui des meurtres non élucidés ou des disparitions non résolues.

1. *Off the record*, officieusement.

Qui va se charger de ces investigations longues et difficiles ? Côté français, la police judiciaire (PJ) est toute désignée pour travailler sur cette affaire. Saisie pour élucider les meurtres de Céline et de Mananya, son antenne de Reims connaît déjà le bonhomme qu'elle a « travaillé » depuis un an. Même si elle n'a pas réussi à lui « coller » ces deux homicides, les policiers pensent tenir un bon « client ». Mais, en l'espace de deux jours, ils sont confrontés à un tueur en série qui avoue tranquillement neuf meurtres dont celui d'un représentant de commerce qui sera finalement retrouvé vivant... Le dossier criminel change brutalement de dimensions. Le père de famille a frappé dans l'Yonne, la Loire-Atlantique, les Yvelines, la Marne, la Belgique et dans les Ardennes. Six de ces huit dossiers sont clos ou mis en veilleuse.

Étant donné son antériorité, la PJ a la priorité pour se charger de cette affaire. Le 5 juillet 2004, elle annonce qu'elle va se pencher sur une trentaine de disparitions inquiétantes et d'homicides non élucidés en France. Les *serial killers* sont rares dans l'Hexagone. Souvent passionnés par leurs enquêtes, les policiers des « groupes criminels » voient dans ce type de dossier un beau défi à relever. Ne peut-on pas « coller » au suspect d'autres meurtres ? De plus, le prestige d'une enquête bien menée rejaillit souvent sur l'ensemble d'un service.

Rapidement, l'affaire Fourniret va pourtant donner lieu à un nouvel épisode de la traditionnelle « guéguerre » entre la police et la gendarmerie. Comme le disent les beaux discours officiels, ces deux grands services de police judiciaire travaillent main dans la main pour éradiquer le crime et faire baisser la délinquance sous l'égide d'un grand ministère de la Sécurité intérieure. Mais, en coulisses, certains ne se gênent pas pour glisser dès qu'ils le peuvent des peaux de banane sous les pieds de leurs collègues. De par son histoire et son implantation géographique, la PJ a préempté les affaires de stupéfiants, de grand banditisme, de délinquance financière, tandis que la gendarmerie, elle, règne sur les dossiers de délinquance itinérante. Reste les homicides, terrain habituel d'un « match » qui peut donner lieu à de drôles de foires d'empoigne, arbitrées par des magistrats goguenards, ravis quelquefois d'exacerber cette saine concurrence…

Lorsque Michel Fourniret fait une entrée fracassante dans le paysage criminel français, des responsables de la gendarmerie estiment qu'il ne faut pas laisser passer une occasion pareille de mettre en avant le savoir-faire de leurs services et de « sortir » de nouvelles affaires. Dès le 8 juillet 2004, une réunion discrète se tient à l'état-major, à Paris, avec des gendarmes de la sous-direction de la police judiciaire, du bureau des affaires criminelles (BAC) et de la section de recherche (SR) de Dijon (Côte-d'Or). Au menu : la création de « la plate-forme Fourniret », destinée à faire « remonter » des affaires d'homicides non résolus et de disparitions inquiétantes. « La Direction générale de la gendarmerie nationale (DGGN) voulait le dossier[1] », assure le major Claude Jeanguénin, alors responsable du groupe « Crimgen » (criminalité générale) de la SR de Dijon, présent à la réunion. « Il fallait emmagasiner des informations sur Fourniret, des procédures et les présenter à la justice pour être saisi et pouvoir mener de véritables enquêtes. On m'a dit : “Si on gagne, on repousse votre départ à la retraite.” »

Après avoir travaillé pendant vingt ans dans les services d'enquête des SR de Reims et de Dijon et traité une centaine d'affaires criminelles, le major Claude Jeanguénin est l'homme de la situation. Tout au long de sa carrière, il a croisé pas mal de beaux spécimens,

1. Entretien avec l'auteur.

comme le tueur en série Francis Heaulme ou l'adjudant Pierre Chanal qui s'est suicidé avant d'être jugé pour la disparition de trois militaires au camp de Mourmelon. L'ancien gendarme de Reims fait de Fourniret une affaire d'autant plus personnelle que l'Ardennais a avoué le meurtre non élucidé de Fabienne en 1988 dans la Marne (*cf.* chapitre 8). Un crime resté en travers de la gorge du major, alors chargé de l'enquête et qui n'avait pas réussi à le « sortir »...

« Il fallait prendre tout le dossier Fourniret, l'expérience montre qu'il est très difficile de travailler à deux services, glisse-t-il. Chacun essaie de tirer la couverture à soi[1]. » Cinq enquêteurs de la SR de Dijon, spécialisés dans les homicides, viols et vols à main armée, et quatre « référents » des groupements de la Marne, de l'Yonne et de la Côte-d'Or vont alors faire le forcing pour collecter toutes les données disponibles sur le criminel incarcéré en Belgique. Domiciles, professions, véhicules, séjours en prison ou en hôpitaux, procédures, tout est bon pour « tracer » le suspect. « Il fallait le fixer dans le temps, savoir où il avait résidé, ce qu'il avait fait, où il était passé afin de faire des rapprochements avec des affaires suspectes[2] », explique Claude Jeanguénin, habitué aux courses de longue haleine. Grâce à la base de données de la gendarmerie Judex, qui répertorie les infractions constatées, les militaires récoltent quelques indications sur le pedigree du bonhomme.

Parallèlement, un « message » est diffusé à l'ensemble des unités de recherche de la gendarmerie. Celles-ci sont priées de faire remonter des affaires dont les profils de victimes ou les modes opératoires pourront cadrer avec celles du tueur en série présumé. Des

1. *Ibid.*
2. *Ibid.*

procédures RIF relatives aux disparitions d'adultes non inquiétantes sont même demandées. « On s'est rapidement retrouvé avec un millier de fiches[1] », reconnaît Claude Jeanguénin qui cite en exemple le travail de la cellule toulousaine Homicide 31. Ce groupe de gendarmes a ressorti des dizaines d'affaires non élucidées après l'arrestation du tueur en série Patrice Alègre. « Malheureusement, avec le turn-over important dans les SR, beaucoup d'enquêteurs n'étaient plus là, la mémoire vivante de ces dossiers n'était plus disponible[2]. » Autre problème, la fiabilité des bases de données. Si un suspect est mis en examen dans une affaire, celle-ci est déclarée résolue. Mais si un non-lieu intervient quelques mois plus tard, le dossier est toujours classé comme élucidé. « Autrefois, nous disposions des interrogations spéciales, les fameuses IS, des informations issues, par exemple, du moindre contrôle routier ou d'identité, cela permettait de tracer efficacement un suspect, soupire le major Claude Jeanguénin, mais, depuis que la Commission nationale informatique et libertés (CNIL) est intervenue au milieu des années 90, cet outil a disparu[3]. »

Enfin, la plate-forme Fourniret se trouve confrontée à un obstacle majeur : l'absence de cadre juridique lui permettant de mener une enquête officielle et d'avoir accès à des informations auprès des banques, des opérateurs de téléphone, aux fichiers de la Sécurité sociale, etc. Impossible pour les enquêteurs d'examiner les mouvements d'argent du couple ou de dérouler leurs communications depuis plusieurs années. « Il a fallu faire des vérifications de façon officieuse[4] », admet Claude Jeanguénin. Ainsi, les gendarmes rendent visite

1. *Ibid.*
2. *Ibid.*
3. *Ibid.*
4. *Ibid.*

au directeur de la maison d'arrêt de Fleury-Mérogis. Ils apprendront que Michel Fourniret a notamment bénéficié d'une permission de sortie en septembre 1987 avant son élargissement un mois plus tard. Une escapade de quelques heures qui lui a permis de se rendre avec sa nouvelle compagne chez un ancien détenu domicilié en Seine-et-Marne. Ils découvrent un peu plus tard que le couple a fait de rapides allers-retours dans le sud de la France où demeurent les deux enfants de Monique Fourniret. « On a demandé aux unités locales si elles n'avaient pas d'informations particulières sur les déplacements des Fourniret[1] », raconte Claude Jeanguénin. Même démarche auprès de la SR de Versailles au sujet du meurtre de Farida Hellegouarch dont le corps n'a jamais été retrouvé. Les gendarmes locaux ont donc cherché dans leurs archives si des cadavres non identifiés pouvaient correspondre. Sans succès.

Pour entrer véritablement dans l'affaire et tenter de récolter des « tuyaux » de première main, la plate-forme de Dijon va alors se servir d'un cheval de Troie, le dossier Isabelle. Alors que l'enquête initiale sur cette jeune fille de dix-sept ans, disparue à Auxerre en décembre 1987, avait été traitée avec légèreté, les investigations ont été reprises en 2002 après le scandale judiciaire des « disparues de l'Yonne ». Quinze ans après, les gendarmes de la brigade de recherche (BR) d'Auxerre sont à la manœuvre et essaient, si cela est encore possible, de rattraper le temps perdu et les témoins envolés. Surtout, ils cherchent désespérément le corps de cette jeune fille timide et sans histoires dont on a du mal à penser qu'elle ait pu réellement fuguer (*cf.* chapitre 6).

Après les aveux de Michel Fourniret, les gendarmes obtiennent des magistrats auxerrois une commission

---

1. *Ibid.*

rogatoire internationale (CRI) pour entendre le Français et son épouse le 19 juillet à Dinant (Belgique). Peuvent-ils donner des indications précises pour localiser un corps que sa famille attend après tant d'années ? Un gendarme de la plate-forme se glisse parmi les enquêteurs présents dans les locaux de la police belge. Ravi de jouer les maîtres du monde, Michel Fourniret se met à quatre pattes sur la carte topographique déroulée sur le sol. Il fait semblant de retrouver ce transformateur en brique rouge et le puits où il affirme avoir jeté durant la nuit le corps de sa victime. « Il a dit que le corps avait mis du temps à arriver dans l'eau, cela devait être assez profond, rapporte Claude Jeanguénin. Je ne pense pas qu'il se soit moqué des enquêteurs ce jour-là. Nous avons passé tout l'été à localiser des lieux suspects. Si on retrouve ce puits, on pourrait bien découvrir d'autres corps. C'est une simple intuition[1]. »

Pour les gendarmes, assistés des policiers belges, le face-à-face avec le tueur en série présumé offre aussi une occasion unique. « J'avais dit à mon enquêteur de lui tirer un maximum d'éléments, poursuit le militaire. C'était de bonne guerre[2]. » À ce moment-là, tout le monde cherche à retrouver l'affaire de ce fameux VRP soi-disant abattu sur une aire de repos de l'autoroute A6, entre Paris et Sens. Michel Fourniret est persuadé de l'avoir tué après lui avoir dérobé sa veste et un peu d'argent. Mais il est incapable – ou se dit incapable – de donner davantage de précisions sur cette agression. Il consent néanmoins à faire un croquis de l'aire de repos et dessine le bâtiment des toilettes près duquel il attendait sa proie, le terrain et ses dénivellations, le grillage, etc.

1. *Ibid.*
2. *Ibid.*

Le précieux document va alors être exploité par la SR de Dijon. À l'époque, policiers et gendarmes se demandent si Michel Fourniret n'a pas commis une erreur sur la personne... Cet épisode autoroutier rappelle surtout le meurtre non résolu de Marie-Thérèse, une représentante en prêt-à-porter, dont le cadavre avait été retrouvé par des chasseurs le 30 octobre 1988 dans des fourrés à Ployart-et-Vaurseine (Aisne). Sept jours plus tôt, cette quinquagénaire élégante quittait son domicile du Pas-de-Calais pour se rendre à Reims (Marne) où elle devait présenter une collection de vêtements. Dans la journée, sa voiture était repérée sur l'aire de repos de Saint-Brice, sur l'autoroute A26 entre Laon et Reims. Des traces de sang étaient visibles entre le bâtiment des toilettes et son véhicule fermé à clé. Le lendemain, son sac, sa veste et un trousseau de clés étaient découverts dans le secteur. Mais c'est une semaine plus tard, et à trente kilomètres de là, que cette mystérieuse disparition inquiétante devenait brusquement un homicide. Abattue d'une balle dans la nuque, la victime, vêtue d'un body, était retrouvée avec le pantalon baissé sur les chevilles. « On savait que Michel Fourniret avait déjà tenté de bloquer une femme en voiture à Fismes (Marne) à la fin des années 80, indique le major Claude Jeanguénin. Celle-ci était allée se réfugier à la gendarmerie la plus proche. Sans se dégonfler, il l'avait rejointe pour dire qu'il y avait un malentendu[1]. » Fismes ne se trouve qu'à une trentaine de kilomètres du lieu de découverte de Marie-Thérèse. Même si le profil de la victime diffère des jeunes femmes agressées par l'Ardennais, policiers et gendarmes savent désormais qu'il peut tuer pour des motifs purement crapuleux, comme dans le cas de Farida Hellegouarch en avril 1988. « J'ai pris le croquis

1. *Ibid.*

de Fourniret et je suis allé sur l'aire de Saint-Brice mais cela ne cadrait pas, explique le major Claude Jeanguénin. Ensuite, nous avons passé cinq jours sur l'A6 à faire chaque aire et à la comparer au dessin[1]. » Comme le dit le major : « Ce n'est pas dans les bureaux que l'on fait des enquêtes[2]. »

Pourtant, un miracle va se produire. En lisant les « exploits » de Michel Fourniret, un ancien gendarme du peloton autoroutier de Nemours (Seine-et-Marne) s'est souvenu d'une agression intervenue au début de l'année 1988 sur l'aire de repos de Villiers, située juste avant la sortie Fontainebleau (Seine-et-Marne), à soixante-cinq kilomètres au sud de Paris en direction de la province. Mais il y a un hic. L'homme qui avait pris une décharge de fusil s'en était alors sorti vivant. Alors que le tueur en série présumé pense l'avoir laissé pour mort… La procédure qui avait été classée sans suite, faute d'éléments probants, a donc pu être exhumée grâce au militaire retraité – ce qui lui a valu une lettre de félicitations du lieutenant-colonel Mascaro, le chef de la SR de Dijon.

En dépit du battage médiatique fait autour des crimes avoués par l'Ardennais, Sydney Cissou, soixante ans en 2007, la victime de l'autoroute A6, n'avait fait aucun lien avec cette histoire. « Dix-sept ans après, cet épisode a resurgi brusquement quand un commandant de police de Reims m'a appelé, a-t-il raconté. Cette affaire m'a évidemment marqué. J'en ai gardé des séquelles physiques graves. Et quand je vois qui est Fourniret, je trouve cela encore plus inquiétant[3]. »

Ce dernier a été informé de la « résurrection » de sa victime. Toujours aussi imbu de lui-même, il s'était vexé

---

1. *Ibid.*
2. *Ibid.*
3. *France Soir* du 8 décembre 2004.

d'apprendre que l'on s'intéressait au meurtre d'une femme alors qu'il avait parlé d'un homme. « Il nous a félicités, glisse Yves Charpenel, l'ancien procureur général de Reims. Il nous a dit : "Vous m'avez respecté[1]." » Après le retour du mort-vivant, le compteur criminel de Michel Fourniret baisse donc de neuf à huit.

De leur côté, les gendarmes de la plate-forme s'efforcent tant bien que mal d'amasser des renseignements sur son compte. Des enquêteurs des SR et des BR de Besançon, Bourges, Chambéry ou Auxerre viennent à Dijon pour collecter des informations et les croiser avec certaines de leurs affaires. « Beaucoup d'enquêteurs voulaient aller entendre Fourniret, indique Claude Jeanguénin. Nous étions là aussi pour canaliser toutes ces velléités et éviter que ça se bouscule auprès des magistrats belges[2]. »

Après avoir examiné des dizaines et des dizaines de procédures de meurtres et de disparitions, les gendarmes dijonnais retiennent cent quatre-vingt-onze affaires suspectes concernant des jeunes femmes âgées entre quinze et trente-cinq ans. En les croisant avec le mode opératoire et la position supposée de Michel Fourniret, ils n'en retiennent finalement que quarante-deux. Les responsables de la plate-forme vont plaider leur cause auprès des procureurs généraux de Dijon et de Reims. Mais les relations avec les magistrats sont glaciales. Un accrochage a même lieu entre les juges d'instruction auxerroises et les militaires dijonnais au sujet d'un transfert de procédures. « Elles voulaient garder leurs dossiers et nous mettre des bâtons dans les roues, grince un colonel de gendarmerie. Ça s'est fini par une discussion franche dans le bureau du président du tribunal de grande instance[3]. » Quant aux contacts avec

1. Entretien avec l'auteur.
2. *Ibid.*
3. *Ibid.*

les collègues de la Division nationale pour la répression des atteintes aux personnes et aux biens (DNRAPB) – un service de la Direction centrale de la police judiciaire (DCPJ) – qui enquêtent également sur le parcours de Michel Fourniret, ils se résument à de rares appels téléphoniques et fax. « Un officier de la PJ de Reims est venu chez nous et nous avons quand même pu échanger des renseignements[1] », tempère le major Claude Jeanguénin. Un geste de pure camaraderie ou une tentative d'espionnage réciproque ?

Il n'y aura pas de miracles. « L'objectif n'est pas atteint fin 2004 comme on pouvait l'espérer, peut-on lire dans un rapport de la plate-forme. Des rapprochements ont été faits, des enquêteurs ont été guidés et une des victimes de Fourniret a été identifiée. » Le document déplore l'absence de « saisine » juridique, « le verrouillage des informations en provenance des parquets et de la police nationale » et « l'impossibilité de se rendre sur les scènes de crime ».

La direction générale de la gendarmerie rend sa copie début 2005 à la Direction des affaires criminelles et des grâces (DACG) du ministère de la Justice. « Mais ils n'ont pas donné suite, constate notre colonel de gendarmerie, amer. Une fois passé l'émotion populaire, ils s'en foutaient. Pourtant, si l'on ne retient que dix cadavres sur les quarante-deux sélectionnés en zone gendarmerie, Fourniret pourrait bien faire passer Landru pour un enfant de chœur. Mais peut-être ne veut-on pas avouer que l'on ne sait pas identifier un tueur en série aujourd'hui en France[2]. »

Même désillusion du côté des gendarmes de la plate-forme : « Nous n'avons appris qu'en mars 2005 qu'elle avait cessé d'exister fin janvier, soupire le major

1. *Ibid.*
2. *Ibid.*

Claude Jeanguénin. J'étais en colère. Nous n'avons jamais su pourquoi un support juridique pour enquêter nous a été refusé. La PJ sait sans doute mieux vendre sa marchandise[1]. » Au printemps 2005, les dossiers suspects ont été rangés dans des cartons et le major Claude Jeanguénin, qui se voyait déjà centraliser l'enquête Fourniret, est parti à la retraite le 1er mai 2005, comme prévu…

1. *Ibid.*

16

UNE INSTRUCTION À MARCHE FORCÉE

Branle-bas de combat ! Quelques jours après la fin du procès du tueur en série Marc Dutroux et de sa compagne, la Belgique réalise qu'elle abritait un second couple criminel. Un nouveau cafouillage politico-judiciaire est cette fois-ci interdit. Si la plupart des enlèvements et des meurtres ont eu lieu en France, les autorités doivent désormais montrer qu'elles feront tout pour élucider cette nouvelle affaire traumatisante. Le 8 juillet 2004, Laurette Onkelinx, ministre de la Justice, annonce que la « cellule » Fourniret passe de trois à onze enquêteurs. « On a tiré les enseignements de l'affaire Dutroux[1] », assure Philippe Morandini, substitut du procureur du roi de Dinant et ancien magistrat chargé des relations avec la presse lors du procès du *serial killer.* « Nous avons eu des moyens policiers et budgétaires. Nous avons été soutenus et nous avons senti une véritable volonté politique[2]. » Immédiatement,

1. Entretien avec l'auteur.
2. *Ibid.*

le parquet de Dinant se penche sur une douzaine d'affaires qui pourraient être liées à Michel Fourniret, inculpé dans un premier temps de l'agression de la jeune femme qui travaillait dans un cabinet de toilettage et, avec sa femme, de l'enlèvement et de la séquestration d'Elisabeth, à Namur.

Côté français, le parquet de Charleville-Mézières, désigné pour centraliser toutes les affaires criminelles, délivre un premier mandat d'arrêt européen dans les dossiers Céline et Mananya. Deux juges d'instruction, Pascal Préaubert et Anne Devigne, travailleront à temps plein sur cette procédure tentaculaire qui sera pour l'occasion numérisée. Dans le même temps, de nouveaux interrogatoires et de nouvelles auditions ont lieu en Belgique, afin de préciser les circonstances exactes des huit crimes. Ainsi, le 13 juillet, des enquêteurs de la police judiciaire de Nantes questionnent l'Ardennais au sujet du meurtre de Natacha. Ce dernier indique qu'il l'a tuée avec un poinçon utilisé par les cordonniers. Une arme de circonstance qui se trouve dans la caisse à outils en métal doré récupérée par son fils Selim… Un traumatisme de plus pour ce jeune homme qui, à son corps défendant, aura été entraîné dans cette terrifiante saga criminelle et familiale. Après l'incarcération de sa mère, ce dernier a été recueilli dans le sud-est de la France par le premier compagnon de sa mère et vit avec Murphy et William, ses deux demi-frères, aujourd'hui étudiants. Après vérification, cet outil au manche de plastique rouge, dont la lame mesure dix-neuf centimètres, se trouve bien parmi les tournevis, clés anglaises, marteaux, etc.

À la fin de l'été 2004, certaines familles de victimes s'impatientent. « Aucun juge n'est nommé pour instruire le dossier de Jean-Marie, s'insurge Didier Seban, son avocat. Âgé de quatre-vingt-trois ans, il ne peut donc se constituer partie civile, ni avoir accès au dossier et savoir ce qui s'est passé. Cette situation qui le laisse dans l'incertitude après des années d'angoisse est inadmissible[1]. » « Efficacité », répond le parquet de Charleville-Mézières, qui estime que le cadre de l'enquête préliminaire est le plus adapté pour débroussailler l'affaire. Mais le coup de gueule de l'avocat parisien a porté. Un mois après, une information judiciaire pour « enlèvement et séquestration suivis de mort et tentative de viol » est ouverte au sujet de Jeanne-Marie . Tant du côté français que du côté belge, les autorités judiciaires ne souhaitent pas se mettre à dos les familles des victimes et leurs avocats. Les « instructions » vont donc se faire à marche forcée. En septembre tombe une première expertise psychiatrique de l'Ardennais réalisée par des médecins belges. « Il s'agit d'un rapport très fouillé qui reconnaît que Michel Fourniret est un *serial killer* et qu'il est responsable de ses actes, mais qui conclut également qu'il n'est pas dangereux ni pour lui-même ni pour la société », commente publiquement avec un brin de provocation Me Bernard Castaigne, son avocat. Les médias s'engouffrent dans la brèche. Gêné aux entournures, le parquet de Dinant doit faire une explication de texte urgente : Michel Fourniret n'est pas dément et ne souffre pas de pulsions. Il est donc apte à être jugé et ne bénéficiera pas de circonstances atténuantes !

En prison, le détenu est surveillé comme le lait sur le feu. Pas question de rééditer l'évasion rocambolesque de Marc Dutroux rattrapé *in extremis* après quelques heures passées dans la nature. En octobre, l'Ardennais, incarcéré à Nivelles, est transféré en urgence à Forest après une triple évasion de détenus dangereux. Là, le Français peut mener une vie monacale dans une cellule de neuf mètres carrés aux murs blancs, équipée d'une

1. Entretien avec l'auteur pour *France Soir* du 3 octobre 2004.

chaise, d'une table et d'une étagère. « Il n'est pas compliqué en prison, assure Me Bernard Castaigne. Il dispose d'un jeu d'échecs électronique, écoute la radio et regarde la télévision sociale, autorisée pour les détenus placés à l'isolement. Il lit, écrit et recopie un livre d'André Breton qui lui tenait à cœur[1]. » Il dessine aussi et se moque des autorités. Il réalise ainsi une série de personnages-œufs ridicules (« l'œuf flair », « l'œuf ami lié », « l'œuf rond et le front », « l'œuf roc »), représentant le commissaire Fagnart, le substitut Morandini ou sa femme. Des légendes énigmatiques accompagnent ces dessins qui se veulent caustiques. « Je t'en prie mon héros, ne pars pas pour la guerre, là-bas tu n'auras plus de caresses de mémère », dit ainsi son épouse à un œuf qui part soutenir la France… Comprenne qui pourra.

Cloîtré, Michel Fourniret ne se promène pas, ne fait pas de sport. Certains détenus ont déjà essayé de l'attraper et promis de lui faire la peau. Me Bernard Castaigne se souvient d'être intervenu à une seule reprise pour que son client puisse obtenir de nouvelles lunettes pour remplacer les anciennes qui étaient cassées. « Il reçoit pas mal de lettres, dont certaines émanent de journalistes, ajoute l'avocat. Il fascine. Il répond, parfois de manière énigmatique. Mais cela le laisse totalement indifférent[2]. »

En revanche, sa famille a coupé les ponts. « Je ne comprends pas et ne pardonne pas, lâche sous couvert d'anonymat sa fille interviewée par *Le Point.* On lui a laissé une chance et voilà ce qu'il en a fait ! Parfois, j'aimerais bien oublier mon nom[3]. » Abandonné alors qu'il n'avait que deux ans, son premier fils, Jean-Christophe, quarante-deux ans, aujourd'hui employé dans

1. Entretien avec l'auteur.
2. *Ibid.*
3. *Le Point* du 8 juillet 2004.

un hôpital de l'Aisne, veut lui aussi effacer cette filiation honteuse. « Pour moi, c'est un étranger, dit ce joueur d'échecs amateur. Je ne le considère pas comme mon père. À aucun moment, je n'ai éprouvé le besoin de renouer le contact[1]. » Ce dernier précise qu'il a découvert le visage de son père à la télévision. « C'est un nom difficile à porter, dit-il à propos de ses filles. Je ne veux plus qu'elles s'appellent Fourniret[2]. » Plusieurs membres de la famille dont Selim, son dernier fils, et André, son frère, lui ont écrit en 2005 pour l'informer des démarches officielles entreprises pour changer de patronyme.

Lors de ses rendez-vous judiciaires, le Français, menotté, porte un gilet pare-balles et des lunettes de ski sombres destinées à le dissuader de fuir. Cette étrange image sera reprise par plusieurs journaux. Pour éviter tout risque de vengeance, il est également transporté dans un véhicule blindé. Le 17 octobre à Namur, lors de la reconstitution du seul meurtre belge – celui d'Elisabeth –, il refuse de sortir de son véhicule-bouclier. Son épouse refait le parcours à pied. « Ils ont bien confirmé qu'il n'y avait pas eu de repérage préalable, indique publiquement Cédric Visart de Bocarmé, procureur du roi de Namur. Michel Fourniret a flashé sur la petite Elisabeth qu'il a identifiée comme "une petite ballerine[3]". » Capital, cet acte judiciaire a été filmé et pourrait être diffusé lors du procès du couple.

Ce dernier est déjà annoncé en France au début de l'année 2006 si l'on en croit les autorités françaises qui, dès janvier 2005, mettent la pression sur leurs homologues belges ! Les juges d'instruction français viennent de mettre en examen Michel Fourniret pour six

1. *L'Union de Reims* du 9 juillet 2004.
2. *Ibid.*
3. AFP du 17 octobre.

meurtres et tentatives de viol commis en France. Son épouse est incriminée dans quatre affaires (Isabelle, Fabienne, Jeanne-Marie et Natacha). « J'ai mis l'épée dans les reins, explique Yves Charpenel. Jamais on ne saura tout dans un délai raisonnable. Il fallait donner aux familles des victimes les plus anciennes le procès qu'elles attendaient[1]. »

Côté vitrine, la belle justice européenne semble en marche. Le nouveau mandat d'arrêt européen, plus rapide, a été mis en œuvre et des magistrats français ont effectué des mises en examen dans un pays étranger. Plutôt rare. Mais côté cour, un bras de fer est engagé entre les deux pays. Après avoir fait avouer les Fourniret et démasqué un tueur en série, les autorités policières et judiciaires belges n'ont pas envie de faire l'impasse sur un procès qui redorerait le blason de leur justice. Au palais de justice de Charleville-Mézières, certains se demandent même si Monique Fourniret n'a pas été manipulée pour faire basculer le dossier du côté belge. En février 2005, celle-ci va en effet être prise d'une frénésie d'aveux pour le moins déconcertante. Lors de plusieurs interrogatoires successifs chez les policiers du SJA Dinant et chez le juge Claude, elle va accuser son mari de dix nouveaux meurtres ! Elle va d'abord évoquer le cas de Marie-Angèle, dix-huit ans, disparue à Auxerre en juillet 1988, celui de Joanna, vingt ans, tuée dans la même région en mai 1990 (*cf.* chapitre 18). Puis ceux de trois baby-sitters recrutées à Sart-Custinne entre 1990 et 2000. Enfin, elle révèle que sept autres jeunes femmes ont péri en Belgique après être passées par les mains de son époux (*cf.* chapitre 18). « Franchement, je me demande si cette dame ne préfère pas rester en prison en Belgique plutôt qu'en France, confie « off » à l'Agence France

1. Entretien avec l'auteur.

Presse (AFP) l'un des magistrats chargés de l'enquête en Belgique. Il faudrait tout de même qu'elle avance des preuves de ce qu'elle affirme[1]. » Ce qui signifie : « Ce sont des déclarations vagues que nous sommes en train de vérifier[2] », selon Arnould d'Aspremont-Lynden, le procureur du roi de Dinant.

Monique Fourniret a-t-elle un intérêt quelconque à être jugée en France plutôt qu'en Belgique ? Une fois encore, l'affaire Dutroux n'incite pas la justice belge à faire preuve de mansuétude à l'égard des meurtriers d'enfants et de leurs complices. Lui a-t-on pourtant promis la clémence des tribunaux ? « Vu le rythme effréné des interrogatoires, elle a craqué et a été amenée à dire tout et n'importe quoi[3] », plaide aujourd'hui Richard Delgennes, son avocat français. Avec justesse, le journaliste de l'AFP résume alors le sentiment de la presse belge : « Alors que l'on semblait jusqu'ici se diriger rapidement vers un procès qui aurait lieu en France, un procès d'assises en Belgique n'est plus exclu après les nouvelles révélations de Monique Olivier[4]. »

L'hypothèse se renforce d'autant plus que Monique Fourniret, début mars, va porter plainte pour « coups et blessures » contre Francis Nachbar, cinquante-deux ans, procureur de la République de Charleville-Mézières et contre un lieutenant de la PJ de Reims ! Dès le départ, le patron du parquet a beaucoup « mouillé le maillot » dans cette affaire hors normes et s'est impliqué dans un maximum d'actes d'enquête permettant ainsi à la chancellerie de suivre au plus près ce dossier sensible... Ex-juge d'instruction à Metz, ancien parquetier à Laon, le magistrat a également été détaché auprès du ministère

1. AFP du 2 mars 2005.
2. *Ibid.*
3. *Ibid.*
4. *Ibid.*

de l'Économie et des Finances, de la mairie de Paris ou au Togo. Énergique, le « proc' » a endossé sans complexes l'habit du méchant dans cette procédure. « Il peut m'arriver de m'énerver, reconnaît-il. Avec Fourniret, il faut souffler le chaud et le froid. L'engueuler et le flatter. Ça peut donner des résultats[1]. » L'épouse de l'Ardennais l'accuse de l'avoir giflée lors d'un interrogatoire réalisé le 14 février à Dinant, au cours duquel un policier lui aurait donné un coup de coude dans le sternum. « Il semble bien qu'à l'occasion d'une audition où elle était complètement prostrée, ils l'ont réveillée en s'énervant un peu, et en ayant un geste physique à son égard[2] », explique froidement Cédric Visart de Bocarmé, le procureur général de Liège, qui précise toutefois qu'elle n'a pas été tabassée. Il est vrai que l'attitude de la Française désarçonne tous ceux qui tentent de lui tirer les vers du nez. « C'est une grosse larve, lâche sans détours un enquêteur qui l'a interrogée. Dès qu'elle est en difficulté, elle a un regard vide, elle devient une chiffe molle. Elle ne se souvient jamais des détails scabreux. Et dès que l'on hausse le ton, elle se met à trembler[3]. » Interrogé par l'AFP, son premier avocat belge reste prudent : « Je peux comprendre l'énervement des enquêteurs car les interrogatoires sont très laborieux. Mais si la plainte s'avère fondée, ce serait contraire à toutes les règles dans un pays démocratique[4]. »

Le procureur et le policier nieront tout acte de violence. L'expertise médicale de Monique Fourniret ne donnera rien. Et la plainte, déposée bizarrement quatre jours après les faits supposés, sera finalement classée sans suite… Côté français, l'épisode a été mal digéré :

1. Entretien avec l'auteur.
2. *Libre Belgique* du 11 mars 2005.
3. Entretien avec l'auteur.
4. AFP du 11 mars 2005.

« Ni le procureur général français ni la chancellerie n'ont été avisés au départ que des investigations étaient menées, accuse une source proche de l'enquête. Il est clair que cette plainte a été soufflée par le parquet de Dinant[1]. » Aujourd'hui, Francis Nachbar préfère rire de ce mauvais croc-en-jambes. « J'ai été l'objet d'une tentative de déstabilisation[2]», concède-t-il sans faire aucun autre commentaire officiel…

La « déstabilisation » n'a pas eu lieu. Jugée peu crédible, Monique Fourniret n'a été inculpée que pour le meurtre de trois baby-sitters prétendument tuées par son mari. En juin 2005, la famille d'Elisabeth, très remontée contre la justice française accusée de laxisme envers Michel Fourniret, accepte le principe d'un procès unique dans l'Hexagone à l'issue d'une réunion avec les magistrats belges. Ceux-ci donnent ensuite leur feu vert à leurs homologues français. Les couteaux sont rentrés. Le 21, Yves Charpenel est donc tout sourires lorsqu'il annonce la tenue en juin 2006 du « premier véritable procès franco-belge » qui jugera sept meurtres (six en France et un en Belgique) et deux tentatives d'enlèvement et un vol avec violences perpétrés dans ce dernier pays. Les débats devraient durer de cinq à six semaines. « La tenue d'un procès pour un dossier d'une telle ampleur au bout de deux années est un exploit[3] », surenchérit Cédric Visart de Bocarmé.

Un obstacle de moins. Mais d'autres s'annoncent, comme celui de la prescription. Quatre meurtres (ceux d'Isabelle, Fabienne, Jeanne-Marie et Natacha) ont en effet été commis en France entre 1987 et 1990. Au début de l'été 2005, les avocats des Fourniret tentent de démontrer qu'aucun véritable acte d'enquête n'a eu lieu

---

1. Entretien avec l'auteur.
2. *Ibid.*
3. *La Dernière Heure* du 21 juin 2005.

depuis dix ans, ce qui empêcherait toute poursuite contre leurs auteurs supposés. Mais les magistrats de la chancellerie avaient prévu la parade et ont fait preuve de haute voltige procédurale pour « sauver » ces dossiers. Classée sans suite en 1988, l'enquête sur la disparition d'Isabelle serait restée active grâce à l'inscription de son nom au Fichier des personnes recherchées (FPR). Pour le meurtre de Fabienne, la justice s'est soudain souvenue qu'elle avait oublié d'envoyer la notification du non-lieu de 1992 aux parties civiles. Cette « erreur » signifie donc que la procédure n'est pas achevée. Joli tour de passe-passe ! L'enquête sur la disparition de Jeanne-Marie en 1989 serait, elle, sauvée par les « visions » d'un radiesthésiste qui, en 1994, a entraîné la rédaction d'un procès-verbal policier. Quant à Natacha, tuée en 1990, des témoignages recueillis par des policiers en 1996 permettent de ne pas briser le fil ténu de la procédure. « Ce sont les charmes de la prescription, concède Yves Charpenel, cette législation est peu adaptée aux réalités d'aujourd'hui[1]. » De leur côté, les avocats des parties civiles font valoir qu'au nom de la « connexité » des crimes commis par un seul et même homme, un seul acte interruptif de prescription joue pour l'ensemble des dossiers. Un argument entendu par la chambre de l'instruction de Reims puis par la Cour de cassation qui décideront que les Fourniret peuvent être jugés pour ces quatre crimes anciens.

L'écueil de la prescription a donc été évité de justesse. Pourtant, un meurtre avoué reste toujours en suspens : celui de Farida, tuée et enterrée du côté de Rambouillet, dans les Yvelines, en 1988. Un crime purement crapuleux destiné à mettre la main sur une bonne partie du trésor des Postiches. Les magistrats ont beau retourner le dossier dans tous les sens, il apparaît

1. Entretien avec l'auteur pour *France Soir* du 20 mai 2005.

désespérément prescrit. En effet, après la disparition le 12 avril à Vitry-sur-Seine (Val-de-Marne) de l'épouse du braqueur Jean-Pierre Hellegouarch, la famille a effectué le 26 avril une RIF. Une procédure administrative purement formelle. Ce n'est que le 27 avril 1998, soit dix ans et un jour plus tard, qu'une plainte pour « disparition inquiétante » a été déposée par la famille de Farida Hellegouarch auprès du parquet d'Evry !

En 2006, le parquet de Versailles se demande s'il ne serait pas possible de relier le meurtre de Farida Hellegouarch au « recel aggravé » du trésor des Postiches, un délit en principe continu. « On aura du mal, admet en juin 2006 Yves Colleu, le procureur de la République de Versailles. La doctrine juridique n'est pas très claire et nous allons solliciter la Cour de cassation pour lever l'incertitude[1]. » En attendant, la police judiciaire de Versailles tente de valider la version des Fourniret. La victime aurait été tuée à coups de baïonnette et enterrée à la sortie d'un village, près d'un centre équestre. Lors de ses aveux, l'Ardennais a même conseillé aux policiers de vérifier si un cadavre non identifié n'aurait pas été exhumé dans le secteur avec une alliance portant les initiales des époux Hellegouarch... Soi-disant amenée à l'aéroport d'Orly pour faire croire à une fuite, la Fiat Uno de la victime n'a jamais été retrouvée. Quant au cimetière de Fontenay-en-Parisis où le magot avait été caché dans une tombe, aucun employé n'a pu donner d'indications précises. Enfin, Gian-Luigi Esposito, le braqueur qui avait informé Jean-Pierre Hellegouarch, est mort à Florence en 1997. Amené dans le plus grand secret en octobre 2006 en région parisienne, l'Ardennais a du bout des lèvres indiqué la tombe où a été déterré le butin. « Pour le reste, il s'est tu, lâche une source policière. Il a dit qu'il avait mal mangé, il n'a

1. Entretien avec l'auteur.

donc donné aucune indication sur l'endroit où se trouve le corps de Farida[1]. »

En attendant de résoudre le casse-tête juridique de l'affaire Hellegouarch, la chancellerie estime qu'elle pourrait être jugée plus tard, lors d'un second procès. Le premier procès, quant à lui, a encore pris du retard. En octobre 2005, le parquet de Charleville-Mézières reconnaît qu'il pourrait être finalement repoussé de mai à novembre 2006 au grand dam de la famille d'Elisabeth, scandalisée. Le projet de sécurisation du palais de justice et les travaux d'agrandissement n'ont toujours pas été validés par le ministère. De surcroît, Michel Fourniret a décidé de faire la tête et s'amuse à demander des « devoirs » (des actes en procédure belge) d'enquête plus ou moins farfelus. Afin de prouver qu'il est un garçon inoffensif, il réclame ainsi que l'on retrouve des scouts qu'il aurait croisés au début des années 90... Le bricoleur obsessionnel s'est en effet trouvé un bon motif pour influer sur le cours d'une procédure qui lui échappe. Il n'a pas supporté que des fouilles approfondies aient abîmé sa maison de Sart-Custinne et que son terrain ait été troué comme du gruyère. « Je ne déclare pas qu'il ne fallait pas procéder à ces fouilles, dira Luc Balleux, son second avocat. Mais à partir du moment où Michel Fourniret prétendait qu'elles ne servaient à rien et qu'elles n'ont effectivement rien donné, l'État doit en assumer les conséquences[2]. » Sans vergogne, le Français demande donc à l'État de remettre sa propriété à neuf ! Pour preuve de sa détermination, il commence son obstruction judiciaire et, en décembre, fait appel de son extradition en France. Il s'offre même le luxe d'assigner l'État belge devant le tribunal civil de Dinant. Mais lors de l'audience, la juge

1. *Ibid.*
2. *La Dernière Heure* du 14 novembre 2005.

considère qu'aucune faute n'a été commise par les autorités au sujet de cette maison, propriété de Selim Fourniret. Débouté, le Français, procédurier en diable, s'obstine et fait appel ! « C'est quelqu'un qui est capable de réactions infantiles[1] », remarque simplement Philippe Morandini.

La mauvaise foi du Français n'aura retardé son extradition que de quelques semaines. Dans la matinée du 9 janvier, deux voitures de police grises banalisées arrivent au poste de frontière de Gué-d'Hossus (Ardennes). Muni de ces éternelles lunettes de ski sombres, Michel Fourniret est remis aux autorités françaises. Des cartons de procédure belges sont également transférés. Après un passage au tribunal de grande instance de Charleville-Mézières, l'Ardennais est conduit dans sa nouvelle prison à Châlons-en-Champagne, la seule de la région à disposer d'un quartier d'isolement et de conditions de sécurité maximales. Il se rapproche ainsi de son épouse qui, depuis le 6 décembre, a été incarcérée à la maison d'arrêt de Laon pourtant réservée aux hommes. Un espace spécial a été aménagé et des surveillantes femmes ont été requises pour assurer sa sécurité.

Des aménagements exceptionnels ont aussi été planifiés au palais de justice de Charleville-Mézières où se tiendront les assises des Ardennes. Ceux-ci sont dévoilés en février 2006 et octobre 2007 lors de réunions d'information dans la capitale ardennaise avec les familles de victimes. « Nous avions envisagé l'hypothèse du Parc des expositions, mais il était quand même plus symbolique de les juger ici[2] », convient Francis Nachbar, le procureur de la République. Située au rez-de-chaussée, la salle d'audiences, qui ne pouvait accueillir que

---

1. Entretien avec l'auteur.
2. *Ibid.*

cent personnes, a été réaménagée afin d'augmenter sa capacité. Un box aux vitres pare-balles a été créé, le mobilier et la décoration murale en bois ont été changés, la sonorisation a été améliorée et un câblage informatique a été installé. Pour le public et les journalistes qui ne pourront accéder à ce lieu, deux autres salles de retransmission vidéo seront installées sous un chapiteau monté sur la vaste esplanade située devant le bâtiment. Le TGI a également prévu une salle pour chaque accusé afin de leur assurer la confidentialité des entretiens avec leurs avocats. Les victimes parties civiles, « qui vont vivre une épreuve difficile », selon Remi Le Hors, président du tribunal[1], devraient également disposer d'un espace privé pour se reposer et être assistées le cas échéant d'un psychologue. Pour éviter les critiques, le montant des travaux n'a pas été dévoilé. Officieusement, la facture se monterait à un million d'euros. « Je n'infirme, ni ne confirme, répond en souriant Francis Nachbar. Mais les deux tiers des investissements sont pérennes et les justiciables de la région en bénéficieront à l'avenir[2]. »

Hormis les travaux, les magistrats français ont également tenu à informer les familles sur le déroulement de la procédure. La question du huis clos a été posée mais finalement repoussée par les parents des jeunes filles assassinées. « On s'est adressé à nous avec un vocabulaire adapté sans jargon judiciaire, cela m'a rassuré[3] », reconnaît, le père d'Elisabeth. « Nous venions surtout pour avoir des dates, un planning, indiquent les parents de Fabienne. On reconnaît que les magistrats font le maximum, mais ça dure. Beaucoup trop[4]. »

1. AFP du 1er février 2006.
2. Entretien avec l'auteur.
3. *Ibid.*
4. *L'Union de Reims* du 9 février 2006.

Les juges d'instruction cravachent mais doivent aussi composer avec un Michel Fourniret, droit comme un *i*, le pied sur le frein. Le 22 février 2006, il refuse d'être confronté à son épouse, comme en Belgique. « Réponse différée », a-t-il coutume de dire en rappelant que sa maison n'est plus chauffée et que la toiture est abîmée. Bunkerisé dans son ego surdimensionné, l'Ardennais distille ses informations au compte-gouttes et prend du plaisir à se faire prier. Pascal Préaubert et Anne Devigne pensent qu'une scène de ménage permettrait de le faire sortir de ses gonds et le pousserait peut-être à des aveux plus complets ou, qui sait, à des révélations…

À défaut de confrontations, les reconstitutions des crimes deviennent des occasions rêvées de mettre face à face Michel Fourniret et son épouse. De surcroît, les magistrats instructeurs, toujours très distants avec le mis en examen, sont ravis de laisser les avocats des parties civiles supporter l'Ardennais et ses humeurs.

Comme lors de ce 2 mars 2006 polaire où le couple est conduit séparément, vers 9 h 30, devant la gare de Charleville-Mézières pour leur première reconstitution criminelle. C'est ici qu'il a enlevé dix-sept ans plus tôt Jeanne-Marie, une étudiante de vingt-deux ans qui devait prendre le train pour rentrer chez ses parents à Béthune (Pas-de-Calais) (*cf.* chapitre 9). Engoncés dans des vestes polaires, les deux époux ont le visage dissimulé sous de larges capuches kaki. Protégée par un gilet pare-balles, Monique Fourniret semble nerveuse et rabat en permanence sa capuche sur son visage. Une trentaine de policiers interdisent l'accès à la gare tandis que des tireurs d'élite, munis de fusils à lunette, sont embusqués sur les toits. Michel Fourniret arrive le premier et rejoint un petit groupe constitué du procureur, des avocats, des juges d'instruction et de trois policiers qui jouent les rôles des protagonistes du drame. Les détails ont été soignés puisqu'une blonde incarne la victime, tandis que deux bruns interprètent les rôles des époux. Un vieux break Peugeot 405 a également été amené. Le juge Pascal Préaubert exige que les menottes de Michel Fourniret lui soient retirées avant de lui parler. Comme à son habitude, le mis en examen commence son petit chantage et affirme qu'il ne dira rien si l'on ne répare pas sa maison belge. Mais, au bout de quelques minutes, il consent à dire du bout des lèvres comment il a abordé sa future victime. « Il était seul dans la gare vide, c'était impressionnant, raconte un témoin de la scène. Il est le centre des choses. » Interrogée à son tour, Monique Fourniret nie catégoriquement être venue avec son mari, contrairement à ses déclarations initiales. Ce qui commence à énerver son époux…

À 11 heures, tous les acteurs judiciaires se mettent en route pour le village de Donchéry, à une vingtaine de kilomètres de Charleville-Mézières, où Michel Fourniret a enterré la jeune fille dans son ancienne propriété du château du Sautou. Là encore, la jolie bâtisse du dix-neuvième siècle, nichée dans une forêt de sapins, est truffée de policiers. Après avoir pris connaissance des déclarations de sa femme, le meurtrier présumé s'emporte. Il l'insulte. « C'est fini de jouer, dit-il en substance. Je la couvre depuis trois ans, mais maintenant c'est fini ! » Tout le monde attend des révélations. Il exige une confrontation. Son épouse refuse de le regarder en face. Il assure qu'elle était là quand il a ramené le corps de Jeanne-Marie dans son véhicule avant de l'enterrer dans une tranchée. Elle conteste. Un policier porte un mannequin et reconstitue cette scène terrible. Le photographe de l'identité judiciaire multiplie les clichés avec Monique Fourniret, puis sans elle. L'Ardennais s'est tu.

À 15 heures débute le moment le plus terrible. La petite troupe judiciaire s'est transportée dans la maison située au bout d'une impasse en pente, à Floing, dans la banlieue de Sedan. Une quinzaine de personnes se serrent dans la trentaine de mètres carrés qui n'a presque pas bougé depuis l'époque du drame. Aujourd'hui, une vieille dame, la mère de leurs anciens voisins et amis, occupe cette chambre et cette cuisine sommaires. À l'époque, le bébé des Fourniret, âgé de six mois, dort dans un coin de la pièce. Pointilleux, le tueur en série présumé évoque l'agression en donnant des détails et décrit les signes de la mort. « Combien de temps a-t-elle crié ? », demande le juge. « Ç'a été long », répond-il. « Pardon, ça m'a paru très long. » La tension est alors maximale. « Il a raconté ce crime avec un détachement incroyable, se souvient Didier Seban, l'avocat de la famille de Jeanne-Marie. Pour moi, c'était une émotion terrible de se retrouver dans ces lieux où la jeune fille a péri entre des mains assassines. Le verbiage de Fourniret, son absence de sensibilité et de remords, tout cela était irréel[1]. »

Tout d'un coup, l'avocat l'interpelle : « Qu'avez-vous à dire à mon client, le père de la victime, qui est aujourd'hui très âgé ? » Michel Fourniret semble marquer le coup, en proie à l'émotion. « J'ai dit la vérité », répond-il avant d'évoquer cette jeune fille « qui ressemblait à la Vierge Marie ».

L'homme s'éclipse, sa femme entre en scène. Magistrats, policiers et avocats retiennent leur souffle. Quel a été le rôle exact de Monique Fourniret dans ce meurtre où elle apparaît plus impliquée que dans les précédents ? La question est le véritable enjeu de cette reconstitution. Débarrassée de son gilet pare-balles, elle semble à l'aise dans son ancien foyer. Là encore, la complice présumée tente de minimiser son rôle et assure qu'elle regardait par la fenêtre. « C'est une scène

1. Entretien avec l'auteur.

impossible, plaide Me Didier Seban. Comment peut-on regarder dehors en entendant des cris de douleur, des hurlements. C'est encore plus horrible de rester spectateur quand on sait ce qui va se passer, quand on est témoin de cette lutte pour la vie[1]. »

Le juge d'instruction voudrait savoir qui a mis l'Elastoplast retrouvé au niveau de la bouche de la victime exhumée. Lors de ses premiers aveux, Monique avait admis être allée dans l'armoire à pharmacie chercher de quoi la bâillonner. Mais elle ne se souvenait pas qui avait réellement appliqué cet adhésif sur les lèvres de la jeune fille. Son époux, lui, croit qu'il lui a demandé d'aller chercher ces produits provenant d'un stock appartenant à sa mère. « Ni elle ni Michel Fourniret ne se rappellent cet épisode, confirme aujourd'hui Richard Delgennes, l'avocat de la mise en examen. Cette bande avait été découpée et placée en croix, cela ne correspond pas à la scène de panique décrite. Monique Fourniret n'est certainement pas coauteur de ce crime[2]. » Sans se démonter, Michel Fourniret explique qu'il a mis la tête de la victime dans un sac plastique pour éviter que son visage soit en contact avec la terre, ce qui contribue pour lui, selon ses mots, à une forme de respect. En aparté, il profite de l'occasion pour étaler son savoir et expliquer à la greffière qui était le docteur Velpeau…

Profitant de sa présence, Me Didier Seban tente un coup de poker. Il lui rappelle qu'elle a accusé son mari d'avoir tué Joanna, une étudiante anglaise retrouvée morte à Auxerre en 1990. Un meurtre que lui conteste. Cette question inopinée la met en colère. « Ce n'est pas le lieu ! », lance-t-elle avant d'ajouter que policiers et magistrats l'ont harcelée et poussée à dire n'importe quoi.

---

1. *Ibid.*
2. *Ibid.*

Il fait nuit, la neige tombe. L'air se raréfie quand Michel Fourniret rejoint sa femme dans leur ancien foyer. Mais l'heure n'est pas aux souvenirs mélancoliques. Lorsqu'il apprend qu'elle a révélé ses problèmes d'érection et qu'elle l'accuse d'avoir caressé les seins de la jeune fille morte, l'homme rentre dans une rage terrible et la menace une fois encore de parler. Le procureur calme tout le monde. « Il y a un jeu de puissance entre eux, analyse Me Didier Seban. Le couple se toise et chacun se demande qui va prendre le dessus. Lui ne supporte pas qu'elle donne des éléments qu'il n'a pas livrés, il veut rester maître du jeu[1]. » Fin de la reconstitution et de la scène de ménage... « Il y a eu quelques échanges parfois assez tendus entre les deux époux, chacun restant sur ses positions, traduira plus tard Francis Nachbar pour les caméras et les micros. Pour l'heure, tous deux sont mis en examen comme coauteurs pour homicide volontaire avec circonstance aggravante de viol ou tentative de viol[2]. »

Rezé, dans la banlieue de Nantes (Loire-Atlantique), le 15 mars 2006. Nouvelle étape de ce tour de France du crime. Monsieur et Madame sont là. À 7 h 15, le parking du supermarché Leclerc est investi par les forces de l'ordre. Nouveau rendez-vous pour la caravane judiciaire. Aujourd'hui, tout le monde est requis pour reconstituer le meurtre de Natacha, treize ans, enlevée devant cette grande surface le 21 novembre 1990 (*cf.* chapitre 11). Lorsqu'elles aperçoivent Michel Fourniret, les mains menottées dans le dos, les sœurs de la victime, qui se tiennent à l'écart, se mettent à pleurer mais resteront dignes durant ces quelques heures. « Depuis le temps, les lieux ont été modifiés, ironise Pierre Blocquaux, l'un des avocats de Michel Fourniret. Il a fallu

1. Entretien avec l'auteur.
2. *Ibid.*

faire des reconnaissances à partir de photos extraites d'émissions télé de l'époque[1]. » L'enlèvement est simulé dans une caserne de CRS à Saint-Herblin. « Il y a chez Fourniret une froideur et une méticulosité terrifiantes, indique un témoin présent sur place. Son luxe de détails est effrayant. On sent chez lui la volonté de tout maîtriser. Son absence de compassion est terrible[2]. » L'homme va se lancer dans une grande discussion avec le médecin légiste qui pense qu'un couteau a servi à tuer l'adolescente. Le meurtrier, qui a fabriqué une machine pour cordonnier, assure qu'il a utilisé un poinçon utilisé par les professionnels du cuir.

Les personnes qui le découvrent pour la première fois sont toujours étonnées par son allure. « Il a une bonne tête, il a un physique passe-partout, on se demande comment ce petit gars a pu tuer », ajoute notre témoin. En revanche, ses mains, dures et larges comme des battoirs, ont marqué tous ceux qui l'ont salué. « Sa femme, elle, est grande, conclut notre témoin. Elle ne bouge pas, ne comprend pas. On dirait une sotte. On a surtout l'impression qu'elle se fout du monde. » Cette fois-là, les Fourniret ne régleront pas leurs comptes sur le dos de leur victime. Dans l'ensemble, leurs versions convergent. « Mais il y a une divergence pour savoir si Monique Fourniret, à un moment donné, a conduit le fourgon, explique Dominique Raimbourg, l'avocat de la famille de Natacha. Lui l'affirme, elle ne se souvient pas. Elle minimise son rôle[3]. »

13 h 30, fin du premier acte. Le lendemain, nouveau transport de justice. Cette fois-ci à Brétignolles-sur-Mer, à soixante-dix kilomètres au sud de la banlieue nantaise. Le corps de Natacha fut découvert dans le secteur

1. *Ibid.*
2. *Ibid.*
3. *Ibid.*

quatre jours après sa disparition. Le soleil inonde cette plage isolée et magnifique où Michel Fourniret abandonna le corps de sa victime. Pourtant, le tueur en série présumé affirme ne pas être au bon endroit. « Soit il se trompe, soit le cadavre avait été déplacé par la marée[1] », avance Me Dominique Raimbourg. Michel Fourniret s'agenouille, trace un schéma sur le sable. Un détail. L'essentiel est ailleurs. « Cette reconstitution a permis de fixer les faits pour faire en sorte qu'on ne puisse plus revenir dessus », conclut Francis Nachbar devant les journalistes. Reconstitution suivante.

Après le parking d'un supermarché, c'est celui d'une usine de Charleville-Mézières qui est investi le 4 avril 2006 par les acteurs de l'affaire Fourniret. Cette fois-ci, l'Ardennais est seul puisque sa femme n'a pas participé à l'enlèvement de Céline, dix-huit ans, qui, le 16 mai 2000, n'est jamais arrivée à son domicile après sa sortie du lycée (*cf.* chapitre 12). Une fois encore, le tueur en série fait son difficile comme il l'avait fait un an plus tôt lors de la reconstitution du meurtre dans les bois belges. « L'heure n'est pas venue », avait-il dit, refusant de quitter sa confortable Mercedes blindée. En dépit de leurs efforts, les juges français, eux, n'ont pas été beaucoup plus chanceux. « Dans un premier temps, il a refusé d'y participer, raconte Francis Nachbar. Finalement, il a accepté de répondre de manière très vague, très approximative à certaines questions en indiquant qu'il répondrait plus précisément le moment venu[2]. » Il lâche notamment qu'il a utilisé un vieux pistolet à grenailles pour menacer sa victime. Présents lors de cette épreuve difficile, les parents de l'adolescente ont dû contenir leur douleur et leur colère face à cet

1. *Ibid.*
2. AFP du 4 avril 2006.

homme qui met en balance sa maison abîmée avec la vie de leur enfant...

Deux jours plus tard à Sedan, Me Gérard Chemla et Vincent Durtette, les avocats de la famille de Mananya, treize ans, enlevée le 5 mai 2001 (*cf.* chapitre 13), décident de bousculer Michel Fourniret lors de cette quatrième reconstitution. Un an auparavant, le Français avait pris de court tout le monde en refusant de revenir dans les bois de Nollevaux, en Belgique, où il avait étranglé la Thaïlandaise. « C'est un homme de toute-puissance avec les enfants, mais quand il s'agit de répondre à des juges, il fuit, avait déploré Me Gérard Chemla. On lui fait la part un peu belle, il est facile de dire et de choisir. Pour la petite, on ne lui a pas demandé de dire ou de choisir[1]. » La mère de Mananya, qui, quelques semaines plus tôt avait encore retrouvé des ossements de sa fille dans cette sapinière, était alors rentrée de Belgique avec sa révolte et ses questions. « À Sedan, quand il a commencé à discuter, nous ne sommes pas rentrés dans son jeu, raconte Me Vincent Durtette. On lui a dit que, de toute façon, on ferait saisir sa maison et que son fils n'en aurait pas la jouissance[2]. » La menace semble avoir de l'effet puisque l'Ardennais consent à décrire l'enlèvement de l'adolescente à la sortie de la médiathèque quelques semaines après une première rencontre. « Je prends ma proie, je la relâche, c'est un jeu du chat et de la souris terrifiant, poursuit l'avocat. Il manifeste ainsi sa toute-puissance absolue[3]. »

Le 11 avril, les deux avocats sont de nouveau face à l'Ardennais. Mais, cette fois-ci, la reconstitution se déroule à Châlons-sur-Marne et à Mourmelon où, le

1. AFP du 29 juin 2005.
2. Entretien avec l'auteur.
3. *Ibid.*

3 août 1988, le couple a enlevé et tué Fabienne, une étudiante de vingt ans (*cf.* chapitre 8). Michel Fourniret regrette-t-il d'avoir parlé cinq jours auparavant ? Toujours est-il qu'au début, il reste muet et que rien ne peut le faire changer d'avis. « Lors d'un interrogatoire, il avait refusé de regarder des photos de la victime, cela lui rappelait sa fille », avance Me Philippe Jumelin, l'un de ses avocats. L'Ardennais a pourtant fait une révélation incroyable au sujet des deux mystérieuses traces de piqûres retrouvées sur les avant-bras de la victime : « Il a essayé de la tuer en injectant de l'air dans la veine pour faire croire à une embolie, explique Me Gérard Chemla. Il avait lu ça dans un livre[1]. » « Il voulait peut-être lui donner une mort moins douloureuse[2] », glisse Me Philippe Jumelin. « Il a essayé plusieurs façons de tuer pour voir celle qui lui donnait le plus [de plaisir] », croit plutôt Me Gérard Chemla. « C'est sans doute l'étranglement qui lui en a procuré le plus. Il tue avec ses propres mains[3]. » Pour l'avocat des familles de Mananya, de Fabienne et de Joëlle, agressée dans son salon de toilettage en Belgique, la jouissance criminelle de Michel Fourniret ne serait pas d'ordre sexuel. « Elle est dans la crainte, la terreur, la domination, dans la dépendance des victimes à son égard, explique-t-il. Il les réduit à de simples objets[4]. »

Michel Fourniret ne supporte pas de se tromper. Quand on lui fait remarquer que son fils Selim n'était pas dans la voiture le jour de l'enlèvement de Fabienne comme il l'avait avoué, il sort de son mutisme et se dit « chagriné ». Il tente aussi de minimiser les violences qui ont précédé la mort de l'étudiante qui a tenté une fuite

1. *Ibid.*
2. *Ibid.*
3. *Ibid.*
4. *Ibid.*

désespérée. « Il m'a pris à part et m'a confié qu'il n'osait pas dire qu'elle n'était pas morte sur le coup, souffle Me Philippe Jumelin. Pour les parents, c'était très dur[1]. » Cette fois-ci encore, sa femme, qui ne se souvient plus de grand-chose, va le faire sortir de ses gonds. Elle assure que le crime a eu lieu en plein jour. « Regarde-moi dans les yeux, Monique, il faisait nuit », hurle alors l'Ardennais qui menace de parler de Farida Hellegouarch. Mais, là encore, aucune révélation ne sera faite, à la grande déception de l'auditoire… « Il veut toujours avoir raison et ne veut pas qu'on lui vole la vedette[2] », résume Me Vincent Durtette.

La triste vedette, Michel Fourniret l'a jouée dans l'affaire Isabelle. Depuis ses aveux, il a été plusieurs fois interrogé, cartes topographiques à l'appui, pour tenter de localiser ce fameux puits où il aurait jeté le corps de sa première victime connue, enlevée à la sortie de son collège auxerrois, le 11 décembre 1987. Une vingtaine de sites, dont certains situés à la frontière des départements de l'Aube et de l'Yonne, ont été inspectés sans succès. Sa femme se dit elle aussi incapable de retrouver ce lieu où ils sont venus en pleine nuit. Michel Fourniret fait pourtant montre de bonne volonté. Mais collabore-t-il réellement ? Beaucoup en doutent. Avec ce dossier, l'Ardennais a trouvé tous les ingrédients qui le font jouir. On lui demande la solution et lui minaude, joue, se gratte la tête au-dessus des cartes et des plans en jouant avec les nerfs de tout le monde. Il se paie même le luxe d'écrire aux juges d'instruction pour demander des loupes ou des crayons à papier de tel ou tel modèle avec des mines d'une certaine épaisseur…

Le 20 avril 2006, l'Ardennais est à Auxerre pour sa dernière reconstitution. Livrera-t-il enfin l'endroit

1. *Ibid.*
2. *Ibid.*

fatidique ? Lorsqu'il descend du fourgon, Michel Fourniret garde les yeux fermés. Une sale manie qui trouble toujours ses interlocuteurs. « C'est pour échapper à la réalité et à votre présence[1] », a-t-il déjà expliqué au commissaire Fagnart à qui il a fait le coup en 2003. Énervé, il crache même aux pieds de sa femme et des magistrats instructeurs. Pas de maison réparée, pas de participation ! La ritournelle enfantine est désormais connue et durant toute la journée, Michel Fourniret boudera tandis que sa femme explique la façon dont ils ont enlevé l'adolescente. « Il a assassiné Isabelle et il continue de torturer ses parents[2] », déplore Me Alain Behr, leur avocat. Le lendemain, le père d'Isabelle n'en peut plus et franchit la barrière pour parler au détenu. « Si vous savez où est le corps de ma fille, dites-le aux magistrats », implore-t-il. Le procureur Nachbar vient lui aussi appuyer la demande de cet homme désespéré et promet des réparations. Michel Fourniret adore qu'on le supplie. Après l'avoir été par ses victimes, il l'est maintenant par leurs parents. Il consent donc à donner sa version du meurtre dans la petite maison de Saint-Cyr-le-Colons. « En revoyant l'armoire de sa mère laissée aux propriétaires suivants, il a dit : « Ah ! si ce meuble pouvait parler[3] », rapporte Me Alain Behr, abasourdi par tant de cynisme. Il consent également à se pencher sur des cartes et à guider les gendarmes qui, pour l'occasion, ont sorti l'hélicoptère. « Il a donné des indices que l'on connaissait déjà, en réalité il nous a baladés[4] », fulmine l'avocat. Une fois de plus, tous ces efforts n'ont abouti à rien. Les magistrats décident alors de faire appel à la mémoire des élus, des cantonniers locaux.

1. Procès-verbal du 30 juillet 2003.
2. AFP du 20 avril 2006.
3. Entretien avec l'auteur.
4. *Ibid.*

Quelqu'un se souviendrait-il d'un transformateur en brique, d'un puits, d'une clairière et d'une maison forestière ? Un ancien agent d'EDF et le maire du petit village de Bussy-en-Othe repensent à l'un des puits de la commune rebouché en 2001. Fin juin 2006, les spéléologues l'explorent et extraient plus de trois mille seaux de gravats ! Les autorités sont optimistes. Car, avant la fin de ces fouilles, Michel Fourniret écrit une lettre au juge Préaubert et au procureur Nachbar pour les féliciter et leur dire qu'ils sont sur la bonne voie…

Effectivement, à une trentaine de mètres sous terre, les spéléologues découvrent le 11 juillet un squelette dont le crâne est emballé dans un sac en plastique, des bottines de couleur claire avec des tresses et un bracelet ayant appartenu à la disparue. Sa face est recouverte d'une matière textile et d'un bâillon en ruban adhésif apposé du menton jusqu'au nez. Les expertises médicolégales n'ont pas pu prouver que la victime avait été étouffée. En revanche, des traces de rohypnol, « la drogue des violeurs », ont été identifiées dans ses cheveux. « Pour l'instant, je ne réalise pas, déclare le père d'Isabelle, terriblement ému. Je n'arrive pas à me dire que ça y est, on a retrouvé son corps, mais ce n'est qu'une étape. J'attends maintenant la condamnation de Michel Fourniret et de sa femme, après je pourrai vraiment commencer mon travail de deuil[1]. »

Comme lui, toutes les familles de victimes attendent avec impatience de voir le couple Fourniret dans le box des accusés. « J'ai envie de l'entendre parler, de comprendre comment une telle chose peut exister, explique le père d'Elisabeth. J'espère qu'il sera poussé dans ses derniers retranchements, qu'il en devienne dingue ! Quant à sa femme, je ne la comprends pas,

1. AFP du 11 juillet 2006.

comment peut-on être soumise à ce point[1] ? » Agressée en 1982, Dahina Le Guennan espère que la justice fera son *mea culpa* sur le parcours de l'Ardennais et évoquera le sort des anciennes victimes. « Il y a une stigmatisation à vie, une marque au fer rouge pour toujours, insiste-t-elle. Les délinquants sexuels n'ont pas de droit à l'oubli. Il faut arrêter de mettre de la psychologie partout. Un pervers est un pervers. Il n'est pas guérissable. Je ne pardonnerai jamais à Fourniret ce qu'il m'a fait[2] ! »

Prévu en novembre 2006, le procès a une nouvelle fois été repoussé à l'automne 2007 puis finalement fixé au 27 mars 2008 en dépit d'une instruction menée au pas de charge. Lorsque les juges d'instruction ont indiqué en mars 2007 avoir fini leurs investigations, Michel Fourniret leur a notamment demandé une nouvelle contre-expertise psychiatrique de sa femme, estimant qu'elle n'a été qu'une complice soumise. Il a souhaité aussi que l'on interroge des personnes transportées par lui et ayant pu descendre vivantes de son fourgon. Des pinaillages que ses avocats ont eu honte de relayer et qui ont été rejetés par les magistrats. Ses défenseurs ont demandé plus sérieusement quel avait été le suivi sociojudiciaire de l'Ardennais à sa sortie de prison en 1987. « Aucun », a répondu le procureur Francis Nachbar dans un document qui est venu s'ajouter aux dix mille procès-verbaux français et belges stockés sur des CD-Rom et dont le décryptage s'avère paradoxalement long et laborieux pour des avocats habitués aux bons vieux feuillets sténographiés.

Dans sa cellule de la prison de Châlons-en-Champagne, Michel Fourniret semble serein. Il joue aux échecs, regarde la télévision et suit avec attention les

1. Entretien avec l'auteur.
2. *Ibid.*

reportages consacrés à son affaire. « Je dois faire attention à ce que je raconte, glisse Me Philippe Jumelin, l'un de ses avocats. Mon client écrit un roman, peut-être autobiographique. Il fait aussi un travail de copiste[1]. » Volontiers provocateur, l'ouvrier imagine aussi une sorte de jeu qui permettrait aux familles de victimes de le tuer. « Elles montent dans une sorte d'ascenseur et l'écrasent[2] », croit son avocat, qui a du mal à suivre l'imagination déplacée de son client.

Sa femme, elle, a des passe-temps plus classiques. Télévision et « romans à l'eau de rose, selon Jacques Deslandes, l'un de ses défenseurs. Mais elle supporte mal la détention et voudrait aller dans une vraie prison pour femmes[3] ». Car les hommes qui passent dans son secteur ne se privent pas de l'insulter dès qu'ils le peuvent. « Au début, ses enfants lui écrivaient, mais, maintenant, elle est seule, ajoute son avocat. Selim a aussi coupé les ponts[4]. » Le dernier à lui écrire est son mari. Des lettres étranges et ésotériques, signées parfois d'un énigmatique « ami ficelle miniaturisé » sorti tout droit de son imagination délirante… « Il lui envoyait des courriers de cinglé, Monique Olivier a dit : "On arrête", reconnaît Richard Delgennes. C'était une façon de garder de l'ascendant sur elle, de la rabaisser une fois de plus[5]. »

Chargés d'assister les mis en examen lors des différents actes d'enquête, les avocats doivent aussi réfléchir à une stratégie judiciaire en vue de leur procès. Mais Michel Fourniret est un client difficile. « Au début, il a été un peu brutal, il nous envoyait balader puis

1. *Ibid.*
2. *Ibid.*
3. *Ibid.*
4. *Ibid.*
5. *Ibid.*

il s'est détendu, il évolue[1] », confirme Philippe Jumelin. L'Ardennais laisse parfois entendre qu'il pourrait congédier tout le monde et assurer seul sa défense. Après son arrestation et ses aveux, cinq avocats, deux Belges et trois Français, ont été commis d'office pour prendre ce dossier criminel hors normes. « Ici, personne n'était vraiment volontaire, il n'y avait que de l'opprobre à en tirer[2] », précise Philippe Jumelin, ancien bâtonnier de Charleville-Mézières. « Son premier et ancien avocat s'est senti trahi et n'a pas voulu revenir. » Pénaliste confirmé, Pierre Blocquaux n'a pas grand-chose à dire sur le procès qui s'annonce. « Je traite Michel Fourniret comme un client que je n'ai pas choisi, ironise-t-il. De toute façon, ce procès n'a aucun intérêt sur le plan judiciaire puisque tout le monde connaît la peine[3]. » Vu son attitude, la défense de l'ouvrier s'annonce donc comme une mission impossible. « J'ai l'impression qu'il ne culpabilise pas beaucoup, souffle Philippe Jumelin. Nous sommes des auxiliaires de justice, nous essayons au moins de faire en sorte que ce procès ait lieu pour les familles. On l'incite à coopérer[4]. » Une tâche souvent difficile… « De toute façon, c'est Fourniret contre le reste du monde, pense Yves Charpenel. Il met tout le temps sa femme hors de cause, car il veut apparaître comme le plus grand tueur de tous les temps[5] », renchérit Gérard Chemla. « Il joue de ça, déplore Dahina. On le fait plus grand qu'il n'est. En réalité, c'est une ordure d'une lâcheté absolue qui s'en prend à des gamines. Cela n'a rien d'héroïque[6]. »

1. *Ibid.*
2. *Ibid.*
3. *Ibid.*
4. *Ibid.*
5. *Ibid.*
6. *Ibid.*

Vu son parcours, l'horreur des faits reprochés et ses aveux, Michel Fourniret court droit à la réclusion criminelle à perpétuité avec une peine de sûreté maximale de trente ans. En revanche, sa femme, elle, va devoir jouer une partie serrée. « Si on a trente ans, on sera contents[1] », reconnaît Jacques Deslandes. Après avoir avoué les crimes commis par le couple, Monique Fourniret a longtemps cherché une stratégie judiciaire. Elle a d'abord congédié son premier avocat avant de choisir Me Sarah Pollet, l'avocate belge de Michelle Martin, l'épouse de Marc Dutroux, croisée en prison. « C'était une erreur, l'assimilation entre ces deux affaires risquait de lui nuire[2] », assure Jacques Deslandes. Après l'annonce de négociations autour d'un éventuel divorce par consentement mutuel, elle a finalement répudié l'avocate belge et confié l'intégralité de sa défense à ses deux avocats français. La partie s'annonce serrée. Car paradoxalement, l'enjeu du procès pourrait surtout tourner autour du rôle de cette femme et de son influence. « La question de fond est : s'ils ne s'étaient pas rencontrés, serait-il arrivé la même chose ? interroge Yves Charpenel. Grâce à elle, il va au bout de ses fantasmes[3]. » « Elle est la pièce maîtresse, celle qui manipule son mari, pense aussi Didier Seban. Elle est entrée tout de suite dans son scénario, alors qu'elle aurait pu s'échapper. Elle est rentrée dans sa perversion, elle en a fait sa chose[4]. » Pour la plupart des acteurs du dossier judiciaire, Monique Fourniret serait plus intelligente qu'elle ne le laisse paraître. « Elle a un rôle miroir, dis-moi qui est le plus beau, décrypte Gérard Chemla. Dans nombre de couples où l'homme

1. *Ibid.*
2. *Ibid.*
3. *Ibid.*
4. *Ibid.*

apparaît autoritaire, c'est en réalité la femme qui commande[1]. » Pour Me Alain Behr, « elle est la scénariste des crimes, lui joue ses films. Maintenant, elle veut apparaître comme sa victime et elle ne collabore plus que pour l'enfoncer[2] ».

Bien évidemment, les avocats de la mère de famille ne voient en elle qu'une femme faible, influençable, qui a toujours été inféodée à des hommes autoritaires ou violents. « Avant de connaître Michel Fourniret, elle n'avait pas de casier judiciaire, explique Richard Delgennes. Elle n'a pas violé, pas tué. Elle a certes été complice. Mais elle n'était qu'un simple objet, comme un fourgon, qui a servi à l'accomplissement de ces crimes[3]. » Jacques Deslandes reconnaît que cette image de « femme sous influence nous convient. Nous plaiderons sa personnalité[4] ». Son confrère conclut : « Nous devons la vérité aux victimes, il n'y aura pas de silences, pas de non-dits, nous ne bloquerons rien[5]. »

1. *Ibid.*
2. *Ibid.*
3. *Ibid.*
4. *Ibid.*
5. *Ibid.*

17

LE CHASSEUR ET LA RABATTEUSE

Comment Michel et Monique Fourniret ont-ils pu commettre autant d'atrocités ensemble ? Quelle dynamique a poussé ce couple à enlever et tuer des jeunes filles à l'issue de scénarios soigneusement élaborés ? Surtout, quelle est la véritable part prise par cette femme dans les crimes avoués par son mari ? N'a-t-elle été qu'une simple complice soumise ou en a-t-elle éprouvé une sorte de jouissance ?

Invités à répondre à ces questions cruciales, plusieurs experts psychiatres et psychologues désignés par les juges français et belges ont tous été unanimes sur un point : les deux personnes mises en examen n'étaient pas atteints au moment des faits « d'un trouble psychique ou neuropsychique ayant aboli [leur] discernement ou le contrôle de [leurs] actes », au sens de l'article 122-1 du code pénal. Les Fourniret sont donc « pénalement responsables » et ne peuvent échapper au procès.

Si les termes divergent, les avis des spécialistes convergent pour dresser un portrait inquiétant de l'Ardennais. Le 8 mars 2004, le docteur Goffaux, expert psychiatre de Namur (Belgique), le décrit comme un « être perfectionniste, méticuleux, quasi obsessionnel et manipulateur », avec un quotient intellectuel qui le situe à la limite de l'intelligence moyenne. Son confrère, le docteur Denys, est frappé par « la rigidité, l'orgueil, l'autoritarisme, l'esprit de domination et l'absence d'altruisme qui caractérisent une personnalité antisociale », comme il l'écrit dans son rapport du 23 août 2004. En France, Jean-Luc Ploye, psychologue clinicien, met en avant son délire mégalomaniaque et considère que le plaisir de tuer prévaut sur le mythe idéalisé de la virginité.

Au printemps 2005, les docteurs Bernard Dufossez et Paul Delveze, de Charleville-Mézières, constatent que le tueur en série présumé ne présente aucune déficience, ni détérioration intellectuelle. Comme beaucoup avant eux, ils ont estimé qu'il cherchait « à valoriser sans humilité son niveau culturel qui est correct[1] ». Aucun stigmate de l'alcoolisme chronique n'a non plus était décelé. Questionné, Michel Fourniret n'a exprimé aucune souffrance, aucune anxiété, aucune phobie et aucun signe dépressif. L'évocation de son passé n'a fait apparaître aucun symptôme d'une quelconque névrose.

Après avoir écouté le récit de ses huit crimes, les experts ont noté qu'il arrive à « maîtriser ses pulsions », à « garder son sang-froid » et possède la « capacité de dominer la victime et de contrôler toutes les phases de la séquence criminelle ».

L'évocation de ces enlèvements et meurtres n'a provoqué chez lui ni répulsion, ni culpabilité. « Il en tire une forme de plaisir qu'il ne reconnaît pas », écrivent les médecins. « Ces satisfactions sont telles qu'il est sans hésitation multirécidiviste car il n'a pas honte. » Michel Fourniret s'est dit surpris de ne ressentir ni regret ni

1. Expertise psychiatrique, juin 2005.

compassion. Que penseront les familles lors des assises ? « Il faut être droit face à la réalité, verbaliser des regrets est odieux, répond-il sans sourciller. Je ne demanderai jamais pardon à la famille. La seule qui pourrait me pardonner, c'est la victime. Je comprends qu'ils aient besoin de vengeance. Il faut rétablir la peine de mort afin que j'offre ça aux familles qui souhaitent me voir souffrir, pour qu'elles me voient crever. » Ses avocats ont dû apprécier cette nouvelle provocation gratuite. De toute façon, le criminel, plutôt lucide sur l'issue de son procès, a lâché qu'il voulait se défendre seul. « Je veux sauver mon fils, donc sa mère », assène-t-il. Son enfant, qui a toujours décrit un père distant et froid, aura sans doute été surpris par ce brusque accès de chevalerie familiale...

Pour les spécialistes, cette indifférence au sort, aux émotions et à l'humanité des victimes évoque une froideur symptomatique des grands psychotiques. Mais Michel Fourniret n'hallucine pas, ne se sent pas persécuté et parvient à établir le contact avec autrui. Il a surtout conscience de l'interdit, de la punissabilité de ses crimes et ne cherche pas à les masquer. Il s'estime également responsable de ses actes. Pas de psychose, affirment donc les psychiatres.

Ceux-ci ont été frappés par son « hypertrophie du moi », sa « mégalomanie », son « autoritarisme despotique », la « surestimation de ses qualités », son « maniérisme du langage », ses drôles de mimiques, son « sentiment de toute-puissance » et sa « sociabilité de façade », signes d'après eux d'une personnalité paranoïaque, même si elle n'est jamais délirante. « Il éprouve un immense plaisir à être une vedette, à être reconnu par tous comme une personne hors du commun, sa paranoïa y trouve une nouvelle jouissance, indiquent les experts. Il perçoit même la médiatisation de sa personne comme une gloire dont il jouit. »

« Supporte-t-il la prison ? », lui ont demandé les docteurs. Réponse de Fourniret : « Elle a le mérite de me supporter, j'y mène une vie fantastique, j'ai des livres, une bibliothèque, j'étudie le style des grands auteurs, j'écris mes pensées et je suis seul. » Le prisonnier ne veut pas entendre parler de psychologues.

Son cynisme les a également étonnés. Lors de ses récits, Michel Fourniret a assuré avoir eu des gestes de politesse envers ses proies qu'il aurait vouvoyées et respectées, et auxquelles il aurait parlé doucement, sans hausser le ton… D'étranges bonnes manières qui n'ont pas convaincu les médecins, sceptiques sur ce costume d'homme raffiné « alors que sa brutale grossièreté criminelle est évidente ». « Cette apparente façade sert à flatter un orgueil démesuré qui ne supporte pas l'opposition, la contradiction », notent-ils dans leur rapport. L'homme « au caractère colérique, intolérant, sûr de lui » semble inaccessible à la moindre autocritique. Il s'est d'ailleurs énervé à l'idée que l'on puisse le comparer à un pédophile. « Il ne supporte pas et exprime un dégoût certain pour ce genre de pervers », signalent les psychiatres.

Pervers, il l'est pourtant sans conteste selon le diagnostic médical établi par les spécialistes. Ceux-ci assurent que le petit bonhomme aux cheveux poivre et sel « jouit de la souffrance provoquée à autrui » et « assiste lentement à l'enchaînement des sévices physiques et moraux imposés à ses victimes coupables de ne pas être vierges ». « C'est de la perversité », assurent Bernard Dufossez et Paul Delveze.

Cette perversion est également symbolisée par son étrange obsession de la virginité féminine devenue le carburant de la terrible dérive criminelle du couple. Lorsqu'on lui parle de sa fameuse chasse aux vierges, il corrige : « chasse aux pucelles ». Pure provocation, remarquent simplement les docteurs.

L'homme se dit fasciné « par une certaine pureté dans le visage » et rejette la vulgarité. Mais pour les docteurs, Michel Fourniret n'est ni plus ni moins qu'un « déviant sexuel » dont le désir de viol est « rationalisé par un discours morbide sur la nature et sur la membrane hyménale ». En effet, le criminel présumé s'est fait un plaisir de délivrer un grand discours sur l'hymen féminin, soi-disant « don d'une nature qu'il faut respecter ». Selon lui, toute trahison de cette nature rend la victime coupable. « Il serait donc une forme de justicier », interprètent les psychiatres qui ne sont pas tombés dans le panneau de ce discours froid et déshumanisé. « Un paravent qui lui permet de satisfaire ses pulsions de mort exceptionnellement agressives », préfèrent-ils conclure.

Enfin, les psychiatres expliquent que Michel Fourniret a souvent tenté de masquer ses crimes ou de faire disparaître les cadavres pour bénéficier de l'impunité et pour poursuivre son œuvre criminelle.

À l'issue de ce voyage dans la tête du tueur présumé, les experts ont estimé à l'examen de l'organisation de sa personnalité qu'il est « un pervers sadique très dangereux ». « Le sujet a conscience d'avoir commis des fautes extrêmement graves qui méritent selon lui une grave sanction, mais celle-ci n'aura aucun effet dans le risque de récidive. » En clair, l'homme n'est « ni curable, ni réadaptable ».

Le diagnostic est moins sévère pour Monique Fourniret dont le quotient intellectuel élevé (131) la situe dans la catégorie des sujets surdoués, dotés d'un niveau d'intelligence très supérieur. Le docteur Bongaerts, neuropsychiatre à Mons (Belgique), décrit une personnalité « dépendante caractérisée par un sentiment d'indignité, une faible estime de soi, une incapacité décisionnelle et une faille narcissique ». Le psychanalyste français Philippe Herbelot voit en elle une « égérie » dont la force et le secret est de savoir provoquer et utiliser la perversité des hommes à leur insu. Selon lui, son identification à la figure maternelle a été imparfaite et lacunaire.

De leur côté, les psychiatres Paul Delvèze et Bernard Duffossez ont fait état d'une femme au contact facile, adapté et direct. Donc là encore, pas de psychose en vue. Au vu de ses « mimiques explicites », ils ont vu qu'elle comprenait le sens de l'examen médico-judiciaire. L'occasion pour elle de se présenter comme une femme « suggestible », « sensible », « influençable », « dépressive ». « Mais à aucun moment nous n'avons retrouvé de rumination morbide, ni de pensée suicidaire », notent les experts. Ceux-ci disent avoir vu une femme « inquiète », « dépassée », « effarouchée », mais n'ont pas noté de « décompensation dépressive ». Monique Fourniret ne s'apitoie ni sur elle-même, ni sur ses victimes et ne s'effondre pas. « Elle se dit effrayée par Michel Fourniret, mais nous n'avons pas repéré de symptôme évocateur d'un marasme psychologique ou dépressif. »

Les experts estiment avoir eu en face d'eux une personne se présentant comme soumise et anxieuse. Pendant les entretiens, elle a assuré être sujette à des trous de mémoire. Justement lorsqu'il a fallu évoquer en détail les crimes auxquels elle a assisté... Pourtant, les psychiatres n'ont trouvé aucune pathologie mentale allant dans le sens de cette affirmation.

Elle a confirmé avoir dénoncé une dizaine de faits, ceux dont elle avait la connaissance. Si son récit est apparu cohérent dans l'ensemble, il a été parasité par ses soupirs, ses imprécisions fréquentes, ses hésitations. Une attitude particulière qui, selon les docteurs, n'est pas le fait d'un trouble mental, mais plutôt la manifestation de son système de défense.

S'ils l'ont trouvée en proie à une anxiété assez banale, ils ne l'ont jugée ni phobique, ni hystérique, ni obsessionnelle. « Elle n'apparaît pas spécifiquement impulsive ou instable et ne se présente pas comme une femme agressive », indiquent les médecins qui notent des « capacités d'introspection limitées ». Monique Fourniret ne semble ni déséquilibrée, ni sujette à des troubles de l'humeur.

Soucieuse de se justifier, elle a tenté de démontrer que sa culpabilité était limitée. Selon elle, sa participation aux enlèvements et aux meurtres n'est engagée que de façon superficielle. Témoin oculaire de ces crimes, elle aurait été simplement instrumentalisée dans le but évident de rassurer les futures victimes de son époux. « Elle veut apparaître comme victime de Michel Fourniret, mais elle est également actrice », écrivent sans détours les auteurs du rapport d'expertise psychiatrique. « Sa participation à l'enlèvement de sa première victime, sa ruse, sa contribution à mettre son conjoint dans de bonnes dispositions sexuelles, rappellent son rôle particulièrement actif. »

Monique Fourniret est-elle perverse ? « C'est la question essentielle de l'examen », admettent Paul Delveze et Bernard Dufossez. La détenue a fait une description banale de sa sexualité. Elle dit ne pas être attirée par le sexe et pudique par éducation. « Le sexe était tabou chez mes parents », leur a-t-elle révélé avant de s'attarder sur son mariage avec Michel Fourniret. « Nous avions au début des relations sexuelles presque tous les jours, puis ça s'est espacé. » Si elle a bien confirmé qu'il était obsédé par la virginité, elle n'a dénoncé aucun autre trouble de la préférence sexuelle. « Mais elle peut omettre de les citer », complètent les experts. En tous les cas, cette mère de famille a contesté avoir les mêmes fantasmes que son époux, notamment au sujet des jeunes filles vierges.

Les psychiatres ont été surpris par sa froideur et sa distance terrifiantes lorsqu'elle évoque les violences perverses subies par les jeunes filles enlevées. « Jamais elle ne s'est émue en décrivant les faits pourtant insupportables et cruels auxquels elle a assisté, écrivent-ils. Jamais elle ne parle de douleur parentale. » Une attitude qui traduit d'après eux l'existence de tendances perverses masquées et non avouées.

Monique connaissait clairement les intentions de son mari. Le vocabulaire variait, mais le but restait inchangé. « Je vais à la chasse, je vais faire du repérage, je vais draguer, annonçait-il à son épouse. Si je n'ai pas de vierges, je me contenterai d'autres choses. » Pour accréditer son témoignage, Monique Fourniret a alors livré cette anecdote intime : « Quand je lui offrais un cadeau, il le refusait et me disait va plutôt chercher une petite fille, ça c'est le plus beau des cadeaux. »

Pour expliquer sa passivité, elle insiste sur sa dépendance financière à l'égard de son époux et même sur l'absence d'un logement où se réfugier. Une fois, elle aurait eu l'intention de le dénoncer à Jean-Pierre Hellegouarch, le mari de Farida Hellegouarch, son amie, tuée pour quelques centaines de milliers de francs. Mais force est de constater qu'elle ne l'a pas fait. Elle se présente surtout comme une personne soumise et contrainte d'agir sous l'emprise de la peur.

« Lors de chaque meurtre, il avait une attitude tellement mauvaise, il était tellement nerveux que je lui obéissais », a-t-elle expliqué. Interrogée sur le premier meurtre de la série, celui d'Isabelle, perpétré le 11 décembre 1987 à Auxerre (Yonne), deux mois après la sortie de prison de son futur époux, Monique Fourniret s'est dit terrorisée alors qu'ils cherchaient un endroit où dissimuler le corps. « J'avais peur qu'il s'arrête brusquement, j'ai vécu dans cette crainte-là, il pouvait très bien me le faire aussi. » Selon sa version, elle aurait été piégée dans cette affaire. « Il ne m'a pas dit qu'il voulait la tuer, a-t-elle raconté. Je savais ce qu'il voulait, je n'avais pas ma virginité. "C'est comme si c'était toi", m'a-t-il dit. » Elle aurait hésité avant de finalement prêter son concours à l'enlèvement de cette collégienne de dix-sept ans qui rentrait chez elle. « J'ai accepté sans penser que ça irait si loin avec cette rivale. »

Rivale, le mot est lâché, de façon anodine au détour d'une phrase. Rivale ! Finalement, Monique Fourniret n'a-t-elle pas participé à ces enlèvements pour aider à satisfaire le fantasme insatiable de son époux et le garder auprès d'elle après la mise à mort de ces jeunes filles ? N'est-ce pas ce que dit en des termes beaucoup plus cyniques Michel Fourniret lorsqu'il décrit aux experts psychiatres l'attitude de sa femme après le meurtre de Fabienne en août 1988 à Mourmelon (Marne) : « Une fois que j'ai réalisé le but de ma recherche, elle passe à autre chose, elle se réinsère dans ma vie, elle s'occupe des enfants, pour elle, c'est un incident de parcours. » La vie reprend, presque comme avant...

Selon les médecins, Monique Fourniret semble bien insérée dans la réalité et prendre conscience de la gravité des faits. « Je suis en train de tisser la corde pour me pendre », a-t-elle confié d'une voix à peine audible au sujet du meurtre commis dans la Marne. « Je m'en veux d'avoir été là et de n'avoir rien fait. »

Elle semble également assez résignée sur l'issue de toute cette affaire. « Je sais que je ne sortirai pas de prison, tout le monde me traiterait de monstre, a-t-elle lâché. Je sais très bien que je vais mourir en prison, c'est bien fait pour moi. À aucun moment je n'ai essayé de m'opposer à ces enlèvements. »

À la maison d'arrêt de Namur, Monique Fourniret a pris quelques cours de néerlandais. Elle a affirmé être devenue méfiante en milieu carcéral et avoir peur de rester seule. Car certaines détenues l'effraient. « Mais elle ne manque pas de signaler à voix basse, comme pour ne pas être entendue, qu'elle fréquente Michèle Martin, l'épouse de Marc Dutroux », précisent les psychiatres. « On se parle mais on ne se fait pas de confidences », a-t-elle chuchoté.

À l'issue de ces longues heures d'examen, Paul Delvèze et Bernard Duffossez n'ont donc pas identifié chez ce sujet « dangereux sur un plan criminologique » d'anomalie mentale ou psychique au moment des faits. « Elle ne présente pas de troubles psychiatriques compromettant sa réadaptabilité, mais celle-ci est largement compromise. »

Experts renommés, spécialistes des crimes sériels, les psychiatres Michel Dubec et Daniel Zagury ont eux aussi examiné l'épouse du tueur en série présumé et noté d'emblée son intelligence « supérieure à la normale[1] ». Une mère présentée comme défaillante et un père accaparé par son fils auraient pourtant entraîné chez elle une « incertitude identificatoire ». Manquant d'un modèle maternel et du désir paternel, Monique Fourniret aurait eu du mal à asseoir son identité et serait allée inconsciemment vers des hommes paranoïaques et mégalomanes ravis de profiter de sa faiblesse. À l'inverse, les docteurs se demandent si « son choix de garder et de soigner des personnes lourdement handicapées n'a pas été pour elle une façon de trouver plus faible qu'elle. »

Les médecins considèrent cependant que cette passivité apparente ne peut tout excuser, notamment dans le cas du meurtre d'Isabelle, homicide fondateur de cette épopée criminelle. « On ne peut pas concevoir sa participation telle qu'elle la décrit sans considérer qu'elle y a pris un plaisir ou une jouissance au moment de la réalisation de tels actes, avancent-ils. Avec Monique Olivier, le concept de tueuse en série est

1. Expertise psychiatrique du 23 septembre 2006.

difficile à avancer mais *a contrario* la simple complicité passive, voire la soumission craintive à la peur exercée par Michel Fourniret est également exclue[1]. »

Lucides et modestes, les médecins reconnaissent qu'ils ne peuvent trouver dans son cerveau la clé de son comportement. « La compréhension que l'on peut tenter d'avoir en mettant en relation les traits de personnalité de Monique Olivier et les actes criminels auxquels elle a participé est quasiment impossible[2] », indiquent-ils. Les voilà donc réduits à fournir deux hypothèses sur « sa perversité par délégation ». « Elle a joui de sa passivité et même de la crainte ou de la peur que pouvait lui inspirer Michel Fourniret, expliquent-ils d'abord. Elle se serait identifiée aux victimes dans une complaisance et une compulsion masochiste. La jouissance serait alors survenue à chaque fois dans le soulagement de rester en vie alors que la victime réelle avait été tuée. »

Mais les experts livrent une deuxième hypothèse, « celle d'une perversion active par délégation dans laquelle Michel Fourniret serait en fait devenu l'instrument et le phallus de Monique Olivier. Dans ce cas, son plaisir viendrait directement des souffrances infligées aux victimes, elle s'identifiant à l'agresseur ».

Après avoir ébauché les profils psychiatriques de Michel et Monique Fourniret, les docteurs Paul Delveze et Bernard Dufossez ont dû répondre à la question clé posée par les juges Pascal Préaubert et Anne Devigne : « Quelle dynamique a pu exister dans le couple pour faciliter le passage à l'acte de monsieur et entraîner la participation et le silence de madame ? » Au passage, les magistrats veulent savoir si l'emprise du criminel présumé sur son épouse est de nature à influer sur l'issue d'une éventuelle confrontation.

1. *Ibid.*
2. *Ibid.*

Pour les médecins carolomacériens, le postulat est simple : « Michel Fourniret est un pervers, un tueur en série qui par tous les moyens cherche à satisfaire ses pulsions agressives sexuelles et meurtrières qu'il rationalise dans sa quête de la virginité. » Rappelant qu'il avait des antécédents criminels antérieurs à sa rencontre avec Monique Olivier, ils estiment qu'il a obtenu la complicité de sa compagne très rapidement. « La répétition de ses actes fut possible au cours de leur vie commune du fait de l'action effective et du silence de Monique Olivier qui ne fut jamais dupe de ses objectifs sexuels puis meurtriers. » S'ils reconnaissent que Michel Fourniret est quelqu'un d'autoritaire et de menaçant, ils estiment que sa femme, par ailleurs mère de trois enfants, aurait pu très souvent se libérer de son emprise et le dénoncer. « Déclarer être sous l'emprise despotique du conjoint est aussi un paravent qui cache des tendances perverses masquées, écrivent-ils. Les mois de séparation n'ont pas modifié l'attitude de Monique Olivier qui rendait visite à son mari. »

D'après eux, Monique Olivier, qui a répondu à une petite annonce de Michel Fourniret, savait pour quelles raisons cet homme était emprisonné au milieu des années 80. « Elle fut une actrice lucide du scénario imaginé pour kidnapper les victimes et elle a pu au cours de la détention des jeunes femmes faciliter la réalisation des faits comme procéder au lavage intime d'une victime ou pratiquer une fellation pour aider l'action de l'agresseur », concluent les experts.

À la suite de leurs confrères, les docteurs Dubec et Zagury ont poussé beaucoup plus loin l'analyse de cette dynamique criminelle. Selon eux, le cas de Michel Fourniret est limpide : sa « perversion narcissique », déjà perceptible lors de ses premières agressions, est propre aux grands tueurs en série. « Avant la formation du couple, il était déjà un violeur en série dont le fantasme quasi psychotique de recherche du mystère de la virginité aménagé sur un mode pervers avait été décrit en 1984 et 1986, précisent-ils. Le préalable à une carrière de tueur en série était posé[1]. »

Attirée inconsciemment par un délinquant sexuel, Monique Olivier aurait adhéré à ses fantasmes délirants « dans une pensée consciente et semi-inconsciente ».

Selon les médecins, la prétendue fellation imposée à un inconnu par son second compagnon au milieu des années 80 s'avère être un épisode fondateur dans la vie de cette femme. « L'effet traumatisant de cette scène, réelle ou fantasmée, est crucial car elle est à la jonction de la soumission due à son caractère et du moteur désirant qu'on peut lui soupçonner dans sa participation aux actions meurtrières, notent-ils. L'ensemble de sa relation avec Fourniret avait un caractère réparateur en regard de la vie qu'elle avait eue avec Michaud [...] On peut se demander si cette recherche de réparation n'allait pas jusqu'à vouloir assister au viol d'une autre pour se sentir un temps soit peu restaurée de l'altération narcissique qui lui avait été infligée[2]. »

Les médecins vont même plus loin : « On note chez elle un caractère fuyant, dérobé, sans consistance, qui n'a donc offert aucune possibilité de lutte à Michel Fourniret, aucune satisfaction à sa domination, aucune victoire relationnelle. La frustration qu'il en a sans doute éprouvée l'a conduit à rechercher une domination absolue, une emprise, meurtrière cette fois, sur les jeunes filles[3]. » La conclusion est sans appel : le projet criminel porté par Michel Fourniret correspondait à celui de Monique Olivier présent à « l'état latent » et répondant à « un désir enfoui ». Ce rapprochement des inconscients a

1. Expertise médico-psychologique du 23 septembre 2006.
2. *Ibid.*
3. *Ibid.*

donc donné naissance à une nouvelle entité tierce, le « couple agissant ». « Tout se passe comme si un nouveau sujet était créé, expliquent les spécialistes. Là où un seul psychisme ne suffit pas à soutenir une force continue qui va du fantasme inconscient à l'action extérieure sur le monde, deux ou plusieurs psychismes s'engrènent pour conduire à l'action criminelle[1]. »

À la demande des juges, Daniel Zagury et Michel Dubec ont également analysé le courrier échangé par les Fourniret durant l'été 1987 afin d'y déceler des signes avant-coureurs de leur projet criminel. Comme ils le notent d'abord avec humour, quinze lettres écrites par Michel Fourniret ont été retrouvées chez lui contre seulement une rédigée par sa bien-aimée… « Cela est habituellement l'inverse dans toute relation amoureuse et ne fait que souligner l'admiration mégalomaniaque qu'il se porte à lui-même », remarquent-ils. Selon les experts, leur lecture a été « désespérante » et « déprimante » en raison « de la sécheresse des propos, de la stéréotypie des images et du fatras des idées. » « Il n'est capable d'aucun recul par rapport à ce qu'il énonce : il devise, pérore et se permet de se poser en moraliste des autres[2] », assurent-ils, même s'il « a parfois des éclairs de lucidité fulgurants et anormaux sur lui-même ».

Pour les médecins, cette correspondance recèle un indice important, « le traumatisme incestueux » décrit par l'Ardennais dans l'un de ses courriers. Cet « élément clinique » aurait entraîné chez lui le dégoût pour tout ce qui est charnel. « Depuis, il était interdit à Michel Fourniret de susciter la jouissance féminine afin de rester loin de l'incitation perverse maternelle qui le plonge dans un gouffre de désespoir[3]. » Les psychiatres

1. *Ibid.*
2. Expertise du 26 décembre 2006.
3. *Ibid.*

ajoutent que « les incestes mère-fils sont extrêmement rares et ils sont susceptibles de générer chez l'enfant une maladie psychotique. Dans le cas présent, les meurtres en série constitueraient une manière d'échapper à la psychose ».

Reste une question : Michel Fourniret enfant a-t-il vraiment été abusé par sa mère ou l'a-t-il inventé pour se poser en victime et apitoyer sa future compagne comme il l'avait fait avec les précédentes ? « Je n'ai jamais été victime d'inceste ni d'attouchement[1] », a-t-il sèchement déclaré lors d'une dernière confrontation avec sa femme.

Après avoir lu leurs courriers, les médecins estiment que les époux Fourniret ont surtout joué des personnages. Elle, « une fleur fragile, éternellement corrompue et sadisée par les hommes qu'elle rencontre[2] ». Lui « a besoin de croire à une intelligence virginale chez elle, à une « pâte qu'il va pouvoir pétrir ». Une sorte de jeu de dupes sans limites. « Pour sortir de leur marasme, ils ont besoin de vivre l'un et l'autre une aventure romanesque à n'importe quel prix, ils ont besoin de se sentir exister par des actes extrêmes[3]. »

Conclusion de Michel Dubec et Daniel Zagury : « Le projet plus vaste des meurtres en série reste allusif mais clairement déterminé pour ce qui est de Michel Fourniret, indiquent-ils. Le seul projet criminel explicite entre eux était le projet d'aller tuer Michaud. »

Interrogé une dernière fois par les juges, le tueur en série présumé a haussé les épaules et fait preuve de son cynisme habituel. « Je n'ai pas dressé Monique pour qu'elle me ramène des vierges, je lui ai fait part d'un problème qui me taraudait et elle a accepté implicitement

1. Procès-verbal du 15 novembre 2006.
2. Expertise du 26 décembre 2006.
3. *Ibid.*

contre son gré de m'aider à résoudre ce problème et à comprendre[1] », a-t-il déclaré. Quant à la promesse d'éliminer son second compagnon, elle a bien vite été oubliée. « J'étais déterminé à descendre Michaud et j'ai fini par aller au restaurant[2] », a-t-il ajouté.

Quelle que soit l'analyse des experts psychiatres, l'histoire de Michel et Monique Fourniret se rapproche étrangement de celle d'autres couples tueurs en série ayant défrayé la chronique aux États-Unis, au Canada ou en Australie. Ancien responsable de l'académie du FBI à Quantico (Virginie), Roy Hazelwood est le seul policier à avoir étudié le profil et les motivations des compagnes de criminels nord-américains (violeurs et meurtriers) et analysé la dynamique de ces duos infernaux. « Au départ, ces criminels considèrent les femmes comme l'incarnation du mal, comme des "putes" et des "salopes", pour reprendre leurs expressions[3] », explique le policier. Leur soumission passe ensuite par un processus en plusieurs étapes. « L'homme identifie une femme vulnérable, quelqu'un qui vient de divorcer, qui a connu un deuil dans sa famille ou un échec, ou qui se méprise », indique l'expert. Après avoir été séduite, la future complice doit se soumettre aux volontés de son compagnon. « Il demande à sa femme d'adopter des pratiques sexuelles déviantes et extrêmes qu'elle ne connaissait pas, poursuit-il. Pour lui plaire et parce qu'elle l'aime, elle accepte. » Vient ensuite la mise à l'écart sociale. Coupée de sa famille et/ou de son travail, la femme soumise centre son existence sur son compagnon. Celui-ci va alors punir cette compagne dévalorisée qu'au fond de lui il exècre. Cela peut

1. Procès-verbal du 15 novembre 2006.
2. *Ibid.*
3. Interview réalisée par l'auteur dans le cadre d'un article de *France Soir* du 19 septembre 2005.

passer par des humiliations, des sévices ou même par une participation à des crimes.

La plupart de ces compagnes n'ont aucun passé judiciaire, ni problème d'ordre psychiatrique. « Elles ont une mauvaise opinion d'elles-mêmes, peur d'être abandonnées, manquent de sens critique et sont d'une extrême froideur, assure Roy Hazelwood. Beaucoup ont subi des violences physiques et sexuelles durant leur enfance ou leur jeunesse. » Selon l'expert, beaucoup de ces femmes se complaisent dans une victimisation excessive et sont responsables de leurs actes. « Certaines ont manifestement aimé prendre part à ces crimes, conclut-il. Mais je pense malgré tout que ces femmes n'auraient pas fait ça si elles n'avaient pas rencontré ces hommes pervers et sadiques. »

18

Marie-Angèle, Joanna et les baby-sitters fantômes !

Elles s'appelaient Marie-Angèle et Joanna. L'une était française et avait dix-huit ans, l'autre était anglaise, âgée de vingt ans. La première a disparu en 1988 à Auxerre (Yonne), la seconde a été retrouvée morte à dix kilomètres de là, deux ans plus tard. Aujourd'hui, ces deux affaires instruites à Charleville-Mézières ont un point commun : Michel Fourniret ! Selon son épouse, l'Ardennais serait responsable de l'enlèvement et du meurtre de ces deux jeunes femmes. Le 14 février 2005, la mère de famille a en effet porté des accusations fracassantes dans les locaux de la police fédérale de Dinant.

Au départ, le commissaire Jacques Fagnart et le procureur Francis Nachbar, assistés de policiers français et belges, désirent savoir si elle a des informations à livrer sur une tentative de viol avouée par son mari. Alors qu'on ne lui demandait rien, Michel Fourniret a évoqué en juillet 2004 cette agression qu'il aurait commise à Sedan en 1998-1999 sur une jeune fille d'origine nord-africaine. Monique Olivier a beau fouiller dans sa mémoire, non, elle ne voit pas de qui il peut s'agir. Y met-elle de la mauvaise volonté ? Pas du tout. Car, aujourd'hui, elle a des révélations à faire sur d'autres meurtres…

L'histoire commence en 1988, sans plus de précisions, à Saint-Cyr-les-Colons (Yonne), ce village où ils s'installèrent au tout début de leur vie commune. À l'époque, il aurait remarqué une jeune fille. « Il me l'avait même montrée alors qu'elle sortait de l'épicerie, raconte Monique Fourniret, il l'avait qualifiée de "beau petit sujet[1]". » Une blonde âgée de dix-huit ou dix-neuf ans, au visage rond, pas très grande. Selon sa femme, Michel Fourniret trouvait cela risqué de s'en prendre à cette personne venant de temps en temps dans ce village. Les gendarmes auraient pu s'intéresser à lui, l'ancien délinquant condamné pour des agressions sexuelles. Mais, n'y tenant plus, il aurait finalement décidé de l'enlever. « Il avait cette fille en tête, c'était une obsession, je pense que si nous avions croisé une autre jeune fille, il n'aurait rien fait[2] », dira Monique Fourniret.

Une fois de plus, elle décrit ce fameux scénario d'enlèvement, déjà fatal à Isabelle en décembre 1987. Ayant vu l'inconnue emprunter à pied la route d'Auxerre, Michel Fourniret, accompagné de sa femme, aurait pris le volant de sa 304 et aurait rejoué le scénario de la direction à trouver. Après avoir fait monter à bord sa future victime, il aurait traversé Auxerre. Sentant le piège se refermer dans cet habitacle verrouillé par le système de sécurité enfants, la jeune fille aurait pleuré avant de se taire, impressionnée par la voix forte et glaçante de Michel Fourniret. Ce dernier aurait arrêté

1. Procès-verbal du 14 février 2005.
2. *Ibid.*

le véhicule dans un chemin de campagne et demandé à sa compagne de s'éloigner. « D'expérience, ou plutôt non, je me reprends parce que ce n'était que la deuxième fois que cela se passait, je me suis doutée de ce qui allait arriver, soit que Michel allait violer puis tuer la jeune fille[1] », s'embrouille Monique Fourniret. Quelques minutes après, le véhicule serait revenu vers elle. Son compagnon lui aurait dit « avoir éjaculé trop tôt », ce qui aurait empêché le viol de sa proie. Il l'aurait étranglée avant de charger son cadavre dans le coffre de l'automobile. Tout en roulant, ce dernier aurait réfléchi à voix haute à l'endroit où enterrer sa victime.

Revenu à Saint-Cyr-les-Colons, Michel Fourniret aurait attendu la nuit pour reprendre son véhicule et abandonner le corps, vraisemblablement dans la campagne. À son retour, il n'aurait rien dit à sa compagne qui précise n'avoir remarqué aucune trace de sang sur ses vêtements ou dans le véhicule. Seul indice, des inondations survenues quelque temps après auraient inquiété le meurtrier : « Michel m'a dit que c'était embêtant, le cadavre de la jeune fille en question risquait de refaire surface. Il ne m'en a pas dit plus[2]. »

Pourquoi Monique Fourniret n'a-t-elle rien fait pour empêcher ce nouveau meurtre ? lui demande-t-on. La peur de finir comme la victime, répond-elle. Les enquêteurs veulent connaître l'identité de cette inconnue. Personne n'a-t-il rien dit au village ? L'accusatrice n'a aucun nom à livrer. Son mari et elle ne lisaient pas les journaux, n'avaient pas de télévision et ne discutaient qu'avec un couple de fermiers qui n'avait jamais évoqué une quelconque disparition.

Qui est cette nouvelle victime ? À l'issue de ces révélations, policiers et magistrats plongent dans leurs

1. *Ibid.*
2. Procès-verbal du 14 février 2005.

dossiers. Rapidement, un nom émerge : celui de Marie-Angèle. Dès le 3 juillet 2004, quelques jours après les aveux du couple, le quotidien *France Soir* avait été le premier à faire un lien avec la disparition suspecte de cette jeune fille de dix-huit ans, survenue le vendredi 8 juillet 1988 à Auxerre (Yonne). Abandonnée par ses parents et placée depuis quatre ans dans un foyer, Marie-Angèle doit prendre le train à 13 h 30 pour passer le week-end dans l'Yonne chez son ancienne nourrice qu'elle aimait tant. Étonnée de ne pas la voir arriver, cette dernière alerte le foyer. Qui contacte la sœur de Marie-Angèle. Elle non plus n'a pas de nouvelles. Tout comme son père « qui s'est montré indifférent », selon le rapport d'incident[1] établi par le directeur de l'établissement. Le samedi 9, un employé de la SNCF assure que la jeune fille n'a pas pris son billet de train. Le lundi 11, elle n'a toujours pas réapparu. Le foyer contacte son lieu de travail – le centre de formation des apprentis – où elle effectue un stage « travail d'utilité collective » (TUC). Aucune trace. Sa grand-mère jointe au téléphone, est très étonnée de sa disparition. « Sur ma demande, l'éducatrice de service passe au commissariat et exige que cette démarche soit reportée dans la main courante, écrit Jean-Louis Berthault, le directeur du foyer. En effet, Marie-Angèle est majeure, il ne peut donc être question de "fugue d'une mineure[2]" ».

À la différence de l'affaire des « disparues de l'Yonne », où la recherche de certaines pupilles de la DDASS à la fin des années 70 avait été inexistante, la disparition de cette jeune fille a été prise très au sérieux par les responsables du foyer. « Marie-Angèle n'a jamais fugué, résume son directeur. Le vendredi 8 juillet dans la matinée, elle avait un comportement tout à fait normal qui

---

1. 20 juillet 1988.
2. *Ibid.*

ne laissait en rien imaginer un tel incident. Marie-Angèle a un caractère assez renfermé. Lorsqu'elle n'est pas satisfaite d'une camarade ou d'une adulte, elle fait la moue et s'en va un peu plus loin. Marie-Angèle a dix-huit ans. Veut-elle par là marquer l'étape encore toute récente de sa majorité ? Je ne pense pas qu'elle en soit seule capable. » Et de conclure : « On peut s'inquiéter sur le sort actuel de Marie-Angèle, toutes les hypothèses rassurantes semblent avoir été envisagées. Ne serait-il pas utile de demander l'aide de la presse[1] ? » Un courrier est adressé le jour même au directeur de la DSD à Auxerre afin de le sensibiliser à cette affaire inquiétante.

De son côté, le commissariat effectue quelques vérifications. Le 11 août, un enquêteur de la brigade des mineurs tire la sonnette d'alarme. Il constate qu'aucun retrait d'argent n'a été effectué sur le livret de Caisse d'épargne de Marie-Angèle. « Compte tenu de sa personnalité, cette jeune fille est susceptible d'avoir été victime d'un crime ou d'un délit », écrit-il à la fin de son rapport d'enquête. Nous sommes au cœur de l'été.

La procédure des policiers parvient au parquet le 16 août. Mais il faut attendre le 29 pour que Daniel Stilinovic, substitut du procureur, ouvre une information judiciaire contre X du chef de « séquestration ». Deux jours plus tard, le juge d'instruction Jacques Bourguignon délivre une note de recherche. De corpulence moyenne, Marie-Angèle mesure un peu plus d'un mètre soixante, a les cheveux châtain foncé raides et des yeux bleus. Un signe distinctif est également mentionné. Le jour de sa disparition, elle portait un jean et un sweat-shirt clair.

« Au départ, j'ai pensé à une fugue, se souvient sa sœur. Il y a eu un petit avis de recherche dans *L'Yonne*

---

1. *Ibid.*

républicaine et j'ai cru que la DDASS ferait tout pour la retrouver[1]. » A-t-on vraiment tout fait pour retrouver Marie-Angèle ? Une fois de plus, cette question lancinante revient dans le ressort du TGI d'Auxerre, véritable triangle des Bermudes judiciaire. De maigres recherches ont certes été menées auprès de l'entourage de la jeune fille. En octobre, le juge Jacques Bourguignon demande aux gendarmes de la compagnie d'Avallon, puis de celle de Joigny, saisis de l'enquête, d'aller perquisitionner chez un suspect, à Migennes, chez qui « Marie-Angèle, majeure légèrement débile, en fugue, est susceptible d'être hébergée », selon les termes de sa commission rogatoire. « Si la recherche est positive, lui demander si elle est retenue contre son gré, si oui m'aviser immédiatement. Si non, lui faire préciser pourquoi elle n'a pas jugé opportun d'informer le foyer. » « Je ne la connais pas », répond le suspect, tout héberlué… Une copine de classe de la disparue sera aussi interrogée. C'est tout.

La maigre liasse de procès-verbaux d'enquête parvenue en février 1989 sur les bureaux du juge d'instruction et du procureur démontre que l'affaire n'a intéressé ni les magistrats, ni les gendarmes. Sept mois après sa disparition physique, la jeune fille va connaître cette fois-ci sa disparition judiciaire. « Aucun élément ne vient confirmer que Marie-Angèle ait été victime d'une infraction[2] », écrit André Ride dans son réquisitoire définitif de non-lieu. Le juge d'instruction n'en demande pas tant. Le même jour, il rend une ordonnance… de non-lieu.

L'« enquête » Marie-Angèle part donc aux archives rejoindre celle d'Isabelle, qui n'avait pas entraîné l'ouverture d'une information judiciaire ni la désignation

1. Entretien avec l'auteur pour *France Soir* du 29 avril 2002.
2. Procès-verbal du 14 février 1989.

d'un juge d'instruction (*cf.* chapitre 6). Classement sans suite ou ordonnance de non-lieu, les procédures varient mais le résultat est le même : la justice auxerroise balaie d'un revers de manche ces disparitions inquiétantes.

Là encore, l'Inspection générale des services judiciaires (IGSJ) (*cf.* chapitre 6), chargée en mars 2002 d'enquêter sur la conduite des affaires criminelles par le TGI d'Auxerre dans les années 80, ne trouve rien à redire à cette enquête alibi menée à la va-vite et sans conviction. Constatant le respect des procédures, l'absence de défaillances ou de fautes professionnelles, elle conclut que le traitement de l'affaire Marie-Angèle avait été « régulier ».

Peu convaincu par le rapport de l'IGSJ, Pierre Gonzalez de Gaspard, l'avocat du père et de la sœur de Marie-Angèle, décide de poursuivre le combat sur le terrain pénal. Après avoir contribué à la relance de l'affaire des « disparues de l'Yonne », l'ancien défenseur de Francis Heaulme et de Pierre Chanal dépose le 29 avril 2002 une plainte « contre X pour enlèvement et séquestration arbitraire » auprès du doyen des juges d'instruction. Il faudra attendre un an pour qu'une information judiciaire soit ouverte, le 22 mai 2003, du chef de « séquestration sans libération volontaire avant le septième jour ».

Saisis, les gendarmes de la brigade de recherche (BR) d'Auxerre entament de véritables investigations. Mais, quinze ans après les faits, l'enquête s'annonce difficile. Surtout lorsqu'elle repose en grande partie sur la mémoire de témoins, forcément défaillante après tant de temps. De plus, les indices criminels sont inexistants. Mais cette fois-ci, les juges d'instruction Pauline Flauss et Claudine Philippe savent qu'on ne leur pardonnerait pas une nouvelle enquête bâclée. Les pensionnaires du foyer, les responsables, les employés et les éducateurs sont entendus à tour de rôle. « Quand Marie-Angèle a disparu, il y avait deux autres fugues de longue durée, mais un jour elles sont réapparues, explique l'un d'entre eux. Les fugueuses finissaient toujours par donner des nouvelles à leurs copines. Mais, du jour au lendemain, Marie-Angèle n'a plus donné de nouvelles. Il n'y avait pourtant jamais eu de disparition au foyer. »

Le frère, les sœurs, le père et la mère de la jeune fille sont également auditionnés. L'occasion pour les gendarmes de reconstituer la vie mouvementée de la disparue, née le 13 octobre 1969 à Troyes (Aube). Sa mère était alors âgée de vingt-quatre ans et avait quitté son mari, un légionnaire décrit comme violent et alcoolique, depuis un an et demi. Elle abandonne ses quatre enfants qui seront placés dans des familles d'accueil de l'Yonne et mèneront une vie d'errance. Elle avoue aux enquêteurs s'être prostituée dans la région de Chablis et évoque des « partouzes » familiales. Alertés, les services sociaux lui ont retiré la garde de Marie-Angèle qui est alors placée dans une famille d'acccueil. Abandonnée par ses parents, ignorée par son frère et ses sœurs, l'enfant sera heureusement élevée par une nourrice aimante et attentionnée.

Au milieu des années 80, sa sœur, assistante de direction dans l'Yonne, décide de reconstituer le puzzle familial et renoue avec Marie-Angèle, pensionnaire d'un foyer auxerrois. « J'ai vu ma sœur pendant deux ans, raconte-t-elle. Elle était simple et hypertimide. Mais elle avait un petit copain et il nous est arrivé de sortir en boîte[1]. » Le père « officiel » de Marie-Angèle décide de revoir sa fille, alors âgée de dix-sept ans, qui a des allures de garçon manqué. Mais, après tant de temps, les retrouvailles sont difficiles. Étonnamment, la mère de

1. Entretien avec l'auteur pour *France Soir* du 29 avril 2002.

Marie-Angèle maintenant établie en Mayenne, se manifeste au début de 1988 après des années de silence. Elle lui téléphone et lui écrit. En avril, elle promet de venir la voir. Si l'on en croit le cahier de liaison du foyer, la jeune fille aurait fait le jour même un chantage au suicide et se serait effondrée en larmes. L'éducateur se demande si elle n'est pas anxieuse à cause de l'arrivée de sa mère.

Interrogée le 14 janvier 2005 par les gendarmes, la mère de Marie-Angèle va évoquer ces fameuses retrouvailles survenues le 11 mai 1988, au domicile de la grand-mère et de la sœur – qui se situe à moins de cent mètres de la maison des Fourniret. La mère de la jeune fille parle d'un « piège » tendu à Marie-Angèle qui n'était pas prévenue de sa présence. Selon elle, sa fille aurait été contente de la revoir. Les enquêteurs tiquent. Ils ont en main le « cahier de liaison » mentionnant au contraire que ces retrouvailles se seraient mal déroulées. Coincée, la mère de Marie-Angèle avoue qu'« elle a honte » de dire la vérité. Puis elle finit par reconnaître qu'elle a proposé à la jeune fille de venir se prostituer à Laval. Elle explique que son compagnon lui a demandé d'attirer ses filles pour les mettre sur le trottoir. Indignées par cette proposition indécente, les femmes se seraient alors disputées avec elle devant une Marie-Angèle en larmes.

Quelques jours plus tard, à la cantine du foyer, la pensionnaire perturbée lance un couteau sur une copine, fait une crise de nerfs et annonce qu'elle veut partir. Le 15 juin, elle écrit à sa sœur pour conter ses malheurs et lui confie qu'elle pleure tous les soirs dans son lit. Le 4 juillet, sa mère écrit un courrier à sa « puce » pour lui demander de venir la rejoindre à Laval. Dans l'enveloppe, elle a glissé cent cinquante francs et des timbres. Le 8 juillet, Marie-Angèle s'évapore sur la route menant à la gare SNCF…

A-t-elle tenté de rejoindre sa mère en Bretagne ? Son attitude angoissée des dernières semaines permet d'en douter. A-t-elle au contraire utilisé ces quelques francs pour fuir, sachant qu'elle n'avait pas accès à son compte épargne ? Rien ne permet de l'établir. Mais le père de Marie-Angèle a indiqué aux gendarmes que huit jours avant sa disparition, sa fille lui avait demandé un peu d'argent sans donner plus de précisions. Il avait refusé. Il ajoute que Marie-Angèle était déjà venue en voiture chez lui avec un inconnu qui l'avait déposée discrètement derrière un immeuble d'Avallon. De son côté, une copine du foyer, qui prenait souvent le même train, a confirmé que la disparue avait un petit ami domicilié à Auxerre. Selon elle, pas mal d'hommes traînaient autour de l'établissement et proposaient aux pensionnaires de les accompagner. « C'est vrai qu'elle était influençable, admet sa sœur. Une fois, j'étais venue à la gare, et elle n'était pas là. J'étais revenue à l'arrivée d'un autre train et je l'avais retrouvée. Elle m'avait raconté qu'elle était venue avec quelqu'un depuis Auxerre. Je pense qu'elle pouvait suivre n'importe qui[1]. »

La mère, le mystérieux petit copain, ou un dragueur pervers posté à la sortie du foyer ! Telles sont les trois nouvelles pistes évidentes qui s'offrent aux enquêteurs de la BR d'Auxerre lorsque Monique Fourniret fait ses surprenants aveux le 14 février 2005. Dit-elle vrai ? Invente-t-elle, par vengeance, un nouveau meurtre à l'actif de son mari ? Dès le début de l'année 2004, plusieurs journaux ont évoqué l'affaire Marie-Angèle. Et Monique Fourniret a pu faire semblant de rester vague pour ne pas paraître suspecte aux yeux des enquêteurs.

Une semaine plus tard, les gendarmes auxerrois établissent un procès-verbal pour analyser les points communs et les contradictions avec les éléments fournis par

1. Entretien avec l'auteur pour *France Soir* du 17 février 2005.

l'accusatrice. Comme l'a indiqué Monique Fourniret au sujet de la victime de son compagnon, Marie-Angèle ne vivait pas à Saint-Cyr-les-Colons et ne s'y est rendue qu'une fois lors d'une visite au domicile de sa tante et de sa grand-mère. À l'époque, elle avait bien entre dix-huit et dix-neuf ans. Certes.

En revanche, il y a donc peu de chances qu'elle ait pu sortir de l'épicerie. De plus, l'enlèvement ne peut pas avoir eu lieu dans ce village sur la route d'Auxerre, puisque la jeune fille a justement disparu dans le chef-lieu de l'Yonne alors qu'elle se rendait à la gare. Autre différence : l'inconnue était blonde alors que la disparue avait des cheveux bruns ou châtain foncé selon les descriptions. Enfin, elle évoque des inondations qui, selon son mari, auraient pu faire réapparaître le cadavre. Or, comme le note l'adjudant auxerrois, les inondations sont rares en plein été…

Difficile pourtant de dire si Monique Fourniret a vraiment menti pour accabler davantage son compagnon. Une chose est sûre : l'âge de la jeune fille, le lieu et les circonstances de la disparition cadrent avec le mode opératoire du tueur en série présumé et le profil de ses victimes. En revanche, elle n'a fourni aucun indice qui n'ait déjà été publié par la presse. Pire, elle n'a livré aucun détail véritable et a même commis quelques erreurs.

Cette remarque vaut pour la seconde partie de ses aveux. Car, en ce lundi 14 février 2005, Monique Fourniret est loin d'avoir fini. Refusant la nourriture et les boissons qui lui sont proposées durant sa garde à vue, la voilà de nouveau dans l'Yonne, mais cette fois-ci durant l'année 1990. Les nouveaux châtelains, au volant de la C15, se rendent dans la maison de Saint-Cyr-les-Colons pour récupérer du mobilier inutilisé. « J'avais accompagné mon mari dans le but d'apaiser les inquiétudes éventuelles d'une jeune fille qu'il aborderait et qu'il inviterait à monter dans notre voiture[1] », précise-t-elle. Parti en chasse, le couple se poste près de la gare routière d'Auxerre pour observer les passants. Michel Fourniret repère une jeune fille et l'accoste en demandant son chemin. Selon sa femme, « elle a refusé et il est revenu bredouille. Il n'a pas insisté ce jour-là[2] ». Cette inconnue a-t-elle échappé à la mort sans le savoir ? Personne ne pourra répondre à la question.

En revanche, une autre passante aurait eu beaucoup moins de chance si l'on en croit un nouvel épisode narré par Monique Fourniret avec un cynisme glaçant. Le scénario, plutôt simple, varie peu. « Le principe général était en fait de descendre à deux à Auxerre, où nous ne sommes pas connus, d'enlever une gamine aussi grâce à ma présence pour que Michel puisse "s'amuser avec elle", puis la tuer, de passer la nuit à Saint-Cyr-les-Colons et de remonter le lendemain avec les meubles[3]. » Ce jour-là, les « chasseurs » reviennent près de la gare routière auxerroise « en fin d'après-midi, c'est-à-dire à un moment où statistiquement il y a plus de monde ». L'Ardennais porte son choix sur une jeune fille âgée de « dix-huit, dix-neuf ans, pas très grande ». Celle-ci accepte de les accompagner et monte à l'arrière du fourgon où ne sont disposés que quelques coussins. « L'intention première était cette fois-là d'enlever une jeune fille et de la ramener à Floing ou au Sautou pour la séquestrer plusieurs jours et abuser d'elle avant de la tuer[4] », assure-t-elle froidement. Pourtant, Michel Fourniret change brusquement d'avis et décide de violer rapidement sa proie. Il stoppe son fourgon, passe à l'arrière tandis que son épouse prend le volant et roule quelques

1. Procès-verbal du 14 février 2005.
2. *Ibid.*
3. *Ibid.*
4. *Ibid.*

kilomètres jusqu'à un endroit isolé. Elle précise que l'absence de cloison lui a permis d'entendre la scène. Les dialogues sont malheureusement toujours les mêmes. L'Ardennais interroge la jeune fille pour savoir si elle est vierge, si elle a un petit ami et lui demande de se déshabiller. L'inconnue refuse. Michel Fourniret la frappe violemment afin de la faire taire. Il attache ensuite sa victime inconsciente aux chevilles et aux poignets avant de la violer. « Michel ne m'a pas demandé de participer d'une quelconque manière au viol, précise-t-elle. Il ne m'a pas demandé de vérifier non plus si elle était vierge[1]. » Monique Fourniret est avare en détails. Avec tous ces meurtres, elle ne se souvient plus s'il l'a étranglée à mains nues ou avec un lien. Il a ensuite pris le cadavre dénudé dans ses bras avant de le jeter dans une rivière ou un cours d'eau proche du véhicule. Les vêtements ont été jetés dans des poubelles, au bord de la route menant à Saint-Cyr-les-Colons. Ils quitteront le village le lendemain matin. À 21 h 15, Monique Fourniret relit ses déclarations et signe son procès-verbal. « Je me sens soulagée d'un poids que j'avais sur la conscience », déclare-t-elle avant de regagner sa cellule.

Une jeune femme de dix-huit, dix-neuf ans, violée et abandonnée dans l'eau du côté d'Auxerre en 1990 ? Heureusement, ce genre de crime est rare, même dans le département de l'Yonne où, depuis la condamnation d'Émile Louis, ce coin de Bourgogne passe désormais pour un coupe-gorge. La seule affaire connue concerne Joanna, une étudiante anglaise, âgée de vingt ans, dont le meurtre en mai 1990 n'a jamais été élucidé.

Née en Grande-Bretagne en 1969, la jeune fille obtient à la fin de l'été 1989 un poste d'assistante d'anglais dans un collège et un lycée d'Auxerre. « En septembre, Joanna nous a annoncé, toute heureuse,

1. *Ibid.*

qu'elle partait pour la France, se souvient, son frère. Elle nous a écrit souvent pour dire combien elle était contente de son travail au lycée, de ses amis français. Elle aimait faire la fête. Déjà, ici, elle adorait sortir avec ses amis, aller au cinéma[1]. »

Hébergée dans les bâtiments du lycée, cette jolie fille aux cheveux châtain clair et aux yeux bleus pétillants partage son appartement avec une assistante en langue portugaise, une maître auxiliaire et une assistante en langue allemande. Enseignant aux côtés de professeurs titulaires, l'Anglaise donne également des cours particuliers à des élèves du lycée ou du collège. Décrite comme gentille et disponible par tous ceux qui l'ont croisée, Joanna mène une vie raisonnable et prudente à Auxerre. Passionnée de théâtre, cette étudiante, qui prépare un mémoire sur le rôle des femmes dans la Résistance, confesse à ses élèves aimer le vin français.

En mai 1990, elle effectue son dernier mois de présence à Auxerre. Elle a prévu de rejoindre son ami, qui apprend le russe en Tchécoslovaquie. Il lui faut un peu d'argent pour payer les frais du voyage et du séjour. L'Anglaise laisse deux annonces dans une librairie et une charcuterie auxerroises, et en dépose une autre à *89 annonces*, un hebdomadaire gratuit, qui la diffusera dans la semaine du 8 au 14 mai 1990 : « Jeune étudiante anglaise donne cours d'anglais, contacter Joanna XX XX XX XX poste 31 avant 21 heures. » Selon ses amies, elle aurait reçu trois appels. Dont celui d'un homme, le lundi 14, qui désire faire progresser son fils collégien (en classe de sixième ou de cinquième selon les témoignages). Le père de famille explique ne pas habiter Auxerre et propose à l'Anglaise de venir la chercher en voiture. Il est disposé à payer cent soixante

1. *France Soir* du 20 mai 1991.

francs pour deux heures de cours. Étonnée, Joanna lui fait remarquer qu'un premier cours ne nécessite peut-être pas autant de temps. Mais l'inconnu répond que son fils est vraiment mauvais et a besoin de cours intensifs. Rendez-vous est pris pour le mercredi 16 mai à 19 heures, devant « une banque du centre-ville », dira une copine anglaise, sans plus de précisions. Vers 16 heures, l'étudiante mange une salade chez elle avec sa compatriote, puis à 17 heures donne un cours à deux lycéens. L'un d'entre eux étant en retard, Joanna achève la séance à 18 h 55 et se rend rapidement dans le centre d'Auxerre.

Le lendemain matin, vers 9 h 15, un passant aperçoit un corps féminin flottant sur le ventre, sur le côté droit de l'Yonne, en aval d'un barrage dit des Boisseaux et à proximité du café des Pêcheurs et des terrains de sport municipaux. L'endroit se trouve non loin du Centre d'instruction des gendarmes auxiliaires (CIGA). À une dizaine de mètres, un riverain pêche à la ligne depuis une heure et ne s'est aperçu de rien. La jeune fille ne porte qu'un collier, une bague et une montre à quartz cassée dont les aiguilles indiquent 10 h 55. Ses vêtements et son sac sont introuvables.

Les aliments ingérés sont encore en bon état ; le médecin légiste établit que l'agression a eu lieu aux alentours de 20 heures. La mort serait survenue entre le 16 mai à 22 heures, et le 17 mai à 2 heures du matin. Des coups ont été portés à la tête plusieurs heures avant le décès. Mais l'étudiante a succombé à un étranglement avec « un lien tressé à trois brins », comme le laissent penser les traces de résidus de gaines électriques ou de télécommunications. Elle aurait ensuite été abandonnée dans l'eau entre 6 et 7 heures du matin. « Le corps n'a pas d'aspect fripé, son séjour dans l'eau a été bref », note le docteur Lauzier dans son rapport d'autopsie.

Après avoir examiné les traces de liens aux chevilles et aux poignets, et les hématomes sur les bras, l'expert estime que la victime a été attachée face à une table et aurait été maintenue jambes écartées. Des hématomes sur la face antérieure des cuisses semblent indiquer un appui prolongé sur le meuble. Des plaies sur les lèvres laissent penser qu'elle a été bâillonnée.

Le médecin légiste met en évidence un viol anal mais ne décèle aucune trace de violence commise au niveau du vagin. Il pense que la victime a subi des sévices sexuels avant de décéder. Il oubliera de signaler des traces de morsure au-dessus des mamelons, décelées par son homologue anglais lors de l'arrivée du corps en Angleterre le 25 mai 1990.

Les expertises toxicologiques mettent en évidence un taux d'alcoolémie de 0,32 gramme par litre. Pourtant ses amies disent qu'elle n'a rien bu avant de partir. A-t-elle pris un verre avec son ou ses agresseurs ? Autre détail troublant, la présence dans son sang de phéniramine, une substance médicamenteuse antihistaminique qui, associée à de l'alcool, provoque un état de somnolence. A-t-on voulu diminuer ses capacités de résistance ? Ce qui prouverait de surcroît que le crime était prémédité et qu'il ne serait pas la conséquence d'une rencontre fortuite ayant dégénéré en drame.

Différents facteurs (prise d'alcool, attachement du corps à un meuble, etc.) qui permettent de conclure que la victime a été reçue dans une maison et que l'agression et le meurtre n'ont pas eu lieu en pleine nature. Une habitation isolée, certainement pour plus de discrétion…

La dépose du corps reste aussi une énigme. Car le secteur est exposé aux regards. Un hôtel-restaurant et un parking situés près d'une barrière d'accès à l'Yonne se trouvent à proximité. L'éclusier, qui a pris son service à 6 h 30, dira n'avoir rien remarqué. Même chose pour un forain dont les caravanes et le camion étaient stationnés près des terrains de sport régulièrement fréquentés. Grâce aux prélèvements de terre effectués sous les ongles, les enquêteurs détermineront que le corps a été déposé un peu plus haut, à la hauteur de l'ancien lavoir. Une chose est sûre, le ou les assassins ont pris des risques en abandonnant ce cadavre dans un endroit peu isolé.

Se pose alors la question du transport du corps. A-t-on utilisé une voiture ? Ou a-t-il été amené par une ou des personnes habitant dans le secteur ? Les gendarmes vont s'intéresser en particulier aux habitants d'une maison en bois appelée « le Chalet », située au milieu de la rue du Gué-de-l'Épine à Monéteau, proche du lieu de découverte de Joanna. Le 16 mai, deux hommes et une femme auraient participé à une soirée arrosée. Leurs récits vagues et contradictoires éveilleront les soupçons. La présence furtive d'un couple et d'un enfant est évoquée. L'un des participants, pêcheur invétéré, reconnaîtra avoir appâté le 16 au soir sur les bords de l'Yonne, puis indiquera ne pas être allé à la pêche le lendemain… Étrange ! Un cuisinier du lycée, âgé de dix-neuf ans, lié indirectement à l'occupant principal du Chalet, sera également interrogé à propos de la jeune femme anglaise qu'il semblait bien connaître. Mais, faute d'indices, personne ne sera mis en examen.

Après l'incinération de leur fille en juin 1990, les parents de Joanna se retrouvent désemparés face à une machine judiciaire française inhumaine qui ne fait rien pour se mettre à leur portée. « Au début, en état de choc, vous êtes très naïf et vous acceptez les règles, aussi ridicules soient-elles », déclare le père, interviewé par le journaliste anglais Graham Tearse. « Ce n'est que plus tard, quand vous comprenez les choses plus clairement, que vous devenez en colère et que vous êtes prêt à réagir. » Les parents de la victime vont ainsi apprendre qu'une empreinte dentaire de l'agresseur aurait pu être réalisée si les traces de morsures avaient été décelées à temps par le légiste français. Ils découvrent également que la scène de crime a été allègrement piétinée par des personnes qui n'avaient rien à y faire.

Après un an d'enquête, aucun suspect n'est en vue. Privés d'informations, les parents de Joanna décident de mettre la pression sur la justice française. Accompagnés de leur fils, ils retournent à Auxerre en mai 1991 pour célébrer le terrible anniversaire de la mort de leur fille. « Le meurtrier de notre enfant doit avoir de la famille, peut-être des amis, une fiancée, que sais-je ? déclare la mère de Joanna. Impossible que ses proches n'aient rien remarqué. Les gendarmes nous ont dit qu'il habite sans doute la région. Nous lançons un appel à tous ceux qui auraient pu observer quelque chose machinalement. Au nom de Joanna, qu'ils fouillent leur mémoire[1] ! » La famille revient alors à Monéteau pour déposer quelques fleurs au bord de l'Yonne et prier à la mémoire de leur fille assassinée. « Depuis près d'un an, nous n'avons pas reçu la moindre information des enquêteurs, s'insurge le père de Joanna. On a parlé de deux suspects, arrêtés, puis relâchés. C'est faux[2]. »

Deux ans après, le dossier est toujours au point mort. De retour à Auxerre, les Anglais diffusent cette fois-ci quatre mille tracts dans les rues et promettent cinquante mille francs pour toute information permettant de faire avancer l'enquête. Des lettres, pour beaucoup anonymes, leur parviendront et seront transmises aux gendarmes. Mais aucune ne contient d'élément déterminant.

---

1. *France Soir* du 20 mai 1991.
2. *Ibid.*

Les années passent et le dossier s'enlise. En mai 2000, les parents de la victime reviennent à Auxerre distribuer des appels à témoins à l'occasion des dix ans de la mort de leur fille. « Jusqu'à présent, nous avions mis la curieuse manière dont l'enquête était menée sur le compte de l'incompétence mais nous nous demandons sérieusement s'il n'y a pas eu une tentative d'étouffement de l'affaire[1] », s'emporte le père de Joanna. Selon lui, des pièces du dossier auraient disparu et des suspects importants n'auraient pas été interrogés. « On nous a promis que des investigations seraient lancées : il y a deux ans que nous attendons. Nous ne pouvons plus accepter cela[2] ! »

Grâce à la pression médiatique et à un combat acharné, les parents de l'étudiante forcent magistrats et enquêteurs à ne pas oublier la jeune Anglaise. Alors qu'un ADN masculin suspect, extrait du sperme retrouvé dans le vagin de la victime, avait été isolé en 1993, un second, différent, trouvé dans sa bouche, apparaît sept ans plus tard. « Nous sommes abasourdis que des pièces aussi importantes aient pu rester ignorées[3] », s'indigne le Britannique qui pense alors que sa fille a pu être victime d'un « réseau de pervers sexuels ». Selon le parquet d'Auxerre, des progrès en matière de biologie moléculaire auraient permis à un second laboratoire de ressusciter cette empreinte génétique suspecte.

En approfondissant leurs recherches, les experts identifient finalement deux autres ADN masculins suspects dans ce dossier : l'un est extrait d'une casquette d'homme retrouvée à proximité de l'endroit où a été retrouvé le corps de Joanna, l'autre est un élément capillaire blond niché au creux des reins de la victime.

1. *France Soir* du 15 mai 2000.
2. *Ibid.*
3. *Le Figaro* du 10 mai 2001.

Mais la prudence reste de mise car la scène de crime a été allègrement polluée par le passage de nombreuses personnes. De surcroît, l'ADN le plus ancien reste pour l'instant inexploitable, les techniques d'identification pratiquées par les laboratoires français ayant changé depuis les années 90... Finalement, cet élément de preuve a été envoyé en 2007 dans un laboratoire britannique capable de décoder cette empreinte génétique ancienne.

Plus de quinze ans après les faits, les preuves biologiques restent la dernière chance de « sortir » un crime mystérieux qu'une enquête classique n'est pas parvenue à élucider. Des comparaisons d'ADN avec ceux de personnes ayant fréquenté la victime n'ont pas abouti et des scellés restaient à exploiter.

En Angleterre, les parents de la jeune fille n'en peuvent plus de ce chemin de croix judiciaire. Lorsqu'il apprend, en février 2005, que Monique Fourniret accuse son mari d'avoir tué Joanna, le père de la jeune fille se rend immédiatement à Auxerre pour connaître l'avis de la juge d'instruction Pauline Flausse. Après toutes ces années d'attente, le Britannique est méfiant, d'autant que l'épouse du tueur en série présumé n'a pas donné de détails déterminants, déjà évoqués par les journalistes. De plus, le scénario avoué ne colle pas avec celui échafaudé à partir des constatations médicolégales. Enfin, pourquoi Joanna, qui n'avait rien à faire près de la gare routière, aurait-elle accepté de suivre des inconnus à quelques minutes d'un rendez-vous important ? « Ma fille n'était ni folle, ni naïve, elle était prudente et personne ne croit qu'elle ait pu faire une telle chose, pense son père. Mais c'est vrai que la présence d'une femme a pu la rassurer et l'inciter à suivre le couple[1]. » Cependant, le père de Joanna reste

1. Entretien avec l'auteur.

prudent. « J'ai l'impression que les autorités françaises sont allées trop vite sans avoir de preuves véritables, indique-t-il. Pour moi, c'est dur à vivre sur un plan émotionnel. Même si elle ne se souvient pas des patronymes, je suis étonné que Monique Fourniret n'ait pas parlé d'une jeune femme anglaise[1]. »

Mais a-t-elle vraiment tout dit ? N'a-t-elle pas livré un scénario édulcoré du meurtre de Joanna ? Son mari ne peut-il être l'homme qui a pris rendez-vous avec l'assistante anglaise pour lui tendre un piège ? N'a-t-elle pas été séquestrée dans la maison de Saint-Cyr-les-Colons avant d'être abandonnée au petit matin à Monéteau ? Un détail important intrigue les connaisseurs du tueur en série présumé. Une trace de piqûre inexpliquée a été retrouvée au niveau du pli du coude gauche de la victime. Deux ans plus tôt, Fabienne, enlevée et tuée à Mourmelon par le couple maudit, portait les mêmes marques étranges sur les bras (*cf.* chapitre 8).

Avant d'envisager un départ du dossier à Charleville-Mézières où l'enquête sur les six crimes français du tueur en série présumé a été centralisée, le père de la victime et son avocat veulent en savoir plus et demandent au printemps 2005 à la juge d'instruction une nouvelle audition de Monique Fourniret. Mais ses aveux ont enivré les magistrats qui voient les Fourniret approcher la barre des dix meurtres. Les informations judiciaires concernant Joanna et Marie-Angèle sont regroupées dans la capitale des Ardennes. Le couple va-t-il alors être rapidement mis en examen pour ce meurtre et cette disparition ? Non ! Après quelques semaines, les magistrats changent d'avis. Finalement, les révélations de Monique Fourniret n'apparaissent plus aussi crédibles. « Elle est revenue sur ses déclarations en disant que les enquêteurs belges avaient fait pression sur

1. *Ibid.*

elle[1] », assure le procureur Francis Nachbar. Refusant d'endosser un costume trop grand pour lui, Michel Fourniret nie toute implication dans ces deux affaires. « Je ne suis pas amnésique, j'assure catégoriquement ne pas être l'auteur des faits dont Monique Olivier m'accuse, lance-t-il du haut de son personnage. Cette déclaration m'indiffère totalement. De toute mon existence, je n'ai commis qu'un seul enlèvement dans l'Yonne[2]. »

Réalisant que les investigations vont prendre beaucoup de temps, les magistrats décident finalement de ne pas joindre les dossiers Joanna et Marie-Angèle à ceux en cours. « Quand je les ai vus en mars 2006, les juges d'instruction m'ont pourtant dit qu'ils croyaient les Fourniret coupables[3] », assure le père de l'Anglaise.

À Charleville-Mézières, la priorité est de boucler rapidement un procès Fourniret numéro 1, quitte à ce que d'autres affaires soient jugées ultérieurement. Une stratégie qui fait bondir Me Didier Seban, adepte, lui, de la théorie des dominos. « Il y avait des indices suffisants pour une mise en examen, assure ce dernier. Comme dans l'affaire des "disparues de l'Yonne", ce dossier Joanna serait venu par recoupements et par addition des autres dossiers. Si on ne le sort pas en même temps que les autres, on ne le sortira jamais. Fourniret choisit ses victimes et la justice s'en lave les mains[4] ! »

Ulcéré, le père de Joanna ne sait plus aujourd'hui à quel saint se vouer. « Le système judiciaire français est vraiment inhumain, lâche-t-il. Nous sommes vraiment en colère ! Cela fait dix-sept ans que nous vivons un véritable cauchemar[5]. » Ne sachant plus comment

1. *Ibid.*
2. Procès-verbal du 15 février 2005.
3. Entretien avec l'auteur.
4. *Ibid.*
5. *Ibid.*

débloquer la situation, il a désormais engagé un bras de fer politique et diplomatique avec la justice hexagonale et cherché des soutiens de poids dans son combat. « Notre gouvernement doit être plus actif sur ce dossier, estime ainsi Mark Harper, député conservateur britannique. Il n'est pas juste que les parents de Joanna doivent se bagarrer et poursuivre les magistrats pour que la justice soit rendue[1]. »

En accusant spontanément son mari du meurtre de Joanna, sans jamais la nommer, Monique Fourniret a-t-elle réalisé qu'elle a redonné espoir à une famille réduite à attendre dans la douleur la découverte du ou des meurtriers ? En ce mois de février 2005, la mère de famille semble surtout décidée à alourdir coûte que coûte la facture criminelle de son époux sans se soucier des dommages collatéraux. Après avoir évoqué les cas de Marie-Angèle et de Joanna, Monique Fourniret fait de nouveau exploser les compteurs criminels les 17, 18, 21, 23 et 28 février 2005, lors de plusieurs interrogatoires chez le juge Claude. « Contrairement à une idée répandue dans le public, lorsque Monique Olivier parle, ce n'est pas elle qui vient, se met à table et raconte, mais bien l'interrogatoire poussé, méthodique, long et consciencieux du juge d'instruction qui la pousse à parler[2] », explique Arnould d'Aspremont-Lynden, le procureur de Dinant.

Le magistrat instructeur sait qu'elle s'est plainte auprès d'une amie de la présence de jeunes filles dans leur maison, ce qui l'aurait contrainte à quitter le domicile avec son fils. Elle révèle ainsi au juge qu'elle servait de rabatteuse pour son mari et épluchait les annonces. Elle aurait également effectué les premières approches pour vérifier que ces jeunes filles étaient seules ou

1. *Mail on Sunday* du 18 novembre 2006.
2. *Ibid.*

n'avaient pas d'attaches familiales. Elles auraient ainsi été engagées avant d'être purement et simplement liquidées par son époux dans leur maison de Sart-Custinne ! Mais l'épouse de « l'Ogre des Ardennes » peine à donner des détails sur chacune des victimes. Neuf, dix ? Elle ne sait d'ailleurs plus combien auraient succombé.

Une fois encore, Monique Fourniret dit-elle vrai ? N'a-t-elle pas été manipulée pour faire pencher le procès du côté belge (*cf.* chapitre 16) ? Toujours est-il que, début mars, elle fait machine arrière. « Elle s'est rétractée sans donner plus d'explications, constate simplement Arnould d'Aspremont-Lynden. Madame Olivier confirme avoir attiré chez elle trois jeunes filles au pair entre le 31 juillet 1992 et le 1er janvier 1997 en sachant que Michel Fourniret allait les tuer. Elle a donc été inculpée d'assassinat[1]. » L'Ardennais, lui, réfute totalement ce nouveau lot de cadavres. « Combien de jeunes filles au pair ont-elles été tuées, on ne sait pas vraiment[2] », avoue aujourd'hui le procureur dinantais. Les juges belges disent ne pas bien comprendre cette femme aux réactions imprévisibles. « Nous ne savons pas pourquoi elle fait certaines déclarations à tel ou tel moment, ajoute-t-il. Elle a une attitude impénétrable[3]. »

À défaut d'avoir des indices précis, les policiers belges ont tenté d'en savoir plus sur ces jeunes filles approchées ou embauchées par les Fourniret au cours des années 90. Le couple n'hésitait pas à passer des annonces dans les journaux gratuits locaux ou à consulter des affichettes dans les supermarchés ou même à l'université de Louvain-La-Neuve à Liège pour y débusquer des candidates. « Il n'a jamais disposé d'un

1. AFP du 11 mars 2005.
2. *Mail on Sunday* du 18 novembre 2006.
3. *Ibid.*

listing d'étudiantes, comme cela a été romancé par certains journaux[1] », tient à préciser le substitut du procureur de Dinant, Philippe Morandini. Une jeune fille belge d'origine vietnamienne a ainsi été contactée pour donner des cours de piano à Selim. « Mais elle n'a pas donné suite, elle ne les sentait pas[2] », confirme le substitut. Une étudiante d'origine polonaise a, elle aussi, été retrouvée par les enquêteurs dinantais qui l'ont interrogée dans son pays, en Haute-Silésie. Désireuse de gagner un peu d'argent comme jeune fille au pair, Marguerite a toutefois fait preuve de prudence en se rendant à son entretien d'embauche avec son compagnon. Une précaution « qui a beaucoup agacé Michel Fourniret qui a également tenté de la recontacter sans que sa famille soit au courant[3] », complète Philippe Morandini. La jeune Polonaise a indiqué qu'elle n'avait pas eu à subir les assauts du père de famille. « Par contre, Monique Olivier lui a proposé d'avoir des relations sexuelles avec son mari, ce qu'elle a refusé[4] », ajoute le magistrat. Sans le savoir, ces jeunes filles ont été observées par le maître de maison, bricoleur obstiné mais surtout voyeur à ses heures perdues, qui, grâce au petit miroir caché dans le plafond de la salle de bains, pouvait les observer lors de leur toilette...

S'ils ont compris que la maison des Fourniret ressemblait à un traquenard, les policiers belges n'ont pas réussi à identifier la fameuse jeune fille au pair employée durant l'été 1992 et qui avait surnommé Selim son « petit prince ». Les appels à témoins, lancés notamment à l'occasion de la traditionnelle fête des Pyramides à Sart-Custinne, se sont avérés infructueux.

1. *Mail on Sunday* du 18 novembre 2006.
2. *Ibid.*
3. *Ibid.*
4. *Ibid.*

« Au total, quatorze personnes dont les Fourniret reconnaissent l'existence de cette adolescente qui serait restée quatre à cinq semaines chez eux, mais le couple ne donne ni nom, ni prénom, ni adresse et nous ne savons même pas comment elle a été recrutée, regrette Arnould d'Aspremont-Lynden. Ça cloche. Michel Fourniret a une mémoire colossale et peut par exemple retrouver le numéro d'un dossier de demande de permis de construire datant de 1987[1]. » Philippe Morandini, son substitut, va même plus loin : « Cela veut clairement dire que l'on nous cache quelque chose et que ce dossier peut nous amener à rebondir sur autre chose. Ça nous reste en travers de la gorge[2] ! »

Pourquoi l'Ardennais s'obstine-t-il à nier ce crime alors qu'il a finalement reconnu les neuf autres ? Personne n'a de réponse. L'accusé, lui, n'a pas changé de ligne de défense et soutient que sa sortie nocturne et dénudée devant la baby-sitter ne s'est pas achevée dans le sang. « Il parle d'une simple tentative de séduction[3] », précise Arnould d'Aspremont-Lynden. « Il ne conteste pas qu'elle soit venue chez lui, complète Bernard Castaigne, son avocat. Mais on a du mal à imaginer que dans ce petit pays, une jeune fille de quinze ou seize ans puisse disparaître comme cela sans susciter la réaction de ses parents, de ses proches[4]. » Son défenseur va même plus loin : « Et même s'il l'avait tuée, qu'en aurait-il fait ? Son jardin et sa maison ont été fouillés sans résultats. Aurait-il pris le risque de la transporter dans son véhicule alors qu'il y a traditionnellement des barrages policiers autour de cette fête où circulent pas mal de stupéfiants[5] ? »

---

1. *Ibid.*
2. *Ibid.*
3. *Ibid.*
4. *Ibid.*
5. *Ibid.*

Il est vrai que les policiers n'ont exhumé de sa propriété de Sart-Custinne que les ossements... des deux chiens de la famille. Des voisins avaient pourtant assuré que les trous réalisés au tracto-pelle pour la plantation des arbres étaient bien trop grands. Et que leur voisin se cachait derrière des bâches. « Très bricoleur, Michel Fourniret a modifié tout l'intérieur de sa maison et si certaines transformations se justifient au nom du confort architectural, d'autres dont une dalle en béton nous paraissent moins explicables[1] », déclare le procureur du roi en avril 2005. Le juge Claude tente alors un coup de bluff et convoque l'Ardennais pour lui dire que la sacro-sainte propriété qu'il a rénovée va être transformée en gruyère ! Le Français encaisse le coup. Pendant treize jours, les engins de chantier laminent le terrain, l'atelier, le hall et le salon où se trouvait une dalle de béton récente, sont éventrés. « Je crois que l'on peut dire avec certitude qu'il n'y a pas de corps[2] », concède le procureur dinantais à l'issue de ces recherches infructueuses. Au village, certains fantasment sur le Landru français qui aurait incinéré ses victimes dans l'immense four à pain installé derrière la maison. Mais les policiers assurent qu'aucune trace humaine n'y a été détectée.

Début juin 2005, deux parcelles d'une dizaine d'ares sont retournées dans un bois de Sainte-Cécile, à une vingtaine de kilomètres de Sedan. Au milieu des années 90, un touriste était allé voir les policiers locaux pour leur signaler qu'un homme avait creusé un trou permettant d'enfouir un cadavre. Nouvel échec. Neuf mois plus tard, les autorités, à court de pistes, se fient au flair de cueilleurs de champignons. Ceux-ci se sont brusquement rappelé qu'à la fin des années 90, ils

---

1. *La Dernière Heure* du 12 avril 2005.
2. *La Libre Belgique* du 23 avril 2005.

avaient été indisposés par une odeur de charogne dans un bois du village. Là encore, deux sapinières de mille mètres carrés qui jouxtent la rue de Vencimont où résidaient les Fourniret vont être sondées. En vain.

La ou les baby-sitter(s) fantômes reste(nt) introuvable(s)…

Conclusion

Les Fourniret, combien de crimes ?

Qu'ils soient magistrats, policiers, ou avocats, ils sont au moins tous d'accord sur un point : Michel Fourniret a sans doute tué d'autres jeunes femmes. « Il nous en garde[1] », souffle Yves Charpenel, l'ancien procureur général de Reims. « Je ne crois pas à cette décennie 1990-2000 sans crimes[2] », complète Francis Nachbar, le procureur de Charleville-Mézières. « Les enquêteurs belges pensent qu'il n'est pas resté totalement inactif, indique de son côté Arnould d'Aspremont-Lynden, son homologue dinantais. Nous avons d'ailleurs des indices de tentatives d'enlèvement[3]. » Beaucoup pensent en effet qu'entre les meurtres de Natacha, le 21 novembre 1990 et celui de Céline, le 16 mai 2000, l'Ardennais n'a pas domestiqué ses pulsions criminelles. « Le *serial killer* ne peut plus s'arrêter de tuer et, de toute façon, il

1. Entretien avec l'auteur.
2. *Ibid.*
3. *Ibid.*

n'en éprouve pas l'envie, écrit Stéphane Bourgoin, spécialiste de ces meurtriers hors normes. Il n'existe que par la mort des autres. Il ne s'interrompt que s'il est tué, capturé ou s'il se suicide[1]. » Le cas d'un Émile Louis qui, à la connaissance de la justice française, n'a pas récidivé après sa série de sept meurtres perpétrée à la fin des années 70, montre cependant que ce postulat n'est peut-être pas gravé dans le marbre… Certains psychiatres, spécialistes des tueurs en série, ont mis en évidence ces étranges « cycles » criminels au cours desquels ces hommes passent à l'action ou au contraire s'interrompent. Les huit mois passés dans une prison de Verdun en 1991 auraient-ils mis un coup d'arrêt temporaire à la dérive criminelle de Michel Fourniret ?

L'intéressé nie toujours le meurtre de la baby-sitter fantôme de 1992 pour lequel il est mis en examen et refuse d'endosser un costume trop grand : « Il dit : “J'en ai avoué huit, pourquoi j'en cacherais d'autres ?”, plaide Philippe Jumelin, l'un de ses avocats. Il plaisante souvent en disant que, de toute façon, il ne sortira de prison que les pieds à l'horizontale[2]. » Depuis peu, son épouse a la mémoire qui flanche et fait tout pour minimiser son rôle dans les crimes avoués.

Étant donné la capacité du Français à « frapper » loin de ses bases, des services de police étrangers européens se sont intéressés attentivement à son cas. Les autorités danoises ont ainsi demandé la comparaison de son ADN avec celui retrouvé sur le corps d'une fillette de onze ans, violée et tuée sur une plage du Danemark en 1999. Après tout, un carnet d'adresses d'une société de Copenhague avait été saisi au domicile de Sart-Custinne et le portrait-robot de l'agresseur

1. Stéphane Bourgoin, *Serial killers, enquête sur les tueurs en série*, Grasset, 2004 (édition revue et augmentée).
2. Entretien avec l'auteur.

semblait correspondre. Mais le verdict biologique a été négatif. Des policiers suisses, néerlandais et allemands ont aussi étudié le parcours de l'Ardennais qui fut même soupçonné par les Autrichiens de l'enlèvement de Natascha K., âgée de dix ans, disparue sur le chemin de l'école. Une affaire depuis résolue avec l'évasion en août 2006 de cette collégienne enlevée et séquestrée dans une cave durant dix ans.

Les policiers belges ne sont pas en reste. Une trentaine de dossiers d'homicides et de disparitions de jeunes filles ont ainsi été analysés par le parquet de Dinant. « Il faut éviter un dossier Mammouth à la Dutroux, explique Arnould d'Aspremont-Lunden, le procureur du roi. Nous débroussaillons et nous voyons s'il y a lieu de joindre aux affaires en cours[1]. » Le cas de Gwenaëlle, une étudiante de vingt et un ans découverte morte en 1990 sur le bas-côté d'une route à Obourg (Mons), n'a pu être rattaché au dossier du tueur présumé français. Ainsi que celui de Sylvie, dix-neuf ans, disparue alors qu'elle marchait sur une route de Rocourt le 15 décembre 1994, ou celui de Nathalie, une petite fille blonde de dix ans, volatilisée le 26 février 1991 à Leefdaal (Bertem). « Il y a beaucoup de jeunes femmes disparues sans laisser de traces, on ne peut pas dire que Michel Fourniret soit impliqué dans toutes ces affaires[2] », tempère Philippe Morandini, le substitut du procureur. Le dossier d'une mineure agressée le 22 novembre 1995 à Obaix-Buzet a également été examiné. Après l'avoir chloroformée, un inconnu l'a violée et a tenté de l'égorger. La victime a survécu et a décrit une petite voiture foncée avec des sièges en tissu gris clair qui empestaient le tabac. Pour l'instant, aucun croisement avec l'itinéraire du Français

1. Entretien avec l'auteur.
2. *Ibid.*

n'a pu être effectué. En revanche, ce dernier est fortement soupçonné dans la tentative d'enlèvement d'une fillette de douze ans à Chiny, le 29 août 2002, qu'il conteste. Mais la victime ne reconnaît pas formellement l'Ardennais.

Pessimistes, les enquêteurs savent que l'homme, têtu, ne « donne » que des choses déjà connues ou dénoncées. À une exception près : en juillet 2004, il a spontanément révélé avoir violé une fille de vingt ans, d'origine maghrébine. Quand ? En 1998 ou en 1999. Où ? À Sedan ou Charleville-Mézières. L'Ardennais ne peut ou ne veut être plus précis... Il indique tout de même qu'il a enlevé sa proie dans sa camionnette et l'a violée dans un bois avant de la laisser filer. Mais il ne sait pas dire au commissaire Fagnart pourquoi, cette fois-là, il ne l'a pas supprimée...

Michel Fourniret dit-il la vérité ? Ou glisse-t-il un indice vrai pour jouer à cache-cache avec les enquêteurs ? Interrogée au sujet de cette agression mystérieuse, sa femme a dit tomber des nues. Elle a suggéré qu'à l'époque où il rénovait l'appartement de Sedan, il ne rentrait pas tous les jours à la maison. Pourquoi n'aurait-il pas raconté cet « exploit » à son épouse comme il en avait l'habitude ? Pas de réponse. L'examen attentif des plaintes pour viol recueillies dans la région n'a pas permis d'aller plus loin.

Michel Fourniret fait-il alors du mauvais Francis Heaulme ? Interrogé sur certaines affaires, le tueur en série avait le don de donner des prénoms ou des indices qui correspondaient à d'autres meurtres non élucidés et pour lesquels il n'était même pas soupçonné. Si aucune jeune fille d'origine maghrébine n'a pu être localisée dans la région ardennaise, n'aurait-elle pas été agressée ailleurs ? L'hypothèse a été prise très au sérieux par les gendarmes de la section de recherche de Besançon après les aveux du « Dutroux français ». Les enquêteurs cherchent depuis des années à élucider le meurtre d'Anissa, une lycéenne d'origine marocaine, âgée de seize ans, disparue le 7 août 1999 de Montbéliard (Doubs) et retrouvée dénudée et ligotée dans un bois de la banlieue de cette ville le 17 mars 2000. L'âge et le profil de l'adolescente correspondent avec ceux des victimes de Michel Fourniret qui a agressé des adolescentes européennes, mais également d'origine maghrébine ou asiatique. Son cadavre en état de décomposition a été retrouvé dans une forêt tout comme l'avaient été ceux de Fabienne, Céline ou Mananya, trois de ses victimes. Les spécialistes de Michel Fourniret savent que ce dernier a « essayé » différentes façons de donner la mort. Anissa a été étouffée comme l'avait été Elisabeth, et sans doute Isabelle. De surcroît, la lycéenne de Montbéliard était ligotée en position fœtale au moyen de cordelettes. Là encore, Michel Fourniret, qui kidnappait ses proies dans ses véhicules utilitaires, a utilisé à plusieurs reprises des liens pour les maîtriser. Enfin, un pistolet d'alarme a été retrouvé sur la scène de crime. Un type d'arme utilisée par l'Ardennais à ses débuts lorsqu'il faisait son faux voleur poursuivi par la police…

Deux détails supplémentaires ont permis d'alimenter les doutes. L'adolescente a été retrouvée dans deux grands sacs dont l'un portait l'inscription « Mestdagh Champion », une marque de supermarchés implantés en Belgique où vivaient les Fourniret. Enfin, son corps était dissimulé par des plaques de contreplaqué, éléments plutôt incongrus en plein milieu des bois. Du matériel qui aurait pu se trouver dans le fourgon de ce bricoleur émérite qui, selon sa femme, volait sur les chantiers au gré de ses raids solitaires… En août 1999, l'ouvrier fraiseur effectuait une mission d'intérim dans une fonderie ardennaise à quatre cents kilomètres de là. Mais, le samedi 7, il disposait d'un jour de repos pour parcourir autant de kilomètres qu'il le souhaitait…

Après l'incarcération du père et du frère de la victime pendant quatre mois, la piste familiale s'est effondrée. Celle de Michel Fourniret a pris de la consistance. Mais au début de l'été 2006, la comparaison d'un ADN suspect retrouvé sur le bâillon de la victime avec celui du tueur en série s'est avérée négative. En l'absence d'indices supplémentaires, l'hypothèse Fourniret est donc gelée, mais ne peut être totalement écartée.

L'ombre de l'Ardennais plane également sur un autre dossier connu de la France entière : celui d'Estelle Mouzin. La fillette de neuf ans a disparu sur le chemin de son domicile de Guermantes (Seine-et-Marne) aux alentours de 18 heures le 9 janvier 2003, alors qu'elle rentrait de l'école. Sous la houlette de Nicolas Guillou, un juge d'instruction pugnace, des vérifications exceptionnelles ont été menées dans la région par la Direction régionale de la police judiciaire (DRPJ) de Versailles (Yvelines), mais n'ont malheureusement pas abouti. L'absence de tout témoignage, de tout indice, n'a pas permis d'amorcer de piste d'enquête sérieuse.

Après l'arrestation de Michel Fourniret, le magistrat instructeur s'est intéressé au profil de cet ancien délinquant sexuel qui avait passé sa première permission de sortie en Seine-et-Marne chez un ancien codétenu et a bien connu une femme domiciliée dans un village voisin de Guermantes. L'homme a déjà fait des allers-retours en région parisienne. Le 5 décembre 2002, il était venu voir sa petite-fille à la maternité de Rambouillet pour repartir aussitôt. « Le 19 décembre 2002, une écolière de Guermantes a été approchée par un homme seul qui circulait à bord d'un fourgon type Scudo, Expert ou Jumpy et qui a proposé de la ramener chez elle[1] », note Éric Mouzin, le père de la disparue. Un véhicule que possède l'Ardennais qui, le 21 février 2003, était revenu avec sa famille dans la région à l'occasion d'une fête chez son ancien employeur.

Les soupçons se sont renforcés avec la découverte dans le disque dur de son ordinateur de la trace d'une photographie de la fillette aux yeux verts et aux cheveux châtains. L'ouvrier l'a regardée à l'occasion d'une connexion à Internet. De la laine rouge, pouvant appartenir au pull de la disparue, a également été extraite de cordages trouvés dans son fourgon. Mais la comparaison avec des pelotes utilisées par la grand-mère de l'enfant n'a pas été concluante. L'analyse des ADN suspects extraits de cent quarante éléments pileux retrouvés sur des coussins de la maison ou dans une couverture du véhicule des Fourniret n'a pas non plus permis de retrouver l'empreinte génétique d'Estelle Mouzin.

Un élément clé est susceptible d'écarter l'hypothèse Fourniret : l'Ardennais, qui nie toute implication dans cet enlèvement, assure avoir téléphoné le 9 janvier 2003 en début de soirée à son fils Jean-Christophe, âgé aujourd'hui de quarante-quatre ans, pour lui souhaiter un bon anniversaire. Selon les relevés téléphoniques de Belgacom, une communication de 1 minute 39 secondes secondes a bien été passée à 20 h 08 depuis Sart-Custinne vers le domicile de son fils, dans la Marne. Interrogé le 10 février 2005, ce dernier a contesté avoir reçu un appel ce soir-là ou même une carte. « C'est un parfait inconnu », a expliqué aux enquêteurs cet homme qui n'avait que deux ans quand sa mère a répudié son père condamné pour attouchements. « Lorsque je le vois dans des émissions, je ne me sens pas du tout concerné. »

1. Entretien avec l'auteur.

Manipulateur en radiologie dans un hôpital nordiste, Jean-Christophe Fourniret a reconnu que son père lui avait envoyé trois lettres depuis 2000. Il a admis l'avoir eu une fois au téléphone, mais a refusé la main tendue par son géniteur. « Si j'avais su qu'il avait eu tous ces problèmes, je ne lui aurais même pas parlé », a-t-il ajouté. Son épouse, Sandrine, s'est rappelé une communication effectivement reçue en janvier 2003 mais n'a pu donner la date avec exactitude, tout comme Monique Fourniret, incapable d'apporter des précisions sur cet épisode capital.

Circonspect, Éric Mouzin voudrait savoir si, par exemple, un éventuel renvoi d'appels n'a pu permettre à l'Ardennais de se bâtir un solide alibi. « Il y a toujours eu deux écoles : celle du juge Guillou, qui voulait mettre le paquet sur Fourniret, et la police judiciaire, qui pensait le contraire, résume-t-il. Moi je ne privilégie aucune piste particulière. » Une chose est sûre : il faisait très froid ce 9 janvier 2003 et l'état verglacé des routes ne permettait pas d'effectuer les deux cent soixante-douze kilomètres qui séparent Guermantes (Seine-et-Marne) de Sart-Custinne (Belgique) entre 18 et 20 heures.

Jamais à court d'initiatives, le tueur en série présumé a rédigé le 18 juin 2007 une étonnante lettre où il demande à rencontrer les familles d'Estelle Mouzin, de Joanna et de Marie-Angèle. Désireux de mettre fin à un « micmac médiatico-procédural », l'ouvrier voulait « un tête-à-tête direct, frontal » avec les parents des victimes. Sur un simple papier de format A4, l'homme a tracé lui-même de petites lignes horizontales et couché d'une écriture minuscule et ramassée ses arguments. « Peu me chaut que la requête me vale d'être taxé de manipulateur, peu me chaut de même que d'autres veuillent ne voir en la présente que la rouerie défensive d'un petit joueur d'échecs [...] », indique-t-il dans son langage inimitable. « À aucun moment, il ne dit qu'il est innocent ou coupable », remarque Me Didier Seban, l'avocat des d'Estelle Mouzin et de Joanna. « Soit c'est une manipulation du tueur qui joue avec les parents des victimes, soit c'est une forme d'aveu. » À la fin de sa missive, le suspect demandait la jonction de ces trois dossiers criminels au dossier principal. Ce qui fait dire aux connaisseurs du bonhomme qu'il a surtout tenté de retarder le procès prévu en mars 2008. Interrogé en novembre 2007 par les enquêteurs de la police judiciaire de Versailles, l'Ardennais n'a d'ailleurs fait aucune révélation fracassante et Éric Mouzin a fait savoir qu'il ne se prêterait pas à cette rencontre malsaine.

Si la France entière connaît désormais Estelle Mouzin, elle n'a pas non plus oublié Marion Wagon, neuf ans, disparue à Agen (Lot-et-Garonne) en 1996 entre l'école et son domicile. Faute de piste sérieuse, l'hypothèse Michel Fourniret est à nouveau étudiée et seul l'ADN pourrait constituer un lien entre ces deux affaires. On sait que l'homme n'hésitait pas à faire des centaines de kilomètres pour « chasser » et aurait très bien pu se rendre dans le Sud-Ouest. Ainsi Corinne, une jeune femme domiciliée à Bordeaux, a raconté aux enquêteurs de la police judiciaire comment elle avait été amenée à rencontrer Michel Fourniret à Toulouse en 1989 ou 1990. « Il avait passé une petite annonce pour rechercher une assistante, explique un policier. Ils se sont vus dans un bar et il n'a fait que lui parler de sa vie privée, l'a interrogée sur sa virginité. Il n'y a pas eu de suite[1]. » C'est après avoir vu Michel Fourniret à la télévision que Corinne s'est souvenue de cet étrange entretien d'embauche.

Depuis la médiatisation de cette affaire, d'autres personnes ont écrit à la police ou à la gendarmerie pour

1. Entretien avec l'auteur.

leur signaler qu'elles aussi avaient croisé son chemin ou que l'homme les avait importunées. Souvent anonymes, ces courriers sont désormais traités par l'équipe Salvac (Système d'analyse des liens de la violence associée aux crimes), une cellule de policiers et de gendarmes chargée de collecter des renseignements et de faire des rapprochements entre des crimes (homicides et viols) sériels. « Un tiers des informations sont fantaisistes, un tiers nécessite des vérifications, un tiers apparaît intéressant[1] », glisse un enquêteur. Ces éléments sont ensuite intégrés dans la base de données du service qui, année après année, recense les éléments connus du parcours de l'Ardennais (d'une demande de carte grise à un procès-verbal en passant par l'inscription à l'ANPE par exemple).

Celui-ci a été disséqué par les enquêteurs de l'ancienne Division nationale pour la répression des atteintes aux personnes et des biens (DNRAPB) de la police judiciaire, rebaptisée Office central pour la répression des violences sur la personne (OCRVP). Un travail difficile, le couple, replié sur lui-même, vivant chichement et très discrètement, utilisant peu leurs cartes bancaires ou leurs téléphones mobiles. « Michel Fourniret est quand même quelqu'un de casanier qui navigue surtout autour de chez lui[2] », analyse un policier. Contrairement à ce que laissaient entendre certains articles de presse, le tueur en série présumé n'a jamais séjourné en Provence dans les années 70 et n'a donc rien à voir avec l'affaire Christian Ranucci et le meurtre de Maria Dolorès Rambla, enlevée et tuée en juin 1974 dans cette région. Une analyse minutieuse des images d'un homme ressemblant à l'Ardennais photographié

1. Entretien avec l'auteur.
2. *Ibid.*

lors de l'audience a écarté cette « révélation » médiatique fantaisiste.

À l'issue de toutes ces investigations européennes, aucun croisement formel n'a pu être établi avec une enquête criminelle en cours. Aujourd'hui, seules les empreintes génétiques permettraient de faire le lien entre l'Ardennais et des viols ou des meurtres anciens. « Les Belges ont mis un an pour nous donner l'ADN de Fourniret, ce qui a beaucoup retardé son intégration dans le fichier national des empreintes génétiques (FNAEG)[1] », grince un responsable policier. Près de trois cents cheveux et poils ont été prélevés sur des coussins et une couverture qui se trouvaient dans les différents utilitaires de l'Ardennais. Là encore, la communication de ces éléments pileux ne s'est faite qu'en novembre 2005. Seul le juge en charge de l'affaire Estelle Mouzin a pu avoir accès, un an avant, à la moitié d'entre eux pour effectuer une première série de comparaisons avec la disparue de Guermantes.

Longue à réaliser, l'identification d'une trentaine d'ADN suspects a coûté près de cinq cent mille euros au ministère de la Justice qui espérait ainsi élucider un éventuel « troisième cercle d'affaires criminelles ». Car la DNRAPB a ressorti quatre-vingts *cold cases*, des dossiers de disparitions ou de meurtres d'enfants et de jeunes adultes non élucidés depuis vingt ans. Lorsque des traces biologiques anciennes étaient encore exploitables, des rapprochements ont été entrepris afin d'identifier d'éventuelles victimes de Michel Fourniret.

Mené à la demande des procureurs, ce travail d'archéologie judiciaire a entraîné la résolution miraculeuse de la mort de Sylvie Bâton, une jeune fille de vingt-quatre ans, violée et étouffée à Avallon (Yonne) en mai 1989. Si l'ADN extrait du sperme retrouvé sur la

1. *Ibid.*

scène de crime n'était pas celui de Michel Fourniret, il appartient en revanche à Ulrich Muenstermann, un Allemand de quarante-neuf ans, incarcéré pour le viol et le meurtre d'une jeune fille commis dans son pays en 1983. Mis en examen en 2007 à Auxerre, l'homme, qui se déplaçait en combi Volkswagen bleu, pourrait avoir commis d'autres crimes sur le sol français. Si l'arrestation de Michel Fourniret a permis par ricochet de résoudre l'affaire Sylvie Bâton, ce dernier n'a pu être mis en cause dans un « troisième cercle » de crimes à la fin de l'année 2007. Faute de preuves tangibles, magistrats et policiers vont donc refermer leur dossier avec un goût amer d'inachevé.

TABLE

CHEZ LE MÊME ÉDITEUR

Hubert Besson

ÉMILE LOUIS ET L'AFFAIRE DES DISPARUES DE L'YONNE

préface de Gilles Perrault

Le 3 novembre prochain s'ouvre devant la cour d'assises de l'Yonne, à Auxerre, le procès d'Émile Louis. Au cours des quatre semaines d'audience, le septuagénaire devra répondre de la disparition, entre 1975 et 1979, de sept jeunes femmes, toutes pupilles de la DDASS.

À cette époque, Émile Louis, chauffeur de car pour les Rapides de Bourgogne, côtoyait quotidiennement ces sept handicapées légères. Cependant, ce n'est qu'en 2000 qu'il sera inquiété, écroué, puis mis en examen. En décembre de cette même année, au cours de sa garde à vue, Émile Louis a en effet reconnu les sept meurtres, avant de se rétracter. Deux cadavres, pourtant, ont été retrouvés à Rouvray, dans l'Yonne, sur ses indications...

Coupable ou innocent ? L'ancien chauffeur de car aurait-il agi seul ou bénéficié de complicités ? Pourquoi a-t-il fallu attendre vingt-cinq ans pour que l'enquête démarre vraiment ? Quoi qu'il en soit, la justice a enfin bouclé une instruction qui aura duré six ans et débouché sur le procès d'assises dans le cadre de l'affaire des disparues de l'Yonne.

Entre-temps, en mars 2004, Émile Louis a été condamné dans le Var à une peine de vingt ans pour tortures et actes de barbarie sur sa seconde épouse, Chantal Paradis, et violences sexuelles sur la fille de cette dernière. Un livre à charge a été publié par sa propre fille. Enfin, le corps du gendarme Jambert a subi deux autopsies après que son suicide a été déclaré suspect. Autant d'éléments nouveaux qu'analyse Hubert Besson dans cette édition revue et augmentée. Grand reporter à *L'Yonne républicaine*, il fut le premier journaliste à s'intéresser, dès 1993, à cette série de crimes, et à interviewer le « brave monsieur Émile ». La contre-enquête qu'il présente dans cet ouvrage met en lumière les défaillances de notre système judiciaire et les errements d'institutions qui, toutes, ont failli à leur mission... Un document pour saisir les enjeux d'un procès retentissant.

ISBN 978-2-84187-582-2 / H 50-2894-9 / 336 pages / 14,95 €

Jean-Charles DENIAU et Madeleine SULTAN

DOMINICI :

C'ÉTAIT UNE AFFAIRE DE FAMILLE !

28 novembre 1954. Gaston Dominici est condamné à mort pour le meurtre de touristes anglais qui campaient non loin de sa ferme, la Grand-Terre. Le verdict est à peine prononcé que le patriarche accuse son fils et son petit-fils. L'affaire Dominici commence.

Cinquante ans plus tard, devenue mythique, elle continue d'intriguer et de susciter la polémique. Jean-Charles Deniau et Madeleine Sultan ont repris l'enquête à son point de départ et examiné toutes les hypothèses. La dernière en date, relayée par un téléfilm à succès, innocentait même l'ensemble des membres du clan Dominici ! Jack Drummond, membre de l'Intelligence Service, aurait été assassiné par des espions venus de l'Est. Parmi eux, un certain Bartkowski…

Les auteurs, qui l'ont retrouvé et interviewé, réfutent définitivement la thèse de l'espionnage. Wilhelm Bartkowski n'est en aucun cas lié au triple meurtre de Lurs. Mais, s'il ne s'agit ni de Résistance ni d'espionnage, que reste-t-il ? Une affaire de famille.

Jean-Charles Deniau et Madeleine Sultan l'affirment : tous les Dominici présents à la Grand-Terre la nuit du 5 août 1952 étaient, sinon coupables, du moins informés. Après avoir confié le rapport d'autopsie des victimes à un médecin légiste et à un expert en balistique, les auteurs ont pu reconstituer le scénario du crime, qui est ici présenté pour la première fois.

Jean-Charles Deniau*, grand reporter pour la télévision, réalisateur de documentaires dont l'un a été récompensé par un Emmy Award, est le coauteur de* Des armes pour l'Iran *(Gallimard, 1988) et* Sur la piste du mammouth *(Robert Laffont, 2000). En 2003, il a réalisé avec* ***Madeleine Sultan*** « L'Affaire Dominici : ses mystères, ses impasses, ses mensonges »*, une enquête diffusée sur les chaînes Odyssée et TMC.*

ISBN 978-2-84187-642-6 / H 50-2980-6 / 308 pages /19,95 €

Georges Fenech
PRESSE JUSTICE :
LES LIAISONS DANGEREUSES

Entre la justice et les médias, rien ne va plus. Ou plutôt, tout va beaucoup trop bien. D'un côté, soumis au jeu de la concurrence, une presse qui néglige la présomption d'innocence et s'improvise auxiliaire de justice. De l'autre, sommés de produire des coupables, des magistrats délégitimés qui se prêtent malgré eux au « lynchage médiatique ». Entre les deux, de Toulouse à Outreau, des innocents broyés par le « complexe médiatico-judiciaire », érigé en redresseur de torts.

Entre l'information « de source judiciaire » et la justice-spectacle, existe-t-il encore une place pour l'indépendance et l'impartialité ? Comment protéger les citoyens des abus de pouvoir induits par la course aux résultats ? Le secret de l'instruction a-t-il sa place dans un musée ? Où s'arrête la liberté de l'information ?

Parce qu'il y va du fondement même de la démocratie, Georges Fennec dénonce le « pacte presse-justice ». Et avance dix propositions radicales pour garantir la liberté d'informer et l'indépendance de la justice, et replacer les droits de la défense au cœur du système judiciaire.

Député UMP du Rhône, Georges Fenech, ancien juge d'instruction, a été chargé de dossiers sensibles tels que le procès de l'Église de scientologie ou l'assassinat du juge Renaud. Siégeant à la Commission des lois, il a été membre de la commission d'enquête d'Outreau. Il est l'auteur de plusieurs essais, dont Main basse sur la justice *(Lattès, 1997),* Face aux sectes *(PUF 1999),* Tolérance zéro *(Grasset, 2001),* Un juge en colère *(Le Félin, 2005).*

ISBN 978-2-84187-930-4 / H 50-4852-5 / 192 pages / 16,95 €

Cet ouvrage a été composé
par Atlant'Communication
aux Sables-d'Olonne (Vendée)

Impression réalisée sur CAMERON par

CPI
Brodard & Taupin

La Flèche (Sarthe)
en mars 2008
pour le compte des Éditions de l'Archipel
département éditorial
de la S.A.R.L. Écriture-Communication

Imprimé en France
N° d'impression : 46205
Dépôt légal : mars 2008